Christoph Schmidt
Die zwei Körper des Subjekts

Christoph Schmidt ist ordentlicher Professor für Philosophie, Religionswissenschaft und Germanistik an der Hebräischen Universität in Jerusalem. Seine Veröffentlichungen beschäftigen sich mit der Politischen Theologie im Kontext der christlichen, jüdischen und säkularen Moderne.

Christoph Schmidt

Die zwei Körper des Subjekts

Zu Genese, Dialektik und Krise der politischen Theologie bei den Junghegelianern (Zwischen Feuerbach und Kierkegaard)

Europäische Verlagsanstalt

Bibliografische Information der Deutschen Nationalbibliothek
Die Deutsche Nationalbibliothek verzeichnet diese Publikation in der Deutschen Nationalbibliografie; detaillierte bibliografische Daten sind im Internet über http://dnb.d-nb.de abrufbar.

Umschlaggestaltung und Satz: Christian Wöhrl, Hoisdorf
Signet: Dorothee Wallner nach Caspar Neher »Europa“ (1945)

Printed in Germany
ISBN 978-3-86393-169-8
Auch als E-Book erhältlich, ISBN 978-3-86393-659-4

Informationen zu unserem Verlagsprogramm finden Sie im Internet unter
www.europaeischeverlagsanstalt.de

Inhalt

Vorwort

Die junghegelianische Philosophie der Freiheit und Religionskritik lässt sich als Versuch beschreiben, die Christologie des Gottmenschen in eine politische Eschatologie der zwei Körper des Subjekts als idealer Einheit von Mensch und Menschheit bzw. Existenz und Essenz umzuschreiben. Dabei geht es diesen kritischen Philosophien um eine radikale Transformation und zuletzt Negation der Theologie durch das Subjekt der Politik, die sich in den einander überbietenden philosophischen Konzeptionen des Verhältnisses dieser beiden Körper widerspiegelt. Diese Politisierung der Theologie findet zunächst in David Friedrich Strauß' *Leben Jesu* von 1835 in der noch ganz im Gefolge Hegels formulierten allgemeinen Forderung nach der Übersetzung des christlichen Glaubens in eine Religion der Humanität ihren epochalen Ausdruck. Ludwig Feuerbach besteht im *Wesen des Christentums* von 1841 schon gegen Hegels theologisches „Gespenst" auf einer restlosen Übertragung der Idee des Gottmenschen auf die Einheit von Mensch und Menschheit im Sinne der Verwirklichung einer dialogischen Freiheit und Gleichheit als Gemeinschaft der realisierten Liebe. Wenn Marx und Engels ihrerseits Feuerbachs Utopie als ein weiteres Surrogat des theologischen Gespenstes verwerfen und gegen alle utopischen Essentialisierungen auf die reale Existenz des Menschen in seiner konkreten sozio- ökonomischen Zerrissenheit zwischen Herrschaft und Knechtschaft verweisen, halten sie immerhin an der Notwendigkeit einer Restitution dieser Einheit der Menschheit durch die ausstehende Revolution fest. In diesen verschiedenen Transformationen des Gottmenschen auf die liberale, sozialistische und kommunistische Konstellation der Menschheit vermag Max Stirner in *Der Einzige und sein Eigentum* von 1844 lediglich die letzten „Lichtspiegelungen" der

Theologie erkennen, mit denen sich die „jemeinige“ individuelle Existenz nur wieder einem allgemeinen Gesetz und Wesen unterwerfen und ihre Freiheit aufopfern muss. Deswegen wollte er diese Einheit als letztes Residuum der Theologie in einer Antithese aufsprengen, die die Existenz des einzelnen Menschen in einer Art eschatologischen Kontraktion als souveränes Subjekt über das Gesetz der Menschheit stellt.

Die sich in dieser negativen Eschato-Logik abzeichnende politische Dialektik von Freiheit und Herrschaft sollten der späte Heinrich Heine und dann vor allem Sören Kierkegaard auf die in ihr wirksame totale Reduktion der Theologie auf die Philosophie zurückführen, um gegen die Verabsolutierungen bzw. Vergöttlichungen des Subjekts einerseits und gegen jede einseitige orthodoxe Restauration der Theologie andererseits die Idee der Freiheit der Existenz im Sinne einer anderen „postsäkularen“ Aufklärung als eine dialogische Beziehung zwischen Theologie und Philosophie zu sich selbst zu befreien.

Heine und Kierkegaard haben dabei den von der Moderne im Ganzen tabuisierten Begriff der Sünde als Instrument der Kritik der modernen Eschatologik wiederentdeckt und von ihm aus den dieser zugrundeliegenden Mechanismus und den inneren Zusammenhang von souveränem Subjekt und Feind aufgedeckt. Wenn nämlich die moderne Eschatologik mit der Theologie auf die Abschaffung der Sünde der Herrschaft bzw. der Herrschaft der Sünde zielt, setzt sie nicht nur auf eine absolute und „sündenfreie“ Souveränität des Subjekts (1), sondern sie projiziert das Prinzip der Sünde vielmehr auf den Feind des Subjekts, der sich seiner Selbstverwirklichung entgegenstellt. (2) Damit entwirft sich also das Subjekt nicht nur als wahres Vor- und Urbild der Projektion Gottes, sondern erzeugt im Feind das immer schon schuldige und sündige Gegensubjekt, so dass die ursprünglich auf die Utopie der Einheit der Menschheit ausgerichtete Eschatologie des Subjekts der Revolution die Antithese zwischen Souverän und Feind erzeugt, die die Utopie in den absoluten Ausnahmezustand einer unvermeidlichen Konfrontation verwandelt. (3)

Die folgenden Überlegungen liefern keine neuen Erkenntnisse zu den verschiedenen Versionen der junghegelianischen politischen Theologie, sondern versuchen, die bei diesen wirksame Eschatologik und Dialektik aus der Perspektive der Transformation der Christologie in die zwei Körper des Subjekts gleichsam schematisch zu rekonstruieren, um gegen ihre Totalisierungen und Finalisierungen der Freiheit die sich eröffnenden kritischen Strategien zu einer möglichen Rettung der Freiheitsidee nachzuzeichnen.

Dabei lässt sich diese Skizze von Ernst Kantorowicz' bedeutender Untersuchung über die mittelalterliche politische Theologie der Monarchie inspirieren, die auf einer ähnlichen Analogie zwischen der Christologie und den „zwei Körpern des Königs" beruht, zudem auch deren ideale Einheit in der frühen Neuzeit – zumal in Shakespeares Königsdramen – in einer Antithese zwischen dem sterblichen König und seinem institutionell abgesicherten Wesen auseinanderbricht. Dabei handelt es sich zunächst um eine historische Analogie, die sich freilich unter den Bedingungen der modernen Eschatologik des Subjekts der revolutionären Philosophie in einem fundamental anderen, ja katastrophischen Licht darstellt, aber jenseits dieser Analogie die grundsätzliche Frage nach der spezifischen Geschichte der modernen politischen Theologie aufwirft, wie sie sich in der junghegelianischen Philosophie in ihrer spezifischen eschatologischen Dialektik artikuliert. (4)

In den folgenden drei zentralen Kapiteln geht es zunächst um die Rekonstruktion der einzelnen Phasen der Transformation der Christologie des Gottmenschen in die verschiedenen Konstellationen des Subjekts, wie diese sich in den Versionen der junghegelianischen politischen Theologie nach Hegel – von David Friedrich Strauß, Ludwig Feuerbach, Karl Marx, Friedrich Engels bis Max Stirner – entfalten. Auf die Einleitung, die diese Geschichte zunächst in ihren Grundlinien entwirft (1), folgt eine ausführlichere Exposition der einzelnen Entwürfe der verschiedenen junghegelianischen politischen Theologien (2). Im dritten Kapitel sollen dann

Krise und Kritik dieser Konstellationen, wie sie von Heinrich Heine und Sören Kierkegaard in ihrem inneren Zusammenhang zwischen der Dialektik von Freiheit und Herrschaft und der Dialektik von Theologie und Säkularisation analysiert worden sind, nachgezeichnet werden (3), um die andere Möglichkeit eines „Auszugs aus der eschatologischen Gefangenschaft" zu entwerfen, mit der nicht nur Theologie und Philosophie, sondern auch Judentum und Christentum aus ihrer klassisch kanonischen Eschatologik der Aufhebung in eine dialogische Konstellation erhoben werden können.

Diese Hauptkapitel werden dabei jeweils von einer kommentierenden Nachschrift begleitet, in der die zentralen Konsequenzen der im Hauptkapitel entwickelten Überlegungen gleichsam auf einem diskursiven Nebenschauplatz ausgeschrieben werden.

So entfaltet die Nachschrift zu I den Mechanismus von Sünde und Feind, der die politische Eschatologik ermöglicht und das Verhältnis des eschatologischen Subjekts zu der aufzuhebenden Theologie (von Judentum und Christentum) bzw. zu den bestehenden Mächten als ultimative Feindschaft konstituiert.

Die Nachschrift zu II wird diesen Mechanismus in seinen Konsequenzen für die Transformation der Eschatologik mit ihren politischen Antithesen in einen absoluten Ausnahmezustand ausführen und die Effekte dieser Transformation für die Genese der neuen eschatologischen Feindbilder (des Klassen-, Rassen- und gnostisch-religiösen Feindes) in ihren totalen Konfrontationen beschreiben.

Die Nachschrift zum letzten Kapitel wird, ausgehend von der Rekonstruktion des Zusammenhangs zwischen der politischen Theologie von Ernst Kantorowicz und Carl Schmitt, zuerst eine kurze und vorläufige Geschichte der politischen Theologie der Moderne aus der Perspektive des junghegelianischen Paradigmas entwerfen. Die junghegelianischen Versionen der radikalen politischen Theologie bilden dabei deren Hochphase und stehen zwischen der ersten Phase der politischen Theologie der Aufklärung, die mit dem Entwurf der säkularen Utopien vom Reich Gottes als Reich der Freiheit und Menschlichkeit im 18. Jahrhundert einsetzt und in Hegels System ihren enzyklopädischen Ausdruck findet, und der dritten Phase, die mit Carl Schmitts *Politischer Theologie* von 1922 auch namentlich einsetzt und die in der junghegelianischen Philosophie angelegte Antithetik von Souverän und Feind durch eine letzte eschatologische „Kontraktion" mit der Formalisierung des „Begriffs des Politischen" in einer Art permanentem Ausnahmezustand festschreibt.

Hier wird es zuletzt um die an Heine und Kierkegaard anschließenden kritischen Versionen dieser politischen Eschatologik in Martin Bubers und Karl Barths existenziell dialogischer Theologie gehen, mit denen der Auszug aus der eschatologischen Gefangenschaft der Moderne (von Hegel bis Carl Schmitt) im Sinne einer Rettung der Idee der Freiheit auf existenziell – therapeutischer und politischer Ebene vollzogen und auf seine theo-politischen Voraussetzungen zurückgeführt werden kann. Diese Rettung zielt über die Dissoziation von Theologie und Philosophie zugleich auf eine Ent-Eschatologisierung des Verhältnisses von Christentum und Judentum, die gegen die klassisch kanonische Aufhebung des Judentums durch das Christentum und den orthodoxen Widerstand des Judentums gegen diese Eschatologik auch hier ein dialogisches Verhältnis zwischen beiden zu etablieren versucht. Die Rettung der Freiheit der Existenz erweist sich im Licht der junghegelianischen Eschatologik also als eine komplexe Strategie der post-säkularen, post-eschatologischen und post-kanonischen Dialogik, sie ergibt aber auch, dass die Geschichte der Existenzphilosophie nicht mit Kierkegaard beginnt, um von den späteren Existenzialdenkern säkularisiert zu werden, sondern dass sie selbst schon Reaktion und Ende eines gescheiterten Säkularisationsprozesses darstellt, der die Existenz und ihre säkulare Philosophie vor ihren eschatologischen, fundamentalistischen bzw. nihilistischen Exzessen abzusichern sucht.

Einleitung: Die Christologie und die zwei Körper des Subjekts I

> „Seit der Zeit des Konzils von Chalzedon im Jahre 451 n.Chr. ist die Persönlichkeit von Jesus Christus nicht mehr so ein zentraler intellektueller Streitpunkt gewesen wie im 19. Jahrhundert. Wenn das Konzil die orthodoxe Definition von der göttlichen und menschlichen Natur von Jesus erstellte, [...] interessierte sich das 19. Jahrhundert allerdings für den historischen Jesus und erzeugte Zweifel und Abfall vom dogmatischen Glauben."[1]

Diese erstaunliche Feststellung eines Historikers zur Relevanz des christologischen Dogmas der beiden Naturen Christi in der Moderne, bezieht sich auf die Auseinandersetzung der jungen Hegelianer mit der politischen Theologie der Aufklärung, wie sie, von Lessing und Kant begründet, für diese Radikalen in Hegels Metaphysik zu ihrem vorläufigen Abschluss gekommen ist. Während Hegel den Geist im Sinne der Dialektik des Subjekts und der der Trinität nachgebildeten joachitischen Geschichtslogik[2] von den drei Reichen – Vater, Sohn und Heiliger Geist – in dem Gottmenschen Christus vorgebildet sah, der sich im Selbstbewusstsein der Gemeinde als Reich Gottes und d.h. als Staat für alle Bürger verwirklichen soll, forderten die jungen Hegelianer eine radikale Emanzipation von dieser christlichen Metaphysik, die den Gottmenschen radikal humanisieren und d.h. von allen theologischen und politischen Formen der Herrschaft befreien sollte. Die beiden Körper Christi, der göttliche und der menschliche, wurden so als Zweiheit von Mensch und Menschheit säkularisiert, die nun ihrerseits in eine „negative" Eschatologie der drei Reiche eingeschrieben wurde, nämlich in die drei Phasen der endgültigen Emanzipation von der Theologie und der Reduktion des Gottmenschen auf den Menschen in seiner Menschheit. Das Reich des Gottmenschen sollte nunmehr – so David Friedrich Strauß 1835 in seinem monumentalen Buch über das Leben Jesu – das Reich des Menschen und der Menschheit in einem neuen Zeitalter der Freiheit begründen, das Zeitalter der Humanität: „Diese Unterscheidung des historischen Christus von dem idealen, d.h. dem in der menschlichen Vernunft liegenden Urbilde des Menschen, wie er sein soll, und die Übertragung des seligmachenden Glaubens von dem ersteren auf das letztere, ist das unvermeidliche Ergebnis der neueren Geistesentwicklung; es ist die Fortbildung der Christusreligion zur Humanitätsreligion, worauf alle edleren Bestrebungen dieser Zeit gerichtet sind."[3]

Mit dieser Transformation der Christologie in die Humanität initiierte der protestantische Theologe in der Tat eine zweite Revolution des Denkens, mit der sich eine ganze Generation der jungen Hegelianer einerseits gegen die politische Theologie der preußischen Monarchie kehrte, die sich, wie die Könige Friedrich Wilhelm III. und IV., auf die dogmatische Christologie stützte[4], andererseits das Hegelsche System gegen die sogenannten Althegelianer stürzen und d.h. vollends humanisieren wollte.

Aber genau bei diesem Versuch ergab sich für diese Generation der radikalen Freigeister, Bruno Bauer, Karl Marx, Friedrich Engels, Michail Bakunin, Max Stirner und andere, die von 1841 bis 1843 in Hippels Weinstube auf der Friedrichstraße in Berlin zu Bier und Streit zusammenkamen, ein gewichtiges Problem, das sie in ihren Bann ziehen sollte: Wie sollte der Mensch in seiner Menschheit, wie sollte das Verhältnis dieser beiden humanisierten Körper des Subjekts in seiner Freiheit nach der Transformation des Gottmenschen eigentlich aktualisiert werden? An dieser Frage sollten sich tatsächlich die Wege der zukünftigen politischen Theologie der Moderne entscheiden, insofern die intendierte ideale Einheit der beiden Körper von Mensch und Menschheit zuletzt in einem radikalen Konflikt zwischen beiden auseinanderbrechen, und der einzelne Mensch – die Existenz – sich tatsächlich gegen seine Essenz, den allgemeinen Menschen bzw. die Menschheit und deren Gesetz von Freiheit und Gleichheit kehren und das Werk der Tötung Gottes durch die Tötung des Menschen als Metonymie für die Menschheit vollenden sollte.[5]

In der mittelalterlichen politischen Theologie begründete die Christologie die Lehre von den zwei Körpern des Königs, nämlich des real existierenden Königs und der Idee des Königs, und lieferte so eine theologische Legitimation der Monarchie. Diese Theologie der Monarchie gerät, das hat Ernst Kantorowicz[6] in seinem meisterhaften Buch des gleichen Titels beschrieben, im ausgehenden Mittelalter in die Krise, wenn der Konflikt zwischen dem real humanen König und der Institution der Monarchie virulent wird und der reale König gegen die Idee aufbegehrt; ein Prozess, den Shakespeare in einigen seiner Meistertragödien auf die Bühne gebracht hat, und der mit dem endgültigen Tod des realen Königs auch das mögliche Ende der Monarchie symbolisiert.

Im 19. Jahrhundert werden wir allerdings Zeugen eines anderen Dramas auf der Grundlage der politischen Christologie, wenn der einzelne Mensch – d.h. seine sich nunmehr herauskristallisierende Existenz – sich gegen seine Essenz und d.h. hier die utopische Einheit von Mensch und Menschheit im Subjekt erhebt und damit die Konfiguration des Humanismus und der Demokratie in einem Akt souveräner Selbstermächtigung gezielt destruiert und sich so über das Gesetz der Humanität stellt. Über die radikale Religionskritik vollstreckt sich hier also eine ganze Dialektik von Freiheit und Herrschaft, noch bevor sie sich in einer konkreten historischen Konstellation darstellt.

Ludwig Feuerbach[7] gedachte noch, die metaphysische Selbstentfremdung des Menschen von sich selbst dadurch aufzuheben, dass er den Gottmenschen als Werk der erotischen Einbildung und Projektion auf den realen Menschen reduzierte, dessen Selbst sich in der Einheit der zwei Körper, also über die Einheit des einzelnen Menschen in der Gemeinschaft der Menschheit, zu seinem wahren Selbst entfalten sollte. Gott war nur noch ein anachronistisches Gespenst, das über den Spiegel der Gottesliebe auf die Selbst- und Nächstenliebe des Menschen zurückgeführt werden konnte, wie die göttliche Trinität nur eine Phantasmagorie der wahren Gemeinschaft und dialogischen Intersubjektivität von Ich und Du symbolisieren sollte.

Marx[8] und Engels haben diese philosophische Reduktion der Theologie auf die Philosophie zunächst als Vorlage für ihr materialistisches Denken adoptiert, dann aber auch schon als eine Fortführung der Theologie mit anderen Mitteln und d.h. als letztes Werk der idealistischen „Interpretation" verworfen, um jetzt den wahren, den „historischen" Menschen in seiner konkreten sozial politischen Existenz zu entdecken. Dieser würde sich gegen die Bedingungen seiner Unterdrückung durch die herrschende Klasse empören und die Welt nicht mehr nur interpretieren, sondern verändern. Die Menschheit war so in sich selbst immer schon entfremdet, weil sie in sich zwischen Herr und Knecht gespalten war. Erst die Revolution der geknechteten Existenz würde diese „ontologische Differenz" aufheben, um damit freilich die wahre Einheit von Einzelnem und Gesellschaft, von Mensch und Menschheit über die ökonomische Logik in der Zukunft wieder herzustellen.

Hinter diesen und anderen Konstruktionen der Idee des Menschen in seiner Menschheit konnte Max Stirner[9] nur das letzte Residuum der Theologie, das letzte theologische Gespenst des Gottmenschen wiedererkennen, insofern der Einzelne mit der Befreiung von Gott zwar nicht mehr dem Gesetz Gottes, sondern nunmehr dem Gesetz der Menschheit als einem neuen Prinzip der Gleichheit sich unterwerfen und seine Individualität aufopfern müsse: „Das Jenseits außer uns ist allerdings weggefegt, und das große Unternehmen der Aufklärer vollbracht. Allein das Jenseits in uns ist ein neuer Himmel geworden und ruft uns zu neuen Himmelsstürmen auf, der Gott hat Platz machen müssen, aber nicht uns, sondern

– dem Menschen. Wie mögt ihr glauben, daß der Gottmensch gestorben sei, ehe an ihm außer dem Gott auch der Mensch gestorben ist?"[10]

Die existenziell-politische Kritik der Theologie als Kritik an der Einbildung des idealen Selbst – Bruno Bauer spricht tatsächlich von dem notwendigen Terror der Kritik gegen alle Theologie[11] – erfasst zuletzt die politische Anthropologie selbst, und kehrt, indem sie je von Neuem an der jeweiligen Anthropologie die Spuren der Theologie ahndet, den einzelnen Menschen gegen das Prinzip der Menschheit. Damit setzt die Kritik zuletzt das souveräne Ich als das neue politisch theologische Subjekt der Moderne und die vorläufig letzte Konsequenz der negativen Eschatologie dieser Moderne ein, mit der sich ihr Ideal der Freiheit vollends in Herrschaft und Gewalt verkehrt.

Mit diesem gleichsam apokalyptischen Befund sollte aber diese Eschato-Logik der modernen politischen Theologie längst nicht erfüllt sein. Es waren zwei andere Junghegelianer, die nicht verschiedener voneinander sein konnten, nämlich Heinrich Heine[12] und Sören Kierkegaard[13], die diese Dialektik von Freiheit und Herrschaft auf dem Hintergrund der politischen Kritik der Theologie einer weiteren Kritik unterzogen, die die verborgene theologische Motivation der verschiedenen Versionen des revolutionären Humanismus mit dem von der Moderne im Ganzen tabuisierten Begriff der Sünde tatsächlich effektvoll dekonstruieren sollte: das Subjekt der eschatologischen Moderne entsprach in ihren Augen dem paradigmatischen Aufstand Adams gegen Gott und d.h. dem Versuch einer Selbstvergottung und Selbstermächtigung, mit der es nicht nur die Freiheit des Anderen bedroht, indem es ihn zum Inbegriff der Herrschaft und ultimativen Sünde und das heißt zum eschatologischen Feind erhebt, sondern sich selbst mit dieser Selbstermächtigung notwendig in Fesseln legt, um so tatsächlich in einer totalen Aufhebung der ursprünglich intendierten Freiheit des Subjekts zu enden. Beide erkannten in dieser Idolatrie des Selbst, das sich mit der Theologie auch von der Herrschaft der Sünde als der Sünde der Herrschaft emanzipiert haben will, den Effekt einer negativen Projektion: mit dem idealen sündenfreien Selbst erzeugt das eschatologische Subjekt tatsächlich immer schon den eschatologischen Feind als sein Schatten- und Gegensubjekt, den *Katechon*, Reaktionär und Konterrevolutionär, der seine Selbstverwirklichung verhindert.

Um den von dieser Moderne immerhin vorausgesetzten Begriff der Freiheit zu retten, suchten beide Denker die totalisierende eschatologische Reduktion der Theologie auf die Philosophie durch eine dialogische Beziehung zwischen Theologie und Philosophie im Geist einer anderen, selbstkritischen – wir würden heute sagen: postsäkularen – Aufklärung[14] zu ersetzen, die sich ihrer Grenzen über diesen Dialog je von Neuem versichert.

Gegen die „erste“ Sünde der Abschaffung der Sünde durch das sich selbst verabsolutierende Subjekt der Moderne warnten sie dabei aber auch vor der möglichen „zweiten“ Sünde dieses Subjekts, das sich aus dem Projekt der Moderne und Aufklärung mit einer fundamentalistischen Geste im Ganzen zurückzieht und sich mit der Rückkehr zu Gott, Glauben und Sündenbewusstsein auch wieder den politischen Mächten und Autoritäten – sei es der Kirche oder der Monarchie – verschreibt und damit die Idee der existenziellen und politischen Freiheit revidiert. Die dialogische Beziehung zwischen Philosophie und Theologie ist bei Heine und Kierkegaard immer als eine Befreiung zur Freiheit gedacht, die sich ihrer endlichen Voraussetzungen in der Existenz des einzelnen Menschen bewusstwird und diese in selbstkritischer Wahrhaftigkeit auch auf der intersubjektiven und politischen Ebene in einer dialogisch verfassten Gesellschaft gegen alle eschatologischen Idolatrien und Totalitarismen zu bewähren sucht.

Nachschrift: Das eschatologische Prinzip als Abschaffung der Sünde und Erfindung des Feindes. Der Schatten des eschatologischen Subjekts

Die hier an einigen zentralen Stationen der junghegelianischen politischen Theologie zu entwerfende erste Skizze der Geschichte der zwei Körper des Subjekts der Moderne und ihrer immanenten (negativen) Eschatologie versteht sich zunächst als eine Art „apriorische" Rekapitulation der hier waltenden Dialektik von Freiheit und Herrschaft, wie sie sich in der Sukzession der verschiedenen religionskritischen Konstellationen bzw. politischen Theologien zwischen Feuerbach und Stirner als Sukzession der Kritik konsequent entfaltet. Die eigentliche Pointe besteht darin, dass dieser Umschlag der Utopie der Freiheit und Einheit von Mensch und Menschheit in eine neue Form politischer Herrschaft, in der sich das souveräne Selbst zuletzt über und gegen das Gesetz der Menschheit stellt, vor jeder konkreten Dialektik der Aufklärung[15] und vor der eigentlichen Entwicklung der bürgerlichen Gesellschaft in Nationalstaat und Kapitalismus, sich ganz allein aus der Dialektik von Theologie und Säkularisation und der darin wirksamen negativen Eschatologik bzw. deren verschiedenen Versionen der politischen Theologie ergibt. Stirners souveränes Selbst bezeichnet dabei nicht nur die letzte Konsequenz dieser Dialektik als Umschlag der Freiheit in blanke Herrschaft (1), sondern dieses souveräne Selbst erweist sich in einem absoluten Anspruch auf diese Freiheit (2), mit dem es sich schon notwendig in einem letzten Antagonismus gegen das bisherige Subjekt der Herrschaft als seinen seinerseits absoluten Feind stellt. (3) Stirners souveränes Selbst repräsentiert so tatsächlich immer schon die Quintessenz des eschatologischen bzw. revolutionären Subjekts, wie dieses sich in der historischen Realität im Ernstfall darstellt, wie dieses revolutionäre Subjekt erst im Kontext der historischen Konflikte seine konkreten ideologischen Wirkungen mit seiner ganzen Macht und Gewalt entfalten sollte. Das revolutionäre Subjekt erscheint hier immer schon in seiner ganzen eschatologischen „Kontraktion" als der Souverän, der sich zuletzt über den Feind definieren muss.

Die in dieser Eschatologie sich jeweils neu ausschreibende Transformation des Reiches Gottes in das Reich der Freiheit bzw. des Gottmenschen in das Subjekt der Einheit von Mensch und Menschheit versteht sich jedenfalls explizit und allgemein als eine radikale, finalisierende und totalisierende Negation der Religion als Bedingung der Möglichkeit des jeweils wahren politischen Subjekts und seiner politischen Theologie, und das heißt dann auch spezifisch: als Negation der im christlichen Kanon – der Bibel – zusammengestellten Testamente des Judentums und des Christentums – des Alten und Neuen Testaments – durch das Subjekt der Moderne.

Wenn die eigentliche Moderne sich seit der Aufklärung folgerichtig als Aufhebung dieses doppelten Kanons von Judentum und Christentum in einem dritten Testament der Freiheit konstituiert, dann wiederholt sie dabei tatsächlich zunächst die Geste der christlichen Eschatologie, die das Judentum gegen sein eigenes messianisches Verständnis aufhebt, indem sie jetzt das Christentum politisch zu erfüllen behauptet und es ihrem Selbstverständnis zufolge grundsätzlich überholt und überflüssig macht. Gegenüber der „orthodoxen" Verweigerung sowohl des Judentums gegen diese christliche Eschatologik, wie des nunmehr „orthodoxen" Christentums gegen die Aufhebung durch die moderne Philosophie der Freiheit behauptet die moderne Eschatologik in ihren verschiedenen politischen Theologien nicht nur die absolute Realisierung eben dieser Freiheit, sondern mit deren vollkommener Realisierung gerade auch die Befreiung von der theologischen – rabbinischen wie priesterlichen – Denunziation des Menschen als einer schuldigen, sündhaften und erlösungsbedürftigen Kreatur, d.h. als Befreiung von dem Prinzip der Sünde. Gegen die klassische Theologie, die die Notwendigkeit der politischen Autorität des Souveräns aus eben dieser wesentlich unvollkommenen, bösen bzw. sündigen Natur des Menschen ableitet, zielt die moderne Eschatologie mit der Befreiung von der theologischen Autorität immer auch auf die Liquidation der Sünde, die sowohl bei den Rabbinern wie bei den Kirchenvätern die politische Autorität im Sinne der Herrschaft und Gnade Gottes legitimiert. Gerade weil der postparadiesische Mensch stets in der Gefahr der Sünde sich befindet, bedarf er der politischen Ordnung, um die nötige Zeit und Frist für deren Beherrschung und Bekämpfung zu erhalten, andernfalls er sofort Gottes Gericht verfallen würde. Das berühmte Prinzip des *Katechons,*[16] „der oder das es aufhält“, aus dem 2. Brief des Paulus an die Thessaloniker (2:1–8), wird spätestens seit Augustinus als der Staat aufgefasst, der mit der Wiederkehr Christi auch das letzte Gericht aufhält. Es bildet die andere – politische – Seite der theologischen Begründung durch Gottes Vorsicht und Gnade, wie sie im zweiten Petrusbrief (3:9) ausgeführt wird: „Der Herr verzögert nicht die Verheißung, wie es einige für eine Verzögerung halten; sondern er hat Geduld mit euch und will nicht, daß jemand verloren werde, sondern daß jedermann Buße finde.“ Die moderne Eschatologie, die mit der Religion Gott und die Sünde vernichtet, zielt im Sinne der drängenden Verzeitlichung des geschichtlichen Zieles auf die Beseitigung dieses *Katechons* der staatlichen Herrschaft und Ordnung und fordert die politische Aktion der Befreiung ohne Aufschub und Verzögerung[17] hier und jetzt. Sie zielt also, das meint der Name „Moderne“, auf die volle Selbstbestimmung des Menschen im „Hier und Jetzt“, also auf eine eschatologische Kontraktion der Geschichte in dem erfüllten *Kairos* und Augenblick, wo der Mensch, wie Lessing in seinen Thesen zur Erziehung des Menschengeschlechts feststellt, tatsächlich „das Gute tut, weil es das Gute ist“. Damit stellt Lessing in dem Traktat zur Erziehung des Menschengeschlechts die berühmte paulinische Formel der Sünde (Römer 7:19): „Das Gute, das ich will, tue ich nicht; das Böse, das ich nicht will, tue ich“, bewusst auf den Kopf. Diese Formel von der Sünde galt seitdem als die göttliche Rechtfertigung der staatlichen Obrigkeit, wie Paulus sie in Röm. 13:1 begründet.

Aber damit knüpft die moderne Eschatologie ihre Idee der Freiheit und die Realisierung der Menschheit – auch das zeigen die kritischen Analysen der „Sünde“ der souveränen Selbstermächtigung des modernen Subjekts bei Heine und Kierkegaard – nicht nur an die Abschaffung der Sünde, sondern sie projiziert diese Sünde immer schon potenziell auf denjenigen „Feind“, der sich als Religion, *Katechon*, Herrschaft, Reaktion oder Konterrevolution dieser eschatologischen Selbstverwirklichung eben entgegenstellt. Die utopische Projektion des wahren Menschen, als anthropologische Reduktion des Wesens Gottes erzeugt – gleichsam hinter den utopischen Kulissen – eine negative Projektion des zu überwindenden eschatologischen Feindes: den idolatrischen Schatten bzw. das Gegensubjekt der Moderne, dessen Schatten das utopische Subjekt auszulöschen sucht. Die Genese des eschatologischen Subjekts bezeichnet also immer schon die Geburt seines Gegen- und Schattensubjekts, d.i. des eschatologischen Feindes, der weit über alle Formen realer Konfliktualität – je nach Intensität der revolutionären Motivation – potenziell zum absoluten Feind avanciert. Als Macht und Autorität von Religion und Tradition, als ehemaliger eschatologischer Mitstreiter, der die Revolution verraten hat, oder als Klassen- und später Rassenfeind symbolisiert er in den nun möglichen Szenarien eines letzten, eines eschatologischen Endzeitkrieges die Verhinderung der absoluten Selbstverwirklichung des nunmehr selbst unschuldigen und sündenfreien Subjekts, das umso berechtigter ist, diesen an sich schuldigen und bösen Feind – die Inkarnation der Herrschaft – mit allen Mitteln der (Gegen)-Gewalt zu bekämpfen, ja zu beseitigen und zu vernichten.[18]

Das Prinzip der negativen Projektion gilt bei weitem nicht nur für den Reaktionär, der der Moderne abschwört, indem er zur Theologie zurückkehrt und mit dem Begriff der Sünde auch die klassisch theologische Legitimation der herrschaftlichen Obrigkeit übernimmt. Bei dem eschatologischen Feind handelt es sich von nun an um einen *Katechon*, der je nach revolutionärer Praxis in den verschiedensten Konfigurationen von der klassischen theologisch motivierten Macht bis zum bürgerlichen oder sozialistischen Feind der eschatologischen Verwirklichung auftritt.

Wenn die kürzlich von einem postmodernen Eschatologen aufgebrachte These überhaupt Sinn ergeben soll, die Moderne sei das „Paradigma des Lagers", bzw. das Lager das „Paradigma der Moderne"[19], dann tatsächlich nur als die letzte Konsequenz der sich radikalisierenden modernen Eschatologien selbst, die in ihren totalitären Formen sich endzeitlich gegen ihren eschatologischen Feind rüsten, diesen zum absoluten Feind erheben und damit zu dessen Internierung und Vernichtung ansetzen, ja ihre Autogenese an dessen Liquidation knüpfen. Diese Dynamik ergreift die modernen Emanzipationsbewegungen in dem Maße, wie sie ihre revolutionär eschatologische Motivation absolut setzen und im Sinne einer realen oder fingierten Ausnahme mit allen Mitteln des Totalitarismus gegen den Feind durchzusetzen bereit sind.

Etwas von diesem eschatologischen Mechanismus haftet seit den terroristischen Phasen der Französischen Revolution nicht nur fast allen Freiheitsbewegungen an, wenn sie auf dem Weg zu ihrer politischen, sozialen, antikolonialen oder feministischen Selbstbefreiung ihre notwendigen Feindbilder konstruieren, in der Auseinandersetzung dämonisieren und oft mit dem errungenen oder gerade verpassten Sieg nur noch als Kompensation für das Unbehagen an den Schwierigkeiten bei dem trotz allem notwendigen selbstverantwortlichen Gebrauch der Freiheit durch ritualisierte Schuldzuweisungen oder durch neue Strategien der direkten politischen Verfolgung perpetuieren.

Die Revolution kann den ihr eigenen Enthusiasmus des Auszugs und Aufbruchs in die Befreiung, den sie eschatologisch hypostasiert, ohnehin durch keine politische Realisierung zufriedenstellen. Das Surplus an eschatologischer Erwartung des Glücks, das die Idee der Befreiung über die negierte Idee der religiösen Erlösung utopisch überhöht, muss angesichts der immer nur partikularen und endlichen Umsetzung ihrer Ziele an der revolutionären Energie zehren und sich gegen die Effekte der Enttäuschung des Scheiterns entweder durch eine Art permanenter Neuauflage eschatologischer Zielsetzungen oder naheliegender: eben durch die Perpetuierung des Feindes zu legitimieren versuchen. Auf jeden Fall muss die reale Freiheit als verantwortliche Praxis des Alltags mit ihren prosaischen Lasten gegenüber der Glorie der Befreiung mit ihren poetischen Festen, Dramaturgien und politischen Ritualen schnell verblassen, langweilen, wenn nicht Überdruss erzeugen und zuletzt nur noch als Last empfunden werden.

Der in der politischen Eschatologie immer schon waltende „apriorische" antitheologische Mechanismus von Sünde – Feind erhält die revolutionäre Bewegung, ergreift dabei sehr schnell auch die eigentlich gegenrevolutionären Bewegungen, den politischen, nationalen, und religiösen *Katechon* der Antimoderne, der gegen den eschatologischen Feind der radikalen Moderne neoorthodox, fundamentalistisch oder heute vor allem populistisch aufrüstet, um seinen Krieg nun seinerseits eschatologisch in konterrevolutionäre Apokalypsen einzuschreiben. Der *Katechon* erscheint hier zuletzt selbst als eine neue eschatologische Konfiguration, als deren vermeintlich letzte Konsequenz, wie sich das Selbst der egoistischen Macht bei Max Stirner als vorläufig letzte Konfiguration der von Feuerbach, Bauer und Marx eingeleiteten eschatologischen Kritik der Religion begreift.[20]

Dieser eschatologische Mechanismus der Selbsterzeugung des unschuldigen Subjekts und seines schuldigen Schattens zeichnet sich, bevor sie die junghegelianische Konstruktion des Bürgers und des Klassen- und später Rassenfeindes bestimmt, tatsächlich zuerst an der radikalen Religionskritik der jungen Hegelianer ab, die mit der preußischen Monarchie die klassische orthodoxe Religion liquidieren will, indem sie eben die Eschatologie dieser Religion als Strategie ihrer Selbstverwirklichung adoptiert und die Religion als den perfiden „Erfinder" der Sünde zu ihrem ultimativen Feind erklärt.

> „Wir haben dagegen den Menschen dem Himmel, d.h. dem geistigen Ungetüme, dem verkehrten Geiste, dem Gespenst, der Unbestimmtheit, der geistigen Illusion, der Lüge wieder abzugewinnen. ‚Wir haben nicht mit Fleisch

> und Blut zu kämpfen, sondern mit Fürsten und Gewaltigen, nämlich mit den Herren der Welt, die in der Finsternis dieser Welt herrschen, mit den bösen Geistern unter dem Himmel.‘ (Eph. 6:12). Wir haben mit dem letzten Feind des Menschen zu kämpfen, mit dem Unmenschen, mit der geistigen Ironie auf die Menschheit, mit der Unmenschlichkeit, die der Mensch gegen sich selbst begangen hat, mit der Sünde, da sie unendlich seiner Selbstsucht schmeichelt, indem sie ihn seinem wahren Maaße entrückt und mit der Glorie, d.h. mit dem grenzenlosen Dunst der himmlischen Unbestimmtheit umgibt.“[21]

Bruno Bauer übersetzt diesen endzeitlichen Kampf gegen den absoluten Feind der Religion und den Erfinder der Sünde schon in ein apokalyptisches Szenario der Eroberung der theologischen Bastille durch das Subjekt der Freiheit: „Die Begeisterung für die Freiheit, die sich selbst ins Gefängnis begeben, die Fesseln zerbrochen, die Gefangenen befreit und endlich das Gefängnis zerstört hat – soll sie nicht auf den Trümmern des Gefängnisses jubeln und die zerbrochenen Fesseln mit Verachtung zu Boden werfen. Das Feuer, welches das Innere des Gebäudes von unten bis oben ergriffen hat, wird endlich als ganze lichterlohe Flamme über dem zusammenstürzenden Gebäude schlagen.“[22]

Es dürfte also kein Zufall sein, dass die ersten radikalen Formen des Sünde-Feind-Mechanismus zunächst aus den gezielten Versionen der philosophischen Antireligion bzw. des Antichristentums und auch des neuen säkularen Antijudaismus der Linkshegelianer hervorgegangen sind, die mit der Religion eben den religiös sich legitimierenden Staat vernichten wollen. Feuerbach, Marx, Bauer und Stirner fordern eine radikale eschatologische Auflösung, ja „Vernichtung“ der Religion[23], wobei sie zunächst im Christentum noch die Möglichkeit der für sie konstitutiven eschatologischen Transformation des Gottmenschen in die ethische Menschheit adoptieren, die sie – wie Bruno Bauer – zugleich dem gänzlich transzendenten Gott der Juden, der Abraham die Opferung seines Sohnes gebieten kann, absprechen.[24]

Die Antireligion der modernen negativen Eschatologie, auf dem Weg zum Auszug aus dem Land der Feinde in die vermeintlich sündenfreie Mündigkeit, entwickelt ihre eigenen Formen einer radikalen Feindschaft gegen das orthodox dogmatische, katholische und protestantische Christentum und erneuert zugleich den klassisch religiösen Antijudaismus durch die These von der jüdischen Unfähigkeit zur Säkularisation. Diese These formuliert Bruno Bauer im junghegelianischen Kontext mit seinen Thesen zur „Judenfrage“ 1843, auf die Marx im selben Jahr mit seinem Essay *Zur Judenfrage* reagieren sollte, wo er die Juden mit dem bürgerlichen Klassenfeind identifiziert, während Bauer diesen Antisemitismus dann seinerseits später in *Das Judentum in der Fremde* von 1862 schon in eine Lehre vom Rassenkampf umschreiben sollte.[25]

Was sich hier ex negativo abzeichnet, bestätigt noch einmal die kritische Diagnose von Heinrich Heine und Sören Kierkegaard über die Rolle der Sünde für die Konstitution der modernen Eschatologie des Subjekts, das sich in einem Akt der Selbstermächtigung vergöttlicht und durch die Abschaffung der Sünde von aller Schuld lossagt, um diese dem eschatologischen Feind – dem Schatten des Subjekts – aufzuladen. Die Einsicht in die unbewältigten theologischen Voraussetzungen der radikalen politischen Eschatologie der Linkshegelianer ließ sie den immanenten Zusammenhang von Eschatologie und Totalitarismus als paradoxen Effekt der von ihren Protagonisten gerade vollstreckten Sünde, d.h. der Inszenierung des Todes Gottes als Voraussetzung ihrer ultimativen Selbstermächtigung und Feindbestimmung erklären. Um die von dieser Moderne propagierte Idee der Freiheit auf der existenziellen und politischen Ebene vor ihren eschatologischen Exzessen und Totalitarismen zu bewahren, forderten sie dabei nicht nur eine neue dialogische Beziehung zwischen Religion und Philosophie jenseits der gegenseitigen Delegitimationen und eschatologischen bzw. orthodoxen Reduktionen, sie erkannten neben dieser post-säkularen Konstellation auch schon die nicht minder dringende Notwendigkeit einer post-eschatologischen Konstitution des jüdisch-christlichen Kanons. Wie die Philosophie die Religion nicht länger eschatologisch aufheben und damit negieren sollte, sondern Philosophie und Religion als selbstständige Partner erst in eine dialogische Beziehung der Freiheit eingeschrieben werden sollten, so musste diese Konstellation auch auf die kanonische Beziehung zwischen Judentum und Christentum zurückwirken: Nicht länger konnte das Christentum nur als die eschatologische Realisierung des Judentums dargestellt werden, mit der das Judentum dann immer schon zum potenziellen Feind erhoben wurde, sondern auch hier musste die eschatologische Ordnung und Reduktion durch eine dialogische und so gesehen „post-kanonische" Relation ersetzt werden, die beide Religionen gleichberechtigt in einer dialogischen Relation nebeneinanderstellt. Heine und Kierkegaard waren sich der Konsequenzen ihrer post-säkularen bzw. post-eschatologischen Auffassung der Beziehung zwischen Religion und Philosophie für die post-kanonischen Relationen zwischen Judentum und Christentum durchaus bewusst, auch wenn sie sie nur in Ansätzen ausgeführt haben. Heines Nebeneinanderstellung von Moses und Jesus als Verkünder der Freiheit des Glaubens, wie Kierkegaards Re-Theologisierung des Denkens durch die beiden „absurden" Konstellationen des Glaubens bei Abraham und Jesus, mit denen die eschatologische bzw. onto-theologische Identität von Gott und Subjekt durch den unendlichen qualitativen Unterschied zwischen beiden endgültig aufgebrochen wird, weisen schon in die Richtung einer postkanonischen Verfassung der dialogischen Freiheit der Religionen als Spiegel der post-säkularen Relation zwischen Religion und Philosophie, wie diese sich auch schon bewusst in eine alternative, tatsächlich bei Lessing vorzufindende Tradition der Aufklärung stellt.

Die Christologie und die zwei Körper des Subjekts II

1 Prolog

Ernst Kantorowicz hat in seiner berühmten Untersuchung über die zwei Körper des Königs[1] die politische Theologie der elisabethanischen Monarchie analysiert, die sich auf dem Hintergrund des chalzedonischen Dogmas entfaltet. Der König als Abbild Christi trägt demnach in sich zwei Körper, den idealen ewigen Körper des Königtums und den sterblichen Körper des real existierenden menschlichen Königs. Die berühmte Formel „The king is dead, long live the king" fasst diese christologische Doppelnatur für das allgemeine Bewusstsein zusammen. Kantorowicz erzählt aber in seiner brillanten Untersuchung auch, wie diese Theorie in der Krisenzeit der englischen Monarchie zu einer dramatischen Entgegensetzung des sterblichen gegen den ewigen König geführt hat, die dann vor allem in Shakespeares Dramen in ihrer Tragik auf der Bühne zur Darstellung kommt. Die Darstellung der konkreten Sterblichkeit des realen Königs entleert die Idee des idealen Königtums von aller Effektivität und wird so potenziell zum Symbol des Endes der Monarchie.

Der von seinen Feinden bedrängte König Richard II. verliert das Vertrauen auf seine ewige königliche Majestät und verfällt seiner Angst vor der eigenen körperlichen Gebrechlichkeit und Sterblichkeit, er erfährt an sich seine durch und durch temporale Existenzialität.[2]

> … höhnt nicht Fleisch und Blut
> Mit Ehrbezeugung; werft die Achtung ab,

Gebräuche, Sitt und äußerlichen Dienst!
Ihr irrtet euch die ganze Zeit in mir:
Wie ihr, leb ich von Brot, ich fühle Mangel,
Ich schmecke Kummer und bedarf der Freude.
So unterworfen nun, wie könnt ihr sagen,
daß ich König bin?

Diese christologisch motivierte Dramaturgie der elisabethanischen Monarchie kodifiziert den Übergang von dem theologischen Weltbild zu der profan säkularen Tragödie des sterblichen Königs als Symbol für eine Humanisierung, die mit dem Ende der Theologie auch das Ende der Monarchie als eine „ewige" Institution nahelegt. „Das heißt, daß der König im natürlichen Leib zum Verräter am König im politischen Körper geworden ist, am ‚hohen Körper des Königs'. Richards Selbstanklage klingt wie eine Vorwegnahme der Anklage von 1649, der Anklage wegen des Hochverrats, den der ‚natürliche' König gegen den ‚politischen' begangen hat."[3]

Neben dieser Analogie zwischen der Christologie und der Monarchie, die bei Shakespeare in der dramatischen Destruktion der chalzedonischen Einheit der Körper durch ihre existenziell bestimmte Antithese endet, hat Kantorowicz vor allem am Beispiel von Stauferkaiser Friedrich II. und Dantes politischer Theologie die Transformation dieser Christologie in säkulare Formationen einer durch Recht und Gerechtigkeit bestimmten Humanitas analysiert. So steht die Auffassung des Kaisertums bei Friedrich II. „nicht mehr in der Idee des christozentrischen Königtums", sondern säkularisiert die christliche Beziehung zwischen Vater und Sohn – „ex exemplo patris et filii" – in der juristischen Definition der Stellung des Kaisers vor dem Gesetz des Staates als „Pater et filius iustitiae". „Der Cäsar muß deshalb zugleich der Vater und der Sohn der Gerechtigkeit sein, ihr Herr und Diener. Vater und Herr in der Schaffung der Gerechtigkeit und im Schutz des Geschaffenen; desgleichen soll er in ihrer Verehrung der Sohn der Gerechtigkeit und im Dienst an ihrer Fülle ihr

Diener sein."[4] Dante hat diese Säkularisierung als eine gezielte Trennung zwischen „christianitas" und „humanitas" vollzogen, wenn er „das ‚Menschliche' aus dem christlichen Verband heraus[nahm] und […] es […] als Wert eigenen Rechts (isolierte). Das war vielleicht Dantes originellste Leistung auf dem Gebiet der politischen Theologie."[5] Indem Dante Papst und Kaiser nebeneinanderstellte, so dass der letztere keiner „päpstlichen Weihung" bedurfte, „gelangte er zu der Konstruktion einer säkularisierten Imitation des religiösen Kirchenbegriffs."[6] Mit anderen Worten, Dante konstruiert ein „auf den Menschen konzentriertes Königtum",[7] das nicht nur die *res publica Christiana*, sondern die gesamte Menschheit umfassen soll. „Während große Teile der Menschheit (Juden, Mohamedaner, Heiden) nicht dem mystischen Leib angehörten, höchstens potentiell, umschloß Dantes humana civilitas alle Menschen."[8] Dante zielt so auf eine erste säkulare Umschreibung des mystischen Leibs Christi, des Gottmenschen, auf die Idee der Einheit von Mensch und Menschheit. „Dementsprechend erschien die Menschheit oder die humanitas dem Dichter quantitativ wie ein Mensch, eine einzige allumfassende Gemeinschaft, eine universale Körperschaft oder ‚eine gewisse Totalität' (quodam totum), welche Dante die humana universitas oder humana civilitas nannte."[9] Allerdings wird diese Körperschaft als säkularisierte Form des Corpus Christi stets als Einheit von Haupt und Körper, also von König und dem in Ständen sich differenzierenden Volk vorgestellt. „Und genau wie die Menschen geistlich in dem geistlichen Körper vereint sind, dessen Haupt Christus ist, […] so sind die Menschen moralisch und politisch in der res publica vereint, die ein Körper ist, dessen Haupt der Fürst ist."[10]

Diese christologisch motivierte politische Theologie des späten Mittelalters erscheint schon wie ein Vorspiel zu ihren modernen Konfigurationen, in denen die Christologie zur Vorlage des neuen Humanismus nach der Aufklärung werden sollte. Sie erinnert insbesondere an die spezifische Logik der hegelschen Rechtsphilosophie, die die Idee des Gottmenschen auf die bürgerliche Gesellschaft und den Staat überträgt, die dabei allerdings noch durch die eine Person des Monarchen verkörpert werden sollten. Aber mit der Idee der Einheit der beiden Körper Christi als Vorbild für die Einheit von Mensch und Menschheit bildet Hegels politische Christologie die Vorlage für ihre junghegelianischen Nachfolger, die, indem sie diese Christologie vollends humanisieren und verzeitlichen wollten, die Geschichte der beiden Körper als Einheit von Mensch und Menschheit, von Individuum und Gesellschaft, bzw. Existenz und Wesen in eine dramatische Auseinandersetzung zwischen diesen beiden Körpern des Subjekts überführten. Die junghegelianischen Versionen der Transformation der Christologie in das Subjekt erinnert tatsächlich sehr genau an die von Kantorowicz am Beispiel Shakespeares entfaltete Dramaturgie dieser beiden Körper. Hier wird die eigentliche Dramaturgie der Transformation der Christologie in das Subjekt als Doppelnatur des Menschen qua Einheit von Mensch und Menschheit gestiftet (1), die dann über die Konkretisierung und Temporalisierung der Existenz des realen Menschen in eine Antithese verkehrt wird (2). Je mehr der einzelne reale Mensch als konkrete Existenz, als „Sein und Zeit“[11] durch die Kritik der Theologie in den eigentlichen Fokus des Interesses gerät, desto mehr erscheint die Einheit der beiden Körper von Feuerbach bis Stirner als sich polarisierende Spannung zwischen diesen beiden Körpern, so dass zuletzt der einzelne Mensch, die Existenz, das allgemeine Subjekt bzw. die Idee der Menschheit, wie es tatsächlich später bei Heidegger heißen wird: im Sinne des eschatologischen Zeitgeistes der dreißiger Jahre „sprengt“.[12]

Mit anderen Worten: Kantorowicz' Rekonstruktion der mittelalterlichen politischen Theologie hat nicht nur den inneren Zusammenhang zwischen Christologie und Subjekt am Beispiel des Königs herausgearbeitet, sondern diese Analogie auch schon als eine protomoderne Transformation und

Säkularisation skizziert, die dann die modernen Versionen der politischen Theologie bestimmen sollte. Dabei findet das mittelalterliche Drama der beiden Körper des Königs dann ihre moderne Entsprechung in der Dialektik der beiden Körper des Subjekts als Mensch und Menschheit, mit der sich das utopische Subjekt in eine Konfiguration permanenter Gewalt verkehrt.

2 Von Hegels Christologie zur humanistischen Kritik der Theologie – *Kairos*, Kanon und *Kenosis* und die Genese der modernen politischen Theologie

Hegels Philosophie galt zunächst als die ideale Vorlage für die politischen Programme der jungen Hegelianer, bevor diese ihre politischen Theologien im Sinne ihrer Auffassung vom Wesen des Menschen radikal zu säkularisieren versuchten. Der Glaube der christlichen Gemeinde bezeichnet dabei für Hegel tatsächlich „ein neues Bewußtsein der Versöhnung des Menschen mit Gott, diese Versöhnung als Zustand angesprochen ist das Reich Gottes, das Ewige als die Heimat für den Geist, eine Wirklichkeit, in der Gott herrscht.“[13] Das Christentum erfährt hier also eine radikale Transformation, insofern dieses Reich Gottes zum Modell für die Politik im Diesseits, für den Staat, wird und die Herrschaft Gottes sich politisch als Befreiung von den bestehenden Herrschaftsverhältnissen darstellt. „Dieses Reich Gottes, die neue Religion hat also an sich die Bestimmung der Negation gegen das Vorhandene, das ist die revolutionäre Seite der Lehre, die alles Bestehende teils auf eine Seite wirft, teils vernichtet, teils umstößt.“[14] Diese Revolution ergibt sich aus Hegels philosophischer Übersetzung der christlichen Dogmen von der Trinität und der Christologie, wie sie von der Gemeinde zunächst in Symbolen vorgestellt und geglaubt werden.

1) Die Trinität ist das Symbol für das immanente Wesen Gottes, die Einheit der drei Personen des Vaters, Sohnes und des Heiligen Geistes, die sich in der dialektischen Selbstbewegung des Geistes im Sinne der ökonomischen Dimension der Trinität als Grund des Seins im Vater, in Natur und Geschichte als und im Sohn entfaltet, um den Geist mit der Natur und der Geschichte zu versöhnen. Damit wird tatsächlich zuletzt das Absolute mit der Humanität im Heiligen Geist als dem Bewusstsein der Gemeinde versöhnt. „Die Versöhnung, an die geglaubt wird, in Christo, hat keinen Sinn, wird Gott nicht als der Dreieinige gewußt, wird nicht erkannt, dass er

ist, aber auch das Andere, als das sich Unterscheidende ist, so daß das Andere Gott selbst ist, an sich göttliche Natur an ihm hat, und daß das Aufheben dieses Unterschieds, Andersseins, diese Rückkehr, diese Liebe, der Geist ist."[15] Gott entfaltet sich in seiner Dreifaltigkeit also in dem geschichtlichen, heilsökonomischen Prozess, der nichts anderes ist als seine Bewusstwerdung im Subjekt, das sich von der sinnlichen Erfahrung, über den Verstand und das Bewusstsein zum vollen Selbstbewusstsein emporarbeitet, und das heißt, sich in seiner Freiheit im Rahmen der Gemeinde auch ethisch verwirklicht, die ihrerseits Modell der Freiheit für alle Menschen darstellt. „Diese Sphäre ist deswegen das Reich des Geistes, daß das Individuum in sich unendlichen Wert hat, sich als absolute Freiheit weiß."[16]

2) Das eigentliche Ereignis dieser Revolution beschreibt Hegel dabei am Beispiel der Christologie, d.h. an dem Glauben der Gemeinde, der sich in eben dem Übergang von der Idee des Gottmenschen in das Bewusstsein der Gemeinde kristallisiert. „Das Bewußtsein der Gemeinde, das so den Übergang macht vom bloßen Menschen zu einem Gottmenschen – zur Anschauung, zum Bewußtsein, zur Gewißheit der Einheit und Vereinigung der göttlichen und menschlichen Natur ist es, womit die Gemeinde beginnt und was die Wahrheit ausmacht, worauf die Gemeinde gegründet ist."[17]

Wenn Hegel so die Idee der christlichen *Kenosis*, die Selbstentleerung Gottes als Gottesknecht, wie sie im Brief des Paulus an die Gemeinde in Philippi 2: 5–8 [18] hymnisch gefeiert wird, als seine Selbstentäußerung in Natur und Geschichte deutet, mit der der Mensch zum wahren Bewusstsein seiner Freiheit und Menschheit gelangt, so wird damit die Geschichte selbst zur Szene eines eschatologischen Prozesses, der mit diesem Selbstbewusstsein der Versöhnung von Gott und Mensch im Reich Gottes in eben dieser Geschichte zu seiner Erfüllung und Vollendung kommt. Die göttliche *Kenosis* ermöglicht damit den eschatologischen Prozess der Bewusstwerdung und Befreiung des Menschen in seiner Menschheit, wie ihn die Aufklärung Lessings[19] in der Idee des modernen Kanons zum ersten Mal vorgedacht hat, als er den klassischen biblischen Kanon von Judentum und Christentum mit der Moderne, also „hier und jetzt", d.h. im *Kairos* seiner eschatologischen Vollendung als Reich der Freiheit verwirklichen wollte. Die *Kenosis* Gottes wird also über den Kanon eschatologisch entfaltet und im *Kairos* der geschichtlichen Zeit zur Erfüllung und Vollendung gebracht, womit dann der Gottmensch bei Hegel zum Modell der realen politischen Gemeinde der Menschheit und damit zum Modell des Staates, erhoben wird. „In der Organisation des Staates ist es, wo das Göttliche in die Wirklichkeit eingeschlagen, diese von jener durchdrungen und das Weltliche nun an und für sich berechtigt ist; denn ihre Grundlage ist der göttliche Wille, das Gesetz des Rechts und der Freiheit."[20] Diese Freiheit als *Kairos* der Geschichte bezeichnet tatsächlich ihre Verwirklichung für alle Menschen und das Ende aller Knechtschaft und Unterdrückung. „Die Weltgeschichte ist der Fortschritt im Bewußtsein der Freiheit – ein Fortschritt, den wir in seiner Notwendigkeit zu erkennen haben. Mit dem, was ich im allgemeinen über den Unterschied des Wissens von der Freiheit gesagt habe […], daß die Orientalen nur gewußt haben, dass Einer frei, die griechische und römische Welt aber, daß einige frei sind, daß wir aber wissen, alle Menschen an sich, d.h. der Mensch als Mensch sei frei, ist auch zugleich die Einteilung der Weltgeschichte".[21] Die Freiheit ist ihr wahrer eschatologischer und tatsächlich geopolitischer „Endzweck", in ihm erfüllt sich die *Kenosis* als Kanon im historischen *Kairos*, mit ihr endet alle Knechtschaft, insofern sich „diese Freiheit […] gegen die bloß geistlose Äußerlichkeit, die Knechtschaft [wendet]."[22]

Als Versöhnung und Vereinigung von göttlicher und menschlicher Natur konzipierte Hegel den Staat als eine dialektische Vermittlung aller Gegensätze und der verschiedenen Verfassungen von Demokratie, Aristokratie und Monarchie, um ihn gegen Exzesse von einseitig bestimmten Verfassungen auszubalancieren. Damit freilich stellte er den Staat auch wieder unter das Prinzip der erblichen Monarchie, und faktisch unter die Herrschaft eines souveränen Königs, der zwar einerseits den allgemeinen Willen des Volkes vertreten sollte, andererseits aber auch als oberste Instanz der Entscheidung, des reinen und absoluten „Ich will" auch über dem Gesetz stand.

> „Die Souveränität, zunächst nur der allgemeine Gedanke dieser Idealität, existiert nur als die ihrer selbst gewiße Subjektivität und als die abstrakte, insofern grundlose Selbstbestimmung des Willens, in welcher das Letzte der Entscheidung liegt. Es ist dies das Individuelle des Staats als solcher, der selbst nur darin einer ist. Die Subjektivität aber ist in ihrer Wahrheit nur als Subjekt, die Persönlichkeit nur als Person, und in der zur reellen Vernünftigkeit gediehenen Verfassung hat jedes der drei Momente des Begriffes seine für sich wirkliche ausgesonderte Gestaltung. Dies absolut entscheidende Moment des Ganzen ist daher nicht die Individualität überhaupt, sondern ein Individuum, der Monarch."[23]

Zudem war die eigentliche demokratische Verfassung der bürgerlichen Gesellschaft durch das Prinzip der kapitalistischen Marktwirtschaft definiert und damit auch schon in der Gefahr, dass die bürgerlich rechtliche Gleichheit durch die Bedingungen der ökonomischen Konkurrenz wieder unterwandert wird. Hegel verstand sich auf die Gesetze der politischen Ökonomie viel zu gut, um in seiner Rechtsphilosophie nicht die Konsequenzen dieser Konkurrenz für die ökonomisch schwächeren Bürger zu erkennen, die ihre Produktionsmittel im Konkurrenzkampf potenziell verlieren, in die neue Klasse des Proletariats herabgedrückt und sich so nicht nur von ihrer Arbeit, sondern auch vom Staat und der bürgerlichen Gesellschaft, vor allem aber von sich selbst entfremden würden. Er konstruiert zwar in der Idee des Staates eben die politische Bürokratie (das aristokratische Moment der Verfassung), deren Aufgabe es sein sollte, diesen aufbrechenden Klassengegensatz durch wirtschaftliche Interventionen und Investitionen zu lindern und ultimativ zu verhindern, aber er wies doch auf die mögliche radikale Krise der bürgerlichen Gesellschaft hin, die durch eine sich erneuernde Dialektik von Herr- und Knechtschaft das Prinzip der Freiheit und Menschheit in Frage stellen würde.

> „Wenn die bürgerliche Gesellschaft sich ungehinderter Wirksamkeit befindet, so ist sie innerhalb ihrer selbst in fortschreitender Bevölkerung und Industrie begriffen. Durch die Verallgemeinerung des Zusammenhangs des Menschen durch ihre Bedürfnisse und der Weisen, die Mittel für diese zu bereiten und herbeizubringen, vermehrt sich die Anhäufung der Reichtümer, denn aus dieser gedoppelten Allgemeinheit wird der größte Gewinn gezogen – auf der einen Seite, wie auf der anderen Seite die Vereinzelung und Beschränktheit der besonderen Arbeit und damit die Abhängigkeit und Not der an dieser Arbeit gebundenen Klasse, womit die Fähigkeit der Empfindung und des Genusses der weiteren Freiheiten und besonders der geistigen Vorteile der bürgerlichen Gesellschaft zusammenhängt.“[24]

Tatsächlich hat Hegel schon das „Herabsinken einer großen Masse unter das Maß einer gewißen Subsistenzweise“ vorausgesehen, die bei diesen Massen zum „Verluste des Gefühls des Rechts, der Rechtlichkeit und der Ehre“ führe, zumal auf der anderen Seite sich „unverhältnismäßige Reichtümer in wenige Hände“ konzentrieren würden.[25]

Auf jeden Fall schien Hegels komplexe Synthese der durch den Gottmenschen zur Einheit von Mensch und Menschheit transformierten Gemeinde als Reich Gottes und Staat auf dem Hintergrund dieser Spannungen das von ihm selbst programmatisch konzipierte Ziel der Weltgeschichte als Freiheit für alle, die mit dem sich vollendenden Selbstbewusstsein die Dialektik von Herr und Knecht überwunden haben sollte, auch wieder in Frage zu stellen. Auf alle Fälle steht die Idee der Gemeinde der Freiheit, wie sie aus der Idee des Gottmenschen sich ergeben soll, in deutlichem Kontrast zu der Idee dieser Körperschaft als einer organischen Einheit von Haupt und Volk, das sich noch einmal in den Ständen von Bauern, Bürgern und Aristokratie differenziert. Es waren nicht zuletzt diese dialektischen Spannungen, an denen sich die revolutionäre Kritik der jungen Hegelianer entzünden sollte.

3 David Friedrich Strauß' Programm der Entmythologisierung und die Religion der Menschheit

David Friedrich Strauß hat in Hegels Philosophie den Schlüssel zu einem aufgeklärten Verständnis der christlichen Theologie gefunden, mit dem er die Christologie vom Gottmenschen zum Modell für eine Humanisierung und Demokratisierung der politischen Kultur einsetzen wollte. Strauß' Programm der radikalen Entmythologisierung des Christentums erscheint tatsächlich wie eine Adoption von Hegels Religionsphilosophie, wenn er das dogmatische Christentum in den „Geist" und d.h. das „Selbstbewusstsein" der sittlichen Menschheit umschreibt.

Mit der Kritik und Befreiung von der neolutheranischen Dogmatik wollte Strauß zunächst nichts anderes als den Geist der Reformation fortsetzen, aber er wusste, dass er mit Entmythologisierung und spekulativer Theologie „alles, was der Christ von seinem Jesus glaubt, vernichtet, alle Ermunterungen, die er aus diesem Glauben schöpft, [...] ihm entzogen, alle Tröstungen geraubt" hat.[26] Es war ihm klar, dass das „Verhältnis des Geistlichen zur Gemeinde" damit zu einer „Collision" führen würde.[27] Tatsächlich war es sein Buch, das zu einer direkten Kollision mit den Theologen führen und ihn seine Karriere kosten sollte. Strauß setzte seine Hoffnungen dennoch auf das Volk der Gläubigen. „Ich fasse das deutsche Volk als das Volk der Reformation, diese aber denke ich mir nicht als ein fertiges, sondern als ein Werk, das fortgesetzt sein will."[28] „Wollen wir also in religiösen Dingen weiterkommen, so müssen wir [...] zum Volk reden."[29] Wenn Strauß sich so an die Gebildeten unter den protestantischen Bürgern wendet, so geht es ihm im Geist der fortzusetzenden Reformation um die Erziehung des Volkes, die dieses an die durchgreifende Entmythologisierung der christlichen Religion, zumal der Figur des Erlösers gewöhnen soll. Es ist ihm geradezu unerträglich, dass „wir das Christentum fort und fort als eine übernatürliche Offenbarung, den Stifter desselben als den Gottmenschen, sein Leben als eine Kette von Wundern ansehen sollen."[30]

Die eigentliche Entmythologisierung zielte dabei zunächst auf den Nachweis, dass die sagenhafte Wundergestalt des Erlösers sich dem Mythos der von den alttestamentarischen Propheten entworfenen Messiasgestalt verdankt, von der die Evangelisten die verschiedenen Wundertaten von der Heilung der Lahmen, Blinden und Tauben bis zur Auferstehung von den Toten entliehen haben. An dem Messias Jesus „musste Alles, was im Alten Testament Messianisches geweissagt war, in Erfüllung gegangen sein, es konnte nicht anders als dem von den Juden im Voraus entworfenen Schema des Messias [...] entsprochen haben".[31] Strauß' Entmythologisierung zielt aber im Gegenzug zum messianischen Mythos selbst auf eine messianische Transformation dieses Glaubens, d.h. eine Internalisierung, Säkularisierung und tatsächlich ethisch-politische Transformation der Christusgestalt durch die Idee der sittlichen Menschheit: den Geist. „Unentbehrlich, aber auch unverlierbar bleibt hier von dem Christentum dasjenige, wodurch sich die Menschheit aus der sinnlichen Religion der Griechen auf der einen Seite, der jüdischen Gesetzesreligion auf der anderen Seite herausgehoben hat, also nach jener Seite hin der Glaube, daß es eine geistige und sittliche Macht ist, welche die Welt beherrscht."[32]

Diese Verinnerlichung entspricht dem Geist der nunmehr durch das Selbstbewusstsein fortzusetzenden Reformation, wie der junge Strauß ganz in den Begriffen von Hegels Religionsphilosophie ausführt. „Erst wenn erkannt wird, daß im Christentum die Menschheit nur ihrer selbst tiefer als bis dahin bewußt geworden, daß Jesus nur derjenige Mensch ist, in welchem dieses tiefere Bewußtsein zuerst als sein ganzes Leben und Wesen aufgegangen ist [...], erst dann ist das Christentum wirklich christlich verstanden."[33]

Wenn Strauß Christus so mit Hegel zum Selbstbewusstsein der sich zu sich selbst befreienden Menschheit und Menschlichkeit „entmythologisiert", deutet er diese als Transformation der „geschichtlichen Person“ in „das in der menschlichen Vernunft liegende Ideal der gottgefälligen Menschheit“ um.

„Wenn Gott als Geist angesprochen wird, so liegt darin, da auch der Mensch Geist ist, bereits, daß beide an sich nicht verschieden sind. Näher ist in der Erkenntnis Gottes als Geistes, da der Geist wesentlich dieses ist, in der Unterscheidung seiner von sich identisch mit sich zu bleiben, im Anderen seiner sich selbst zu haben, dieses enthalten, dass Gott nicht als sprödes Unendliches außer und über dem Endlichen verharrt, sondern in dasselbe eingeht, die Endlichkeit, die Natur und den menschlichen Geist, nur als seine Entäußerung setzt, aus der er ebenso wieder in die Einheit mit sich selbst zurückkehrt.“[34]

Mit dieser spekulativen Theologie war nicht nur ein theologischer, sondern vor allem auch ein politischer Frontenkrieg eröffnet. Strauß setzte die Entmythologisierung direkt als Waffe im Kampf gegen die dogmatischen Theologen der preußischen Monarchie – die „Pfaffen“ – ein. „Wer die Pfaffen aus der Kirche schaffen will, der muß das Wunder aus der Religion schaffen.“[35] „Wir Deutschen können politisch nur in dem Maße frei werden, als wir uns geistig, religiös und sittlich frei gemacht haben.“[36]

Mit dieser eindeutig antidogmatischen Haltung plädierte Strauß nicht nur für die Transformation der christlichen Theologie in eine liberale Demokratie, er hat damit seinen Lehrer Hegel tatsächlich links überholt, wie er denn auch in seiner späteren Schrift über Kaiser Julian, den „Romantiker auf dem Thron der Cäsaren“ den preußischen König als unrettbaren christlichen Reaktionär karikierte, der sich dem liberalen Fortschritt nur noch entgegenstellt. Wie der römische Kaiser (360–363 n.Chr.) versuchte, den damaligen christlichen Fortschritt durch eine Rückkehr zum griechischen Polytheismus rückgängig zu machen, so der implizite Umkehrschluss, versucht der preußische König Friedrich Wilhelm IV., den die Leser hinter der Camouflage natürlich sofort erkannten, den liberal demokratischen Fortschritt durch ein starres Festhalten am dogmatischen Christentum aufzuhalten.[37]

Strauß war, wie Albert Schweitzer später resümierte, mit seinem Buch zwar „über Nacht ein berühmter Mann" geworden, hatte aber de facto seine akademische „Zukunft vernichtet".[38] Doch sein Modell einer radikalen Entmythologisierung des Gottmenschen als Selbstbewusstsein der Menschheit löste nicht nur die Kontroverse zwischen Links- und Rechtshegelianern aus, es bestimmte zunächst die theologische Orientierung der politischen Kritik, die sich mit den unter König Friedrich Wilhelm IV. verschärfenden Bedingungen der Restauration eindeutig radikalisieren sollte.[39]

Vor allem wegen der theologischen Voraussetzungen, die Hegel mit der Idee der erblichen Monarchie besiegelte, geriet seine politische Philosophie bei den jungen Hegelianern zunehmend in den Verdacht, eigentlich immer schon einer Legitimation der preußischen Monarchie gedient zu haben. Die Christologie des Gottmenschen, bei Hegel Symbol für die Revolution der Gesellschaft und des absoluten Selbstbewusstseins, erschien ihnen zunehmend wie das letzte Bollwerk der preußischen Monarchie und ihrer Politik des „Katechons"[40], die mit ihren berufenen Theologen und Juristen alle reformerischen und revolutionären Tendenzen der Zeit aufzuhalten und sich ihnen entgegenzustemmen sucht. „Es kommt jetzt darauf an, die bisherigen Anschauungsweisen von Zeit, Tod, Diesseits, Jenseits, Ich, Individuum, Person und der außer der Endlichkeit im Absoluten und als absolut angeschauten Person, nämlich Gott usw., in welchem der Grund der bisherigen Geschichte und auch die Quelle des Systems der christlichen sowohl orthodoxen als rationalistischen Vorstellungen enthalten ist, wahrhaft zu vernichten, in den Grund der Wahrheit zu bohren."[41] So fasst Ludwig Feuerbach die neue Tendenz zusammen, die die hegelianische Aufhebung praktisch in eine absolute Negation der Theologie umdachte. Im Angesicht der epochalen Rolle der Theologie beim Fortbestand der politischen Herrschaftsverhältnisse in Preußen und dem Europa der Restauration setzten die jungen Hegelianer zunehmend auf eine radikale Kritik der Theologie als Ausgangspunkt aller

Politik im Namen der Freiheit, wandten sich zunehmend gegen das Justemilieu und alle liberalen Vermittlungsversuche zwischen Monarchie und Demokratie, die sie bald nicht mehr nur auf der Grundlage der bürgerlichen Gleichheit, sondern immer entschlossener mit dem Prinzip der ökonomischen Gleichheit, mit dem Sozialismus, ja mit Kommunismus und Anarchismus identifizierten.

Das Christentum sollte, so Bruno Bauer 1842 „für den Begriff der Freiheit, für die wahre, nämlich für die fortschreitende Geschichte als religiöse Macht völlig gestürzt" werden.[42] Indem Bauer Hegels Begriff des Selbstbewusstseins aufgreift, will er an diesem auch die letzten christlichen Spuren auslöschen. „Die herrschsüchtige und freiheitsmörderische Voraussetzung kämpft für eine Illusion: wir kämpfen für die Freiheit, für unsere Freiheit, aber auch für die Ehre und Freiheit des Positiven, wenn wir erkennen und beweisen, daß es dem Edelsten, was es gibt, dem geschichtlichen Selbstbewußtsein entsprungen ist."[43] Bauer setzt also gegenüber Strauß auf eine radikalere Haltung gegenüber dem Christentum, d.h. auf eine restlose Negation des Christentums und aller Religion als Bedingung der Möglichkeit für die politische Freiheit. „Der christliche Staat ist der Staat der Unfreiheit und Bevormundung, der Staat, der noch nicht den Muth gefasst hat, wirklich Staat zu seyn."[44]

Marx' spätere Diagnose, dass die neuen Radikalen im Rahmen der hegelianischen Philosophie verblieben, wenn „jeder eine Seite des hegelschen Systems herausnimmt und diese sowohl gegen das System, wie gegen die von den Anderen herausgewonnenen Seiten wendet," bewährte er so mit Recht an der Tatsache, dass „die gesamte deutsche Kritik von Strauß bis Stirner [...] sich auf Kritik der religiösen Vorstellungen" beschränkt, und diese auf den Begriff des Menschen zurückführt.[45] Damit bewegte sich diese Kritik der Theologie also trotz aller Radikalisierungen durchaus in dem von Hegel vorgegebenen eschatologischen Rahmen der Humanisierung des Gottmenschen, nur galt es eben jetzt, die gesuchte Konfiguration des Menschen in seiner Menschheit genauer zu bestimmen, und das bedeutete: die Selbstentfremdung des Menschen durch die Theologie ein für alle Mal aufzuheben. Damit aber sollte sich diese kritische Auseinandersetzung mit der politischen Christologie in einer besonderen Dramaturgie des Subjekts entfalten, in der jeder Kritiker die Position seines Vorgängers als „religiös" verwarf, bis die vermeintliche Utopie von Mensch und Menschheit sich in die Szene eines Aufstands der einzelnen Existenz gegen die Idee der Menschheit verkehren und damit den Humanismus selbst vernichten sollte. Damit aber geriet die kritische Reduktion der Theologie auch deswegen in eine radikale Krise, weil die Moderne als kanonisch-eschatologisches Ziel der Geschichte einerseits als vollkommene Negation der Theologie des Judentums und des Christentums sich verwirklicht, andererseits aber das Subjekt dieser Befreiung, auch in seiner Gestalt als souveräne Existenz, die gegen die Menschheit antritt, immer noch ein eschatologisches Subjekt darstellt, mit dem sich die Geschichte nunmehr als „religionsfreier" *Kairos* erfüllen sollte.

4 Ludwig Feuerbach: Von der dramatischen Theologie des Gottmenschen zu einer dialogischen Utopie des Menschen

In seinem *Wesen des Christentums*[46] von 1841 darf Feuerbach mit David Friedrich Strauß und den radikaleren Junghegelianern wie Bruno Bauer, Arnold Ruge und Max Stirner schon einigermaßen selbstverständlich voraussetzen, „daß das Geheimnis der Theologie die Anthropologie ist“[47], aber er präzisiert dieses Programm, wenn er gegen Hegels Synthese von Theologie und Philosophie jetzt den Geist als das noch wirksame philosophische „Gespenst im Kopfe“ vernichten will.[48] Über einen Rückgang auf die dogmatischen „Einbildungen“ der christlichen Theologie erhofft er sich eine gründliche Destruktion und damit die restlose Auflösung dieses philosophischen Phantasmas. Dabei behandelt Feuerbach die dogmatische Einbildungskraft ähnlich wie die psychoanalytische Traumdeutung die Phantasien des neurotischen Patienten:[49] Die dramatischen Bilder der christlichen Einbildungskraft sind als Projektionen der menschlichen Psyche und als Idole ihrer erotischen Bedürfnisse zu dekodieren und auf diese zu reduzieren. „Die Religion ist wesentlich dramatisch. Gott selbst ist ein dramatisches, also persönliches Wesen. Wer der Religion das Bild nimmt, der nimmt ihr die Sache.“[50] Erst wenn also dieser dramatische und persönliche Kern, wie ihn die Dogmatik in ihren Bildern entwirft, ganz aus der menschlichen Psyche abgeleitet wird, kann die Vorstellung von Gottes Existenz, die sich in den Bildern manifestiert hat, endgültig verabschiedet und damit auch der philosophischen Transformation der Theologie in die Metaphysik des Geistes der Boden endgültig entzogen werden.

Ins Zentrum von Feuerbachs Reduktionismus rückt damit die Dramaturgie des dreieinigen Gottes, der sich als Vater in der Person des Sohnes seiner Göttlichkeit entäußert, zum Menschen wird und als Heiliger Geist die Gemeinde gründet. Feuerbach rekurriert so wie Hegel auf das grundlegende Ereignis der christlichen Theologie, auf die *Kenosis*, um dieses Ereignis gegen seine dialektischen Transformationen des Seins ganz auf die Elemente ihrer psychischen Dramaturgie zurückzuführen. „Seid so unter euch gesinnt, wie es der Gemeinschaft in Christus Jesus entspricht: Er, der in göttlicher Gestalt war, hielt es nicht für einen Raub, Gott gleich zu sein, sondern entäußerte sich selbst und nahm Knechtsgestalt an, ward den Menschen gleich und der Erscheinung nach als Mensch erkannt." Wenn Gott sich in der *Kenosis*, wie Paulus dies hier im Brief an die Philipper 2:5ff erläutert, seiner Göttlichkeit entäußert, so folgert Feuerbach daraus zunächst, dass die Religion hier immer schon selbst Gott „verleugnet und verneint", und dass der „Atheismus […] das eigentliche Geheimnis der Religion" ist.[51]

Mit dieser Einsicht gilt es jetzt aber erst, das „Bild" als Idol, Hegel würde sagen: die „Vorstellung" Gottes als „Spiegelbild" zu lesen[52], d.h. die Selbstentäußerung Gottes als Spiegel der menschlichen Selbstentfremdung und ihrer Motivation, d.h. die göttliche *Kenosis* als Spiegel der menschlichen Ur-*Kenosis* zu verstehen. Den Schlüssel zu der Umkehrung der dogmatischen Dramaturgie findet Feuerbach wieder in der dogmatischen Theologie selbst, nämlich in der zentralen Aussage über Gottes Wesen im 1. Johannesbrief 4:16: „Gott ist Liebe; und wer in der Liebe bleibt, der bleibt in Gott und Gott in ihm." Wenn Gott sich aus Liebe seiner selbst entäußert und im Menschen „inkarniert", so ist dies nur die Umkehrung des ursprünglichen Vorgangs der menschlichen Selbstentäußerung aus Liebe. „Nicht aus seiner Gottheit als solcher, nach welcher er [Gott] das Subjekt ist in dem Satze ‚Gott ist die Liebe', sondern aus der Liebe, dem Prädikat, kam die Verleugnung seiner Gottheit. Die Liebe überwindet Gott."[53] Der Satz „Gott ist Liebe" spiegelbildlich gelesen, lautet „Liebe ist göttlich" und erhebt die Liebe zum Prinzip dieser Überwindung Gottes als ihr Subjekt.

Genauer erweist sich die Liebe des Menschen als der ursprüngliche Akt, mit dem der Mensch sich seines eigenen Selbsts entäußert, d.h. aus Liebe ein ihm würdiges Objekt entwirft, von dem es sich in seiner Liebe erfüllen lässt und das es als vollkommenes Bild dann vergöttlicht, um es als Idol verehren zu können. Der Mensch ist Liebe, heißt, er tritt als Liebe zunächst aus seiner Subjektivität heraus, um in dem Bild der Liebe sein eigenes, ihm zunächst noch unbewusstes Wesen zu vergegenständlichen und zu vergöttlichen, aber nur um dann in dem Idol des Göttlichen zuletzt die Projektion seines eigenen Selbst wieder zu erkennen und sich in seinem eigentlichen Wesen anzueignen. Gott ist „als das Geheimnis der menschlichen Natur, die Nacht, die sie in Gott setzt, um aus ihr das Licht des Bewußtseins zu erzeugen, nichts ist als ihr eigenes dunkles, instinktartiges Gefühl von der Realität und Unentbehrlichkeit der Materie".[54] Die christliche Theologie ist demnach wie bei allen christlichen Theologen auch bei Feuerbach die höchste Form der Theologie, die aber nur deswegen über den anderen Formen der Theologie steht, weil sie eben diesen Prozess der Bewusstwerdung reflektiert, dass nämlich das Geheimnis der Theologie die Anthropologie und dass der Gottmensch nur eine Projektion des göttlichen Menschen ist, der seine volle Menschheit nach einer langen Periode der Selbstentfremdung wieder in Besitz nimmt. Nicht nur hat der Mensch diesen Mechanismus der Projektion bis jetzt nicht durchschaut, sondern er hat das Phantasiebild zum Weltschöpfer und -herrscher substanzialisiert und so zum „Phantom des religiösen Fanatismus"[55] erhoben, zum Gott der politischen Macht und Herrschaft über sich.

Mit der Reduktion Gottes auf die Liebe werden alle diese Prozesse der politisch theologischen Hypostase Gottes demontiert und die lange Geschichte der Herrschaft der politischen Mächte so wie der Selbstentfremdung des Volkes endgültig aufgehoben. Statt dass der Mensch sich für den christlichen Gott der *Kenosis* und sein hierarchisches System aufopfert, soll nun Gott selbst der Liebe aufgeopfert werden: „Wie Gott sich selbst aufgegeben aus Liebe, so sollen wir auch aus Liebe Gott aufgeben; denn opfern wir nicht Gott der Liebe auf, so opfern wir die Liebe Gott auf, und wir haben trotz des Prädikats der Liebe den Gott, das böse Wesen des religiösen Fanatismus."[56]

Aber mit dieser Reduktion wird der Gottmensch, der sich als Gott inkarnierende Mensch zum Inbegriff des nun seinerseits göttlichen Menschen und seiner eigentlichen – bisher entfremdeten Menschheit. Feuerbach setzt auf einen „Anthropotheismus ohne Zwiespalt. Der Anthropotheismus ist das zu Verstand gebrachte Herz; er spricht im Kopf nur auf Verstandesweise aus, was das Herz in seiner Weise sagt. Die Religion ist nur Affekt, Gefühl, Herz, Liebe, d.h. die Negation, Auflösung Gottes im Menschen." [57] Der Theismus des Bewusstseins und Verstandes wird über das Unbewusste, das Herz auf den Menschen reduziert, der sich jetzt als Gott weiß. Die beiden Körper des Gottmenschen werden zu den beiden Körpern des Menschen in seiner wahren Menschheit, wie sich die Liebe des Menschen damit als Heiliger Geist der Gemeinde in der vollen zwischenmenschlichen Beziehung jenseits von Macht und Herrschaft und d.h. als Gemeinschaft der Gleichheit ausbilden kann, bzw. in dieser Gemeinschaft als ihrem wahren eschatologischen Kairos erfüllt.

Der in der Dogmatik als Trinität vorgestellte Gott ist, als Spiegel gelesen, das Symbol der wahren menschlichen Gemeinschaft, in der sich die Bewegung der *Kenosis* als Negation Gottes durch den Menschen erst ganz verwirklicht.

> „Gemeinschaftliches Leben nur ist wahres, in sich befriedigtes göttliches Leben – dieser einfache Gedanke, diese dem Menschen natürliche, eingeborne Wahrheit ist das Geheimnis des übernatürlichen Mysteriums der Trinität. Aber die Religion spricht auch diese, wie jede andere Wahrheit nur indirekt, d.h. verkehrt aus, indem sie auch hier eine allgemeine Wahrheit zu einer besonderen und das wahre Subjekt nur zum Prädikat macht, indem sie sagt: Gott ist ein gemeinschaftliches Leben, ein Leben und Wesen der Liebe und Freundschaft. Die dritte Person in der Trinität drückt ja nichts weiter aus als die Liebe der beiden göttlichen Personen zueinander, ist die Einheit des Sohnes und Vaters der Begriff der Gemein-

> schaft, widersinnig genug selbst wieder als ein besonderes, persönliches Wesen gesetzt."[58]

Mit dieser „vollen" Reduktion der Theologie auf die Anthropologie ist jetzt das „Dasein" enthüllt, die Christologie vom Gottmenschen vollends humanisiert – der substanzielle Gott als Symbol der Herrschaft und Macht – gestürzt und die wahre Gemeinschaft als dialogische Beziehung zwischen den Menschen als Aneignung des trinitarischen Wesens und als eines Phantasmas Gottes vollzogen. Der Mensch wird durch diese Aneignung nunmehr selbst zum Gott seiner selbst, er begibt sich seiner Selbstentfremdung, wenn er Gott als das erotische und ästhetische Werk seiner Projektion enthüllt hat und sich – wie Stirner feststellen wird – als sein „Eigentum" in Besitz nimmt, um sich damit in Freiheit zu setzen. Diese Freiheit wird von dem neuen Gott durch die ideale Gemeinschaft und Vermittlung des je einzelnen und besonderen Menschen mit dem allgemeinen Prinzip der Menschheit im Geist der vollkommenen Gleichheit erzeugt. Der auf der theologischen Ebene als Mensch enthüllte Gott wird zum politischen Symbol des Übergangs von der souveränen Monarchie zur kommunistischen Anarchie des souveränen Volkes. Die Kritik der Theologie erweist sich zuletzt als politische Theologie dieser Transformation vom Gottmenschen Christus zur dialogischen Gemeinschaft von Ich und Du, von der politischen Theologie des *Katechons* zu einer eschatologischen Politik der Aufhebung aller Herrschaft. „Die Religion aber ist das Bewußtsein des Menschen von sich in seiner lebendigen Totalität, in welcher die Einheit des Selbstbewußtseins nur als die beziehungsreiche, erfüllte Einheit von Ich und Du existiert."[59] An die Stelle der monologischen Hierarchie des Seinsgrundes und der vom Gottvater abgeleiteten Logik tritt die trinitarische Gleichheit der Subjekte, die sich in der dialogischen Alltagssprache als der allen und jedem zugänglichen Kommunikationsform artikuliert. An die Stelle der einseitigen und ausschließlichen personalen Funktion des metaphysischen Grundes des göttlichen Ichs bzw. des dialektischen Geistes tritt der Dialog zwischen Ich und Du als sprachliches Apriori einer nachmetaphysischen Intersubjektivität.[60] In diesem Sinne fassen die letzten Paragraphen von Feuerbachs Grundsätzen einer Philosophie der Zukunft[61] diese Transformation noch einmal programmatisch als Übergang von Hegels Dialektik zu einer Philosophie des Dialogs zusammen:

> „61: Der absolute Philosoph sagte oder dachte wenigstens analog dem l'état c'est moi des absoluten Monarchen und l'être c'est moi des absoluten Gottes […] Der menschliche Philosoph sagt dagegen: Ich bin auch im Denken als Philosoph Mensch mit Menschen.
> 62: Die wahre Dialektik ist kein Monolog des einsamen Denkers mit sich selbst, sie ist ein Dialog zwischen Ich und Du.
> 63: Die Trinität war das höchste Mysterium, der Zentralpunkt der absoluten Philosophie und Religion. Aber das Geheimnis derselben ist, wie im Wesen des Christentums historisch und philosophisch bewiesen wurde, das Geheimnis des gemeinschaftlichen, gesellschaftlichen Lebens – das Geheimnis der Notwendigkeit des Du für das Ich, die Wahrheit, daß kein Wesen […] ein vollkommenes, ein absolutes Wesen, daß die Wahrheit und Vollkommenheit nur ist die Verbindung, die Einheit von wesensgleichen Wesen. Das höchste und letzte Prinzip der Philosophie ist daher die Einheit des Menschen mit dem Menschen."

Diese dialogische Intersubjektivität als die wahre Form des befreiten In-der-Welt-Seins der Existenz im Sinnes eines herrschaftsfreien Mit-Seins verbürgt also für Feuerbach immer schon über die allen zugängliche Sprache die ursprünglich ontologische Einheit von Existenz und Essenz. Sie ist Ausdruck einer gelungenen Transformation der Theologie in die Anthropologie, des Gottmenschen in die Menschheit, die hier auf der Grundlage einer Art Fundamentalerotologie vollzogen wird. Die Liebe als Grundintentionalität des Menschen hat den Menschen von sich selbst entfremdet, um ihm zugleich den therapeutischen Schlüssel an die Hand zu geben, das Rätsel dieser Selbstentfremdung als einer Liebesvergessenheit seinsgeschichtlichen Ausmaßes für sich und den Anderen aufzulösen: Es ist der Projektion und Einbildung geschuldet, die ihr Heil außer sich selbst in einem Gespenst sucht, dieses zu verehren begehrt und sich ihm potenziell zu unterwerfen bereit ist. Das Selbst braucht sich in dieser in der trinitarischen Gemeinschaft Gottes gipfelnden Phantasmagorie – wie Narziss über dem Wasser – nur selbst wiederzuerkennen, um sich als Wesen der Sinnlichkeit, des Eros und der Liebe als ganzes existenziell-essenzielles Selbst wieder in Besitz zu nehmen: als die durch Eros und Liebe verbürgte Einheit von Mensch und Menschheit und als ideale sozialistische Gemeinschaft. „Die christliche Religion hat den Namen des Menschen mit dem Namen Gottes in den einen Namen des Gottmenschen verbunden – den Namen des Menschen also zu einem Attribut des höchsten Wesens erhoben. Die neue Philosophie hat der Wahrheit gemäß dieses Attribut zur Substanz, das Prädikat zum Subjekt gemacht – die neue Philosophie ist die realisierte Idee – die Wahrheit des Christentums.“[62]

Mit der Idee einer dialogischen und herrschaftsfreien Gesellschaft hat Feuerbach die ultimative Utopie der politischen Freiheit der Junghegelianer entworfen. Wie er selbst festhält, wäre mit der vollkommenen Überführung der Theologie in Anthropologie, des Gottmenschen in das Subjekt der Einheit von Individuum und Gemeinschaft nicht nur die ontologische Differenz von Gott und Mensch, sondern vor allem auch der damit indizierte moralische Abstand, den die Theologie mit dem Begriff der Sünde benennt, endgültig überwunden.

> „Die moralische Vollkommenheit hängt, wenigstens für das moralische Bewußtsein nicht von der Natur, sondern allein vom Willen ab, sie ist eine Willensvollkommenheit, der vollkommene Wille. Den vollkommenen Willen, den Willen, der eins mit dem Gesetze, der selbst Gesetz ist,

> kann ich nicht denken, ohne ihn zugleich als Willensobjekt, d.h. als Sollen für mich zu denken. Kurz, die Vorstellung des moralisch vollkommenen Wesens ist keine nur theoretische, friedliche, sondern zugleich praktische, zur Handlung, zur Nachahmung auffordernde, mich in Spannung, in Zwiespalt mit mir selbst versetzende Vorstellung; denn indem sie mir zuruft, was ich sein soll, sagt sie mir zugleich ohne alle Schmeichelei ins Gesicht, was ich nicht bin. Und dieser Zwiespalt ist in der Religion um so qualvoller, um so schrecklicher, als sie des Menschen eignes Wesen ihm als ein andres Wesen und noch dazu als ein persönliches Wesen, als ein Wesen, welches die Sünder von seiner Gnade, der Quelle alles Heils und Glücks, ausschließt, haßt, verflucht.
> Wodurch erlöst sich aber der Mensch von diesem Zwiespalt zwischen sich und dem vollkommenen Wesen, von der Pein des Sündenbewußtseins, von der Qual des Nichtigkeitsgefühles? Wodurch stumpft er der Sünde ihren Stachel ab? Nur dadurch, daß er sich des Herzens, der Liebe als der höchsten, als der absoluten Macht und Wahrheit bewußt wird, dass er das göttliche Wesen nicht nur als Gesetz, als moralisches Wesen, als Verstandeswesen, sondern vielmehr als liebendes, selbst subjektiv menschliches Wesen anschaut."[63]

Die Liebe als das absolute Prinzip der Ent- und Aneignung der göttlichen Phantasmagorie vermag das Selbst von diesem zuletzt selbstproduzierten Makel der Entfremdung der Sünde zu befreien, es zu erlösen: d.h. das Selbst durchschaut den Mechanismus der Projektion der Liebe als eben die Sünde, mit der das Selbst sich von sich trennt, entäußert und entfremdet, um sich als Sünder vor Gott zu stellen, und um nunmehr diese Sünde der Erfindung der Sünde durch die „absolute Macht" der Liebe zu beseitigen. Mit dieser zurückgewonnenen Idylle betritt das Subjekt das Paradies seiner eigentlichen und wahren erotischen Unschuld und Natürlichkeit, den Garten Eden aller dialogischen Gemeinschaft, in der *Eros* und *Agape* einander ergänzen, erfüllen, aber auch die mit diesem Eros als absolute Macht und Wahrheit indizierten Konflikte und potenziellen Machtkämpfe ausblenden sollen.

Nicht nur erfordert schon die erotische Reduktion vom Selbst tatsächlich Mut und Entschlossenheit, also einige souveräne Macht, sich der traditionellen Macht der Theologie, aber vor allem den politisch theologischen Mächten zu widersetzen, die sich der dogmatischen Theologie und der Anthropologie vom sündhaften Menschen bedienen, um ihre Herrschaft zu legitimieren. Das sündenfreie Selbst bedarf also, um seine Vorstellung von Freiheit und Liebe zu verwirklichen, schon einer „absoluten Macht der Wahrheit", um diesen Mächten entgegenzutreten und sich ihnen zu widersetzen, bevor es die Idylle der Gemeinschaft der Liebe im Verein mit den anderen enteigneten Existenzen zu gründen vermag. Es wird nicht nur den eigenen Eros in einem Akt der Aggression und Gewalt gegen diese Mächte einsetzen, sondern schon innerhalb der revolutionären Bewegung selbst erst die Machtverhältnisse schaffen müssen, die gegen diese Mächte zum Einsatz kommen können usw.

Feuerbachs kontrafaktische Szene der dialogischen Liebesgemeinschaft definiert die säkularisierte Einheit des Gottmenschen als Einheit der zwei Körper von Mensch und Menschheit im Subjekt als perfektes Ideal und Idyll, dem also die eigentliche Geschichte, Konkretion und Existenz, ihr faktisch existenzieller „Sündenfall" erst noch bevorsteht, in der diese Existenz sich negativ eschatologisch bis zu diesem Wesen der Einheit emporarbeitet und durchkämpft, oder sich damit entweder zuletzt in diesem Kampf um die von ihm beschworene Menschheit deren neuer Macht und ihren Machthabern unterwirft oder dieser Macht der Menschheit und Feindschaft als souveränes Selbst in einer radikalen Antithese entgegentreten wird.[64]

5 Karl Marx und Friedrich Engels: Existenz zwischen Eschatologie des Gottmenschen und politischer Ökonomie

„Die gesamte deutsche philosophische Kritik von Strauß bis Stirner beschränkt sich auf Kritik der religiösen Vorstellungen",[65] da „jeder eine Seite des hegelschen Systems herausnimmt und diese sowohl gegen das System herausnimmt und gegen die von den Anderen herausgewonnenen Seiten wendet." [66]

So fassen Marx und Engels die allgemeine Tendenz der junghegelianischen Philosophen zusammen, um damit auch Feuerbachs Reduktion des Gottmenschen auf den Menschen als eine Fortsetzung der (hegelschen) Theologie mit anderen Mitteln zu ahnden. Sie erkennen zwar in Feuerbachs Philosophie den entscheidenden, materialistischen Durchbruch nach Hegel, setzen aber ihrerseits auf eine noch radikalere Reduktion, um die theologischen Residuen des Geistes als die letzten resistenten Geister und Gespenster aus dessen materialistischer Anthropologie zu vertreiben.[67] Damit wollen Marx und Engels nicht nur den Gottmenschen, sondern gerade auch dessen utopische Konstellationen der Menschheit stürzen, die sie nunmehr auf ihre real historischen Bedingungen reduzieren, wobei sich die Gespenster der Eschatologie trotz aller Strategien der Reduktion und Destruktion als erstaunlich resistent und immun erweisen werden. Es bleibt also zuletzt fraglich, ob Marx und Engels den theologischen und d.h. tatsächlich den eschatologischen Rahmen der hegelschen Philosophie wirklich sprengen werden oder nicht auch nur wieder eine Seite des Systems gegen das System Hegels und gegen die Systeme der anderen Revolutionäre ausspielen.[68]

Die Radikalisierung der materiellen Reduktion soll allerdings von Anfang an die letzte Überwindung der theologischen und idealistischen Voraussetzungen aller Kritik verbürgen. Diese erfordert zunächst eine Umkehrung der bisherigen Strategien der Reduktion. „Ganz im Gegensatz zur deutschen Philosophie, welche vom Himmel auf die Erde herabsteigt, wird hier von der Erde zum Himmel gestiegen. Es wird nicht ausgegangen von dem, was Menschen sagen, sich einbilden, sich vorstellen, auch nicht von dem gesagten, eingebildeten, vorgestellten Menschen, um von da aus bei dem leibhaftigen Menschen anzukommen."[69] Diese programmatische Aussage ist aber durchaus missverständlich; indem sie die idealistische Perspektive umkehrt und auf den Kopf stellt, soll der vermeintliche Ausgang vom realen und „leibhaftigen" Menschen nicht nur die „himmlischen" Einbildungen erklären, sondern offenbar auch die reale Situation in die „himmlischen" Verhältnisse „hier und jetzt" transformieren. Zwar gehen Marx und Engels von dem irdischen Menschen aus, um dessen Himmel in den Einbildungen, Vorstellungen und „Gespenstern" zunächst als Kompensationen der irdischen Leidenssituation zu verstehen, aber auch um diese Einbildungen dann wieder praktisch in der irdischen Situation als reales Ziel zu verwirklichen. Damit verwandelt sich, wie Marx in seiner Kritik an Hegels Rechtsphilosophie schreibt, „die Kritik des Himmels in die Kritik der Erde, die Kritik der Religion in die Kritik des Rechts, die Kritik der Theologie in die Kritik der Politik."[70] Mit anderen Worten: Marx entwirft hier zunächst im junghegelianischen Geist seine eigene Version der Religionskritik bzw. der kritischen politischen Theologie, die im ersten Schritt alle Theologie als Einbildung und Projektion des unter Entfremdung und Entzug seiner Lebensbedingungen leidenden Subjekts verwirft und destruiert, um diese dann in den Horizont der Erwartung einer ganz anderen historischen Konstellation des Seins wieder in eine Eschatologie einzuschreiben und nach der Destruktion ihrer utopischen Version real-faktisch zu (re)konstruieren. Marx' und Engels' Kritik der Theologie der Zeitgenossen geht also offenbar zunächst eine komplexe kritische Beziehung mit deren Eschatologie ein, wenn sie diese ins Reich der Phantasie delegieren, aber zugleich mit den Mitteln der politischen Praxis – Veränderung statt Interpretation – in eine andere Realität umschreiben. Was sich also zunächst wie eine Dekonstruktion der Idee des Gottmenschen ausnimmt, versteht sich dabei selbst als eine sich permanent radikalisierende Destruktion und Rekonstruktion auf der Grundlage der verschiedenen kritischen Interventionen zuerst auf religionskritischer und ethischer, zuletzt vor allem auf politisch ökonomischer Basis.

Tatsächlich hören Marx und Engels nicht auf, ihre Kritik an der bisherigen idealistischen Tendenz, die sie an Strauß, Bauer und Feuerbach, zumal an Stirner üben, zu wiederholen, insofern diese Philosophen „allen Ernstes glauben, Hirngespinste wie der Gottmensch, der Mensch hätten den einzelnen Epochen der Geschichte präsidiert." Wie Feuerbach also Hegels Geist als „Gespenst" austreibt, so verwerfen sie den Spuk der bis Feuerbach waltenden „Säkularisationen" und eschatologischen Umschreibungen des theologischen Gottmenschen als Urbild der befriedeten Menschheit, weil sie alle von den realen Bedingungen des Menschen, d.h. von seiner „Existenz" absehen. Mit diesem Begriff der Existenz zielen Marx und Engels auf die vom Wesen des Menschen unterschiedene konkrete Wirklichkeit, auf sein konkretes historisches Dasein, also die mit seinem konkreten In-der-Welt-Sein gegebenen zeitlich bestimmten Bedingungen des Mit- und Selbstseins dieser Existenz als Sorge und Arbeit vor ihrer ontologischen Festschreibung durch ein Wesen oder System. Diese Verzeitlichung der Existenz ist es, die die Existenz in eine fundamentale Differenz einschreibt. Sie zeigt, dass der „Mensch" in seiner Menschheit und als Wesen bzw. Gattung zunächst nur Einbildung, weil faktisch in sich zerrissen ist und sich also immer noch in einer fundamentalen durch die Bedingungen der Arbeit bedingten „anthropologischen" bzw. „ontologischen Differenz" befindet. Gegen die junghegelianische Konstruktion der theologischen Selbstentfremdung des Menschen, der sich durch die Kritik der Theologie schon sein entfremdetes Wesen anzueignen hofft, verweisen Marx und Engels auf die durch die Arbeit bedingte Entfremdung des Menschen von sich selbst und damit von seiner potenziellen Menschheit, insofern „die besitzende Klasse und die Klasse des Proletariats [...] dieselbe menschliche

Selbstentfremdung dar(stellen).“[71] Die ontologische Differenz ist der Ausdruck der Selbstentfremdung der je durch die Dialektik von Herr und Knecht in der bürgerlichen Gesellschaft bestimmten sozialökonomischen Standorte der Existenz. „Die erste Klasse fühlt sich in dieser Selbstentfremdung wohl und bestätigt, weiß die Entfremdung als ihre eigene Macht und besitzt in ihr den Schein einer menschlichen Existenz, die zweite fühlt sich in der Entfremdung vernichtet und erblickt in ihr ihre Ohnmacht und die Wirklichkeit einer unmenschlichen Existenz.“[72] Die Destruktion der Idee der Menschheit und ihrer Ontologie erweist diese als bürgerlichen Schein, der die Wirklichkeit der unmenschlichen Existenz der arbeitenden Klasse ausblendet und gerade deswegen eine Praxis erfordert, die mit der Befreiung aus der doppelten Entfremdung diesen Schein der eingebildeten Menschheit in ein Sein, d.h. die wirkliche Einheit der Menschheit ohne Herrschaft überführt und damit die ontologische Differenz überwindet. Insofern die bürgerliche Gesellschaft sich allerdings seit der Aufklärung als Verwirklichung der Utopie vom Reich Gottes als Reich der Freiheit, also als eschatologische Verwirklichung begreift und darstellt, erweist sich die ontologische Differenz in dieser (seins)geschichtlichen auf die Verwirklichung des Reiches bezogenen Perspektive tatsächlich als eine eschatologische Differenz, die erst noch ihrer wahren Aufhebung als Reich Gottes bzw. der Freiheit harrt.

Mensch und Menschheit sind als Schein und Wirklichkeit auseinandergetreten, aber sie gehorchen in Marx' und Engels' verschiedenen rhetorischen Adoptionen der theologischen bzw. ethischen Rhetorik immer noch der (modifizierten) Eschatologik ihrer immanenten Verwirklichung durch die Praxis. Die Religion ist so anders als bei Feuerbach nicht nur Ausdruck einer bewusstseinsmäßigen bzw. erotischen Entfremdung der Menschheit von Gott, sondern aus der Perspektive von unten der Ausdruck der Entfremdung des Menschen von den realen sozialen Verhältnissen, die sich für diese Entfremdung in der Sprache religiöser Einbildung kompensiert. Sie steht beim jungen Marx für den „Seufzer der bedrängten Natur" und ist so Reflex auf das „Gemüt einer herzlosen Welt". Gegen den Gottmenschen der sich durch seine Aneignung als das eigene Wesen des Menschen schon befreit und erlöst glaubt, erinnert Marx eben an die sozialen Bedingungen, die zur Einbildung der Religion führen, indem er den realen Menschen Jesus auf seinem Leidensweg zum Symbol der Religion erhebt. Metonymie der in sich zerrissenen und in sich entfremdeten realen Existenz der Menschheit steht der Name Jesus zugleich für den Horizont der Erwartung der noch ausstehenden Erlösung, also das Reich Gottes und, wie Marx tatsächlich schreiben wird: die Auferstehung des Menschen.

Marx' Kritik entfaltet hier im Sinne der von Hegel adoptierten und erweiterten Dialektik von Herr und Knecht und gegen den positiv-triumphalen Gottmenschen des Reiches Gottes als Staat eine Art „Theologia Crucis" des leidenden Gottesknechts, der nicht nur für die Wunde, die ontologisch-eschatologische Differenz der realen Entfremdung und die praktische Erlösungsbedürftigkeit steht. Der konkrete Mensch Jesus, der sein Leiden bis zum einsamen Tod am Kreuz durchleben muss, wird tatsächlich zum Abbild des Proletariats, das in den sich zunehmend verschärfenden Produktionsbedingungen der kapitalistisch-bürgerlichen Gesellschaft als Repräsentant der Idee der Menschheit gerade seine eigene Menschheit verlieren muss, bevor es mit der Revolution die eigenen, aber auch die bürgerlichen Bedingungen dieser Entfremdung endgültig zu beseitigen und die im Gottmensch gemeinte Einheit von Mensch und Menschheit zu realisieren vermag. „Die Philosophie kann sich nicht verwirklichen ohne die Aufhebung des Proletariats, das Proletariat kann sich nicht aufheben, ohne die Verwirklichung der Philosophie", stellt Marx am Ende des Vorworts zu seiner Kritik von Hegels Rechtsphilosophie fest, um andernorts diese Verwirklichung als „Erlösung" zu beschreiben. „Erst hier ist ihm [dem Menschen] sein natürliches Dasein zum menschlichen Dasein und die Natur für ihn zum Menschen geworden. Aber die Gesellschaft ist die vollendete

Wesenseinheit des Menschen mit der Natur, die wahre Resurrektion der Natur."[73]

Die Dekonstruktion der Idee von Gottmensch und Menschheit bewegt sich also zwischen ihrer regulativen utopischen Idee und ihrer ideologischen Instrumentalisierung. Sie kritisiert die Eschatologie der Junghegelianer auf eschatologischer Grundlage und erkennt an ihren verschiedenen Positionen der Religionskritik die utopischen Strategien der Philosophie Kants wieder, die das Reich Gottes mithilfe einer universalen Ethik der Menschheit in das Reich der Freiheit umschreiben wollen, misst aber diese ethisch idealistische Utopie an ihrer realen Umsetzung durch die bürgerliche Gesellschaft, wie sie schon in Hegels Rechtsphilosophie in ihrer Verkürzung durch das politisch ökonomische Interesse nunmehr als Ideologie sichtbar wird. Sie rechnet dieser abstrakten Utopie der Freiheit also mit Hegel vor, wie alle Vernunft und Ethik sich vom egoistischen Interesse herschreibt und die universale Idee sich immer politisch-ökonomische Realität verschaffen muss, um sich damit zunächst auf die besitzende Klasse als System einer neuen Herrschaft zu beschränken, erinnert aber auch mit der abstrakten Idee der Aufklärung wieder an den ursprünglich universalen Horizont der Utopie, zu dem sich die politisch-ökonomische Realität erweitern soll. Wenn Marx sich anfangs an der Idee der Aufklärung orientiert, formuliert er deren kategorischen Imperativ also im Licht dieser Dialektik der Aufklärung mit der berühmten Formel: „Die Kritik der Religion endet mit der Lehre, daß der Mensch das höchste Wesen für den Menschen sei, also mit dem kategorischen Imperativ, alle Verhältnisse umzuwerfen, in denen der Mensch ein erniedrigtes, ein geknechtetes, ein verlassenes, ein verächtliches Wesen ist."[74]

Mit Hegel kritisiert Marx zugleich die abstrakte Ethik der Aufklärung und ihre freischwebende Utopie des Reiches Gottes als Reich der Freiheit des Subjekts, wenn er diese auf das konkrete Subjekt zurückführt, dem es „um sein je eigenes Sein" geht, wenn es seine Freiheit im eigenen Interesse gebraucht und zuerst im Kampf mit dem anderen interessierten Selbstbewusstsein in einer neuen Herr-Knecht-Konstellation durchsetzt. Aber gegen die eschatologische Festschreibung des ausgebildeten Selbstbewusstseins als Freiheit in dem konkret historischen Reich Gottes des bürgerlichen Staates, verschärfte Marx den Blick auf die schon von Hegel analysierte aufbrechende Klassendynamik der bürgerlich-kapitalistischen Gesellschaft. Schon bei Hegel erzeugt die kapitalistische Konkurrenz um die Märkte und die Ausbildung neuer Produktionsmittel das eigentliche Proletariat, das mit dieser Konkurrenz nicht standhalten kann, seine Arbeit als Ware zu Markt tragen muss und sich so von seiner Arbeit, von der Gesellschaft und von sich selbst entfremdet findet.

> „Wenn die bürgerliche Gesellschaft sich in ungehinderter Wirksamkeit befindet, so ist sie innerhalb ihrer selbst in fortschreitender Bevölkerung und Industrie begriffen. Durch die Verallgemeinerung des Zusammenhangs der Menschen durch ihre Bedürfnisse und der Weisen, die Mittel für diese zu bereiten und herbeizubringen, vermehrt sich die Anhäufung der Reichtümer – denn aus dieser gedoppelten Allgemeinheit wird der größte Gewinn gezogen – auf der einen Seite, wie auf der anderen Seite die Vereinzelung und Beschränktheit der besonderen Arbeit und damit die Abhängigkeit und Not der an dieser Arbeit gebundenen Klasse, womit die Unfähigkeit der Empfindung und des Genusses der weiteren Freiheiten und besonders der geistigen Vorteile der bürgerlichen Gesellschaft zusammenhängt.“[75]

Hegel prophezeit hier immerhin schon den Prozess, den Marx und Engels als die polarisierende Spaltung in der neu aufbrechenden Dialektik von Herr und Knecht der bürgerlichen Gesellschaft auf ökonomischer Grundlage ausschreiben und als Voraussetzung für deren wahre und letzte revolutionäre Umgestaltung erfassen werden, insofern die kapitalistische Gesellschaft das Proletariat produziert, das diese im Zuge der Verschärfung der ökonomischen Bedingungen zuletzt abschaffen wird.

> „Das Herabsinken einer großen Masse unter das Maß einer gewissen Subsistenzweise, die sich selbst als die für ein Mitglied der Gesellschaft notwendige reguliert – und damit zum Verluste des Gefühls des Rechts, der Rechtlichkeit und der Ehre, durch eigene Tätigkeit und Arbeit bestehen – bringt die Erzeugung des Pöbels hervor, die hinwiederum zugleich die größre Leichtigkeit, unverhältnismäßige Reichtümer in wenig Hände zu konzentrieren, mit sich führt."[76]

Die Idee der Menschheit offenbart sich also in der bürgerlichen Gesellschaft schon bei Hegel in der konkret historischen Situation ihrer Aufspaltung und doppelten Selbstentfremdung, nur sieht Hegel für diesen Fall vor, dass die bürokratischen Spezialisten und Repräsentanten des bürgerlichen Staates diese Entzweiung durch Investitionen, Steuerpolitik und Ausbildungsprogramme für die Arbeiter beheben und so das Proletariat in die Gesellschaft wieder integrieren. Hegel erkannte seine idealistische Dialektik des Geistes tatsächlich in Adam Smiths unsichtbarer Hand der kapitalistischen Logik wieder, mit der die Eschatologie des Reiches Gottes sich im bürgerlichen Staat realisieren sollte.

Entscheidend ist hier, dass Marx und Engels nicht den eigentlichen Prozess der Genese der bürgerlichen Gesellschaft auf der Grundlage der kapitalistischen Produktion kritisieren. Dieser entspricht im Gegenteil dem notwendigen Verlauf der Geschichte, wie auch die Verarmung und Verelendung des Proletariats eine notwendige Phase des Kapitalismus darstellen, mit der sich dieser den wachsenden, in die Armut zurückfallenden Massen gegenüber zunehmend als Monopol organisiert, das deren Mindestlohn im Sinne des Profits dabei noch systematisch herunterdrückt. Worauf es ihnen ankommt, ist, die

Selbstentfremdung der kapitalistischen Gesellschaft gegen die Ideologisierung der Menschheitsidee zu Ende zu denken, das heißt bis zu dem Augenblick zu verfolgen, wo die Lage des Proletariats so dramatisch geworden ist, dass es das kapitalistische System umstürzt und seine bürgerliche Voraussetzung abschafft: das Privateigentum, und mit diesem den bürgerlichen Staat als Instrument bürgerlich-kapitalistischer Herrschaft. Mit Hegel nehmen Marx und Engels also die konkrete Analyse der ontologisch-eschatologischen Differenz vor, um über deren ökonomische Logik die Reduktion von Theologie, Philosophie und zuletzt die Reduktion der Eschatologie selbst als Ideologie zu vollziehen. Die zunächst allgemeine Kritik der Utopie der Freiheit als Ontologie und Herrschaftsideologie der bürgerlichen Gesellschaft versteht sich damit immer schon als Sprachkritik, die die Philosophie des Menschen in ihre konkreten politisch-ökonomischen Mechanismen auflöst. Allgemein gilt, dass „dieser ganze Schein als ob die Herrschaft einer bestimmten Klasse nur die Herrschaft gewisser Gedanken sei, […] natürlich von selbst auf[hört], sobald die Herrschaft von Klassen überhaupt aufhört, die Form der gesellschaftlichen Ordnung zu sein." Genauer löst die Sprachkritik die allgemeinen und statischen „Begriffswolken" der Menschheitsidee in die relevanten ökonomischen Funktionen auf. „Diese Summen von Produktionskräften, Kapitalien und sonstigen Verkehrsformen, die jedes Individuum und jede Generation als etwas Gegebenes vorfindet, ist der reale Grund dessen, was sich den Philosophen als ‚Substanz' und ‚Wesen des Menschen' vorstellt."

Beruht die Ideologie also auf einer Strategie der Verallgemeinerung, die sich über die konkret historischen Details der Existenz erhebt und diese so finalisieren und enthistorisieren kann, so gelingt es ihr auch – dafür steht Hegels System des Geistes –, die bürgerliche Gesellschaft und ihren Staat mit ihrer Ideologie der Menschheit als vollendete Eschatologie bzw. als das Ende der Geschichte zu präsentieren. Die Sprachkritik enthüllt den Schein dieser vermeintlichen Substanzialisierung und Finalisierung, indem sie mit der ökonomischen Logik nicht nur die allgemeinen Begriffe in ihre realen Grundelemente, sondern auch die Institutionen, die subjektiven bzw. privaten Dispositionen und Freiheiten und mit diesen zuletzt den eschatologischen Horizont selbst in eine ökonomische Funktion auflöst und damit als semantischen „Mehrwert" gleichsam für obsolet erklärt.

Damit geht es aber auch nicht mehr um die subjektive Befindlichkeit bzw. das subjektive Leiden der selbstentfremdeten Menschheit, weder um Genuss, Macht und Egoismus des Bürgers noch um Leiden, Ohnmacht, Not und Empörung des Arbeiters. Diese Subjektivitäten bzw. individuellen Dispositionen bilden wie der religiöse Glaube oder die aus ihm abgeleiteten eschatologischen Einbildungen den Ausgangspunkt der Kritik, sind aber zuletzt ebenso auf ihre funktionalen Dispositionen im kapitalistischen System zurückzuführen. Das zeigt sich etwa an Marx' Kritik von Bruno Bauers Religions- und Judentumskritik, an der er seine These von der Natur der philosophischen Kritik der Junghegelianer noch einmal rekapituliert. Laut Bauer könnte der moderne Staat erst dann die allgemeine Freiheit der Bürger garantieren, wenn er sich ganz von allen religiösen Grundlagen emanzipiert hätte. Eine Politik der Freiheit setze die radikale und vollständige Emanzipation von der Religion voraus, so dass die jüdische Forderung nach politischer Emanzipation gar nicht von einem nach wie vor christlichen Staat geleistet werden könne, der das allgemeine Bürgerrecht nicht anerkennt, wie denn das Judentum die eigene nationale Eigenheit – so Bauers antisemitischer Tonfall – ohnehin immer über die Menschheit stelle.[77] Die Juden seien deswegen erst durch die Aufgabe ihres Judentums als der Emanzipation würdig anzusehen. In den Worten von Marx: „Der Mensch muss nach Bauer das Privilegium des Glaubens aufopfern, um das allgemeine Menschenrecht empfangen zu können".[78]

Marx widerlegt Bauers eschatologische These zunächst, indem er aufzeigt, wie der bürgerliche Staat nach der Französischen Revolution mit der Erklärung der allgemeinen Menschenrechte gerade das Recht auf Religions- und Meinungsfreiheit zusammen mit dem Recht auf Privateigentum und Erwerbsfreiheit garantiert. Die Religion stellt also kein Hindernis bei der Verleihung der bürgerlichen Rechte bzw. der Verwirklichung der politischen Emanzipation der Juden dar.

Aber dies ist nur der erste Schritt, mit dem Marx demonstriert, wie das Bürgertum gegen den feudalen Ständestaat in der neuen Staatsverfassung die Idee der allgemeinen Menschenrechte formuliert, aber auch die privaten Rechte des Bürgers garantiert, mit denen es seinen Egoismus in der bürgerlichen Gesellschaft ausleben und die Allgemeinheit der Menschenrechte zugleich schon wieder unterlaufen kann. Es handelt sich nach Marx um die Rechte des Mitglieds der bürgerlichen Gesellschaft, d.h. des egoistischen Menschen, des von Menschen und Gemeinwesen getrennten Menschen.

„Die droits de l'homme erscheinen als droits naturels, denn die selbstbewußte Tätigkeit konzentriert sich auf den politischen Akt. Der egoistische Mensch ist das passive, nur vorgefundene Resultat der aufgelösten Gesellschaft, Gegenstand der unmittelbaren Gewißheit, also natürlicher Gegenstand. Die politische Revolution löst das bürgerliche Leben in seine Bestandteile auf, ohne diese Bestandteile selbst zu revolutionieren und der Kritik zu unterwerfen. Sie verhält sich zur bürgerlichen Gesellschaft, zur Welt der Bedürfnisse, der Arbeit, der Privatinteressen, des Privatrechts, als zur Grundlage ihres Bestehens, als zu einer nicht weiter begründeten Voraussetzung, daher als zu ihrer Naturbasis. Endlich gilt der Mensch, wie er Mitglied der bürgerlichen Gesellschaft ist, für den eigentlichen Menschen, für den homme im Unterschied von dem citoyen, weil er der Mensch in seiner sinnlichen individuellen nächsten Existenz ist, während der politische Mensch nur der abstrahierte, künstliche Mensch ist, der Mensch als eine allegorische, moralische Person."[79]

Die Religionsfreiheit gehört wie das Privateigentum zu eben den Freiheiten, mit denen der juristisch definierte

Citoyen und Bürger als Bourgeois und Kapitalist seine ökonomische und politische Macht erst wirklich begründet und sich vom wirklichen Gemeinwesen lossagt und entfremdet. So kann Marx schließen: „Erst wenn der Mensch seine forces propres als gesellschaftliche Kräfte erkannt und organisiert hat, und daher die gesellschaftliche Kraft nicht mehr von der politischen Kraft trennt, erst dann ist die menschliche Emanzipation vollbracht.“[80]

In einem weiteren Schritt verdeutlicht Marx diese Forderung an der von Bauer abgelehnten Emanzipation der Juden, wenn er danach fragt, „welches gesellschaftliches Element der Jude überwinden“ muss. Der Jude habe, so folgert Marx jetzt, gar keine Religion, sondern verehre nur das Kapital, er wird bei Marx zu der ultimativen Metonymie für den „egoistischen Kapitalisten“ schlechthin: „Das Geld ist der eifrige Gott Israels, vor welchem kein anderer Gott bestehen darf.“[81] Tatsächlich also geht es bei der bürgerlichen Emanzipation gar nicht um das Recht auf Religion bzw. die Aufhebung der Religion, sondern um den egoistischen Kern der Freiheit, die alles Recht auf den kapitalistischen Eigennutzen reduziert. „Die chimärische Nationalität der Juden [wie Bauer sie bezeichnet] ist die Nationalität des Kaufmanns, überhaupt des Geldmenschen.“[82]

Am Beispiel dieser brutalen antisemitischen Formulierungen vollzieht Marx die Reduktion aller individuellen Freiheiten und subjektiven Dispositionen (wie der nationalen oder religiösen Individualität etwa) auf ihre bloß ökonomische Funktion. „Das grund- und bodenlose Gesetz des Juden ist nur die religiöse Karikatur der grund- und bodenlosen Moralität und des Rechtes überhaupt, die nur formellen Riten, mit welchen sich die Welt des Eigennutzes umgibt.“[83] Diese Aussagen verlieren nichts von ihrer schockierenden Wirkung, wenn Marx im nächsten Atemzug auch den Christen als den „theoretisierenden Juden“, und dann den Juden als „praktischen Christen“ bezeichnet, um damit Juden und Christen (gegen Bauers sorgfältige Trennung) über ihre gemeinsame, nur ökonomische Bürgerlichkeit zu identifizieren.

Zuletzt soll dann folgende Konsequenz gelten, die die Forderung Bauers nicht nur auf ihre real-ökonomische Basis stellt: „Die Judenemanzipation in ihrer letzten Bedeutung ist die Emanzipation der Menschheit vom Judentum."[84] Mit dieser radikalen realökonomischen Reduktion der Religion und der religiösen Individualität überhaupt vollzieht Marx jetzt auch die radikalste Konsequenz seiner Kritik aller Eschatologie am Beispiel des jüdischen Kapitalisten. Während der Bürger noch seine forces propres hin zu einer gesellschaftlich verantwortlichen Position erweitern kann, ist die Emanzipation der Menschheit vom Judentum eine Angelegenheit der historisch-ökonomischen Notwendigkeit. Das Judentum steht für die Funktion des kapitalistischen Bürgers, der durch die Logik des Kapitalismus selbst abgeschafft wird, indem dieser den Proletarier als seinen Totengräber erzeugt.

Diese Vernichtung ist natürlich nur die andere Seite der Vernichtung des Proletariats als Proletariat, das subjektiv seine Selbstentfremdung in der Not und Ohnmacht erfahren hat und jetzt im Sinne der ökonomischen Logik seine bisherige subjektive Individualität und Menschlichkeit aufopfern muss, bevor es sich selbst und damit den Bürger aus der beiderseitigen Selbstentfremdung befreien kann.

Die Differenz zwischen der besitzenden und der arbeitenden Klasse wird durch die kapitalistischen Produktionsbedingungen so verschärft und polarisiert, dass das Proletariat unter den immer unmenschlicheren Bedingungen einerseits seine eigene Menschheit verliert und faktisch „entmenscht" wird, andererseits aber durch die Revolutionierung seiner Situation eine Revolutionierung der Gesellschaft im Ganzen und damit zuletzt die Restitution der Menschheit als Einheit des Menschen und der Menschheit einleitet. Mit der Vertiefung der Analyse der konkreten historischen Bedingungen wird das Leiden der arbeitenden Klasse und ihre konkrete durchlittene „Not" von Marx und Engels als subjektives Symptom einer umfassenden objektiven ökonomischen „Not-wendigkeit" herausgearbeitet, der zufolge das kapitalistische System die neue

Klasse des Proletariats aus sich erzeugt, das eben wegen der Verelendung seiner Arbeitsbedingungen diese bürgerliche Klasse zuletzt notwendig stürzen muss, um die Menschheit von ihrer Selbstentfremdung zu befreien.

> „Die Waffen, womit die Bourgeoisie den Feudalismus zu Boden geschlagen hat, richten sich jetzt gegen die Bourgeoisie selbst. Aber die Bourgeoisie hat nicht nur die Waffen geschmiedet, die ihr den Tod bringt; sie hat auch die Männer erzeugt, die diese Waffen führen werden – die modernen Arbeiter, die Proletarier."[85]

Wie der subjektive Egoismus des kapitalistischen Bürgers das System begründet und als dessen objektive Funktion zuletzt seiner Logik entsprechend das Proletariat erzeugt, das dieses System und damit den Bürger abschafft, so muss der Proletarier das ganze Drama seiner Verelendung und Not bis zum Verlust seiner Menschlichkeit notwendig durchlaufen, um durch die objektive Notwendigkeit seiner subjektiven Not das System zu vernichten.

> „Weil die Abstraktion von aller Menschlichkeit, selbst von dem Schein der Menschlichkeit im ausgebildeten Proletariat praktisch vollendet ist, weil in den Lebensbedingungen des heutigen Proletariats alle Lebensbedingungen der heutigen Gesellschaft in ihrer unmenschlichsten Spitze zusammengefaßt sind, weil der Mensch in ihm sich selbst verloren, aber zugleich nicht nur das theoretische Bewußtsein dieses Verlustes gewonnen hat, sondern auch unmittelbar durch die nicht mehr abzuweisende Not – den praktischen Ausdruck der Notwendigkeit – zur Empörung gegen diese Unmenschlichkeit gezwungen ist, darum kann und muß das Proletariat sich selbst befreien."[86]

Auch hier dient die ökonomische Logik nunmehr dazu, von den subjektiven Dispositionen des Proletariats zu abstrahieren.

Dessen individuelle und kollektive Not wird jetzt zum Indiz einer objektiv zu begreifenden Notwendigkeit, die über die Revolution die alte kapitalistische Ordnung umstürzen und die neuen ökonomischen Grundlagen der Gesellschaft schaffen muss. Zwar identifiziert Marx die subjektive Empörung über die unmenschlichen Zustände mit der objektiven Notwendigkeit, aber er emanzipiert die letztere von der ersteren durch die Unterscheidung zwischen dem Schein der Erfahrung und ihrem gesetzmäßigen „unwiderruflichen" Sinn, der allerdings nur dem einsichtigen Theoretiker des Systems evident ist: „Es handelt sich nicht darum, was dieser oder jener Proletarier oder selbst das ganze Proletariat als Ziel sich einstweilen vorstellt. Es handelt sich darum, was es ist, und was es diesem Sein gemäß geschichtlich zu tun gezwungen sein wird. Sein Ziel und seine geschichtliche Aktion ist in seiner eigenen Lebenssituation, wie in der ganzen Organisation der heutigen bürgerlichen Gesellschaft sinnfällig, unwiderruflich vorgezeichnet."[87]

Die konkrete Not und Empörung des Proletariats über das Sein führt es zu der durch das ökonomische System vorgegebenen und notwendigen Aktion gegen seine unmenschlichen Bedingungen. Dem Gesetz entsprechend kann es sich nicht selbst befreien, ohne mit seinen eigenen Lebensbedingungen die Lebensbedingungen der gesamten Gesellschaft aufzuheben und mit der Abschaffung des Privateigentums die notwendigen Bedingungen für das nunmehr zugängliche „Sein" zu schaffen: die Freiheit als Ausdruck der jetzt erst möglichen wahren Einheit von Mensch und Menschheit. „Es kann seine eigenen Lebensbedingungen nicht aufheben, ohne alle unmenschlichen Lebensbedingungen der heutigen Gesellschaft, die sich in seiner Situation zusammenfassen, aufzuheben."[88]

Mit der bürgerlichen Gesellschaft muss auch der bürgerliche Staat als sein vermeintlich neutrales Herrschaftsinstrument gestürzt werden, um zuletzt eben doch die wahre Menschheit als kommunistische Gesellschaft, als Gemeinschaft aller Individuen in Freiheit zu erzeugen, so dass sich jedes Individuum in allen seinen Anlagen entfalten kann. „Erst in der Gemeinschaft mit Anderen hat jedes Individuum die Mittel, seine Anlagen nach allen Seiten hin auszubilden, erst in der Gemeinschaft wird also die persönliche Freiheit möglich. In den bisherigen Surrogaten der Gemeinschaft, im Staat usw. existierte die persönliche Freiheit nur für die in den Verhältnissen der herrschenden Klasse entwickelten Individuen und nur insofern sie Individuen dieser Klasse waren."[89] Mit der Revolution, die die subjektive Not der Arbeiter aufhebt, wird der Riss in der Menschheit, die ontologische Differenz zwischen Mensch und Menschheit, zwischen Existenz und Wesen im Ganzen aufgehoben. Damit aber erfüllt sich die Einheit der Menschheit und tatsächlich auch (wieder) der eschatologische Sinn der Weltgeschichte, den schon Hegel als Geist der Freiheit für alle und Feuerbach als dialogische Utopie entfaltet hat. Marx spricht jetzt gegenüber der idealistischen Fiktion der Verwirklichung von Wesen und Existenz des Menschen von der „wirklichen Aneignung des menschlichen Wesens", um damit seine radikale Reduktion von Mensch und Menschheit auf die ökonomische Existenz durch die notwendige revolutionäre Synthese der beiden Körper des Menschen zum Modell seiner vollzogenen Reduktion der Philosophie zu erheben.

„Der Kommunismus als positive Aufhebung des Privateigentums als menschlicher Selbstentfremdung und darum als wirkliche Aneignung des menschlichen Wesens durch und für den Menschen; darum als vollständige, bewußte und innerhalb des ganzen Reichtums der bisherigen Entwicklung gewordene Rückkehr des Menschen für sich als eines gesellschaftlichen, d.h. menschlichen Menschen: Dieser Kommunismus als vollendeter Naturalismus = Humanismus; er ist die wahrhafte Auflösung des Widerstreites zwischen dem Menschen mit der Natur, und mit dem Menschen, die wahre Auflösung zwischen Existenz und Wesen, zwischen Vergegenständlichung und Selbstbestätigung, zwischen Freiheit und Notwendigkeit, zwischen Individuum und Gattung. Er ist das aufgelöste Rätsel der Geschichte und weiß sich als diese Lösung."[90]

Die Reduktion der Theologie und Eschatologie wird also zuletzt gegen ihre bürgerliche Finalisierung als ökonomische Logik vollzogen. Diese enthüllt gegen alle idealistischen Einbildungen die Existenz des „realen Menschen" in seinem Egoismus als Genuss- und Machtsucht, die sich über die Moral stellt, wie denn der an dem Regime des egoistischen Menschen leidende Mensch an einer solchen egoistischen Machtausübung auch nur verhindert ist.

Gegen den idealen aus dem Gottmenschen hergeleiteten Menschen, der mit der Herrschaft seine utopische und gute, sündenfreie Natur realisiert haben will, besteht Marx auf diesem realen Menschen, dem an sich bösen und rücksichtslosen Menschen, um ihn zugleich in seiner spezifischen Individualität als Resultat der ökonomischen Ordnung aufzufassen, die ihn zu der letzten Konfrontation mit seinem Anderen in der Revolution aller ökonomischen Verhältnisse zwingt. Diese Revolution führt über die Entmenschung dieses Menschen, der seine privaten und individuellen Eigenschaften mit dem Privatbesitz bzw. seiner durch die Warengesellschaft erzwungenen Not ablegt, um aus dem Reich der Notwendigkeit jetzt das Reich der Freiheit zu betreten. Tatsächlich also verspricht sich Marx hier von der ökonomischen Logik eine radikale eschatologische Verwandlung nicht nur der gesellschaftlichen Ordnung, sondern der Natur des Menschen, der jetzt sozusagen den „alten" und sündenbehafteten egoistischen Adam abgelegt und einen neuen sündenfreien Adam angezogen hat, der sich nicht mehr egoistisch von dem Gemeinschaftsinteresse, d.h. mit seiner Nationalität, Religion, Meinung oder seinem Eigentum absondert.

Ob Marx und Engels hier gegen ihre antiidealistische Intention eine Metaphysik der Natur supponieren, die sich aus ihren materiellen Anfängen notwendig zu immer höheren Formen entwickelt und in der Geschichte der Menschheit zuletzt als Reich der Freiheit vollendet, oder ob sie einfach die christliche Heilsökonomie säkularisieren, die den alten Adam durch den von Gott beschlossenen Leidensweg des Messias bis zu Tod und Auferstehung erlöst, am Ende kehrt die von ihnen verdrängte Eschatologie vom säkularisierten Gottmenschen über die dialektische Methode wieder, die Marx gegen ihre Mystifikation bei Hegel „auf den Kopf" gestellt hat. „Die Mystifikation, welche die Dialektik in Hegels Händen untergeht, verhindert in keiner Weise, daß er ihre allgemeinen Bewegungsformen zuerst in umfassender und bewußter Weise dargestellt hat." Allein „sie steht bei ihm auf dem Kopf. Man muß sie umstülpen, um den rationellen Kern in der mystischen Hülle zu entdecken."[91] Mit der dialektischen Methode gelingt es Marx, die ökonomische Logik vollends für seine Dialektik des eschatologischen Gottmenschen herüberzuretten und damit die mystische Methode in eine Wissenschaft vom neuen Menschen umzuschreiben, dessen Wesen sich freilich in einer letzten Bewegung endgültig in dem kommunistischen Reich der Freiheit offenbaren soll.

Wie schon die Revolution in letzter Instanz der Regie des professionellen Revolutionärs bzw. der Partei bedarf, diese also gegen Marx' Forderung der Abschaffung des Staates eben die bei Hegel dem Staat vorbehaltene Funktion der bürokratischen Leitung der Gesellschaft übernimmt, so bestimmt diese auch die Übergangsphase von der Revolution zur kommunistischen Gesellschaft, die nichts anderes als die Transformation des alten in den neuen Menschen sein muss, als Diktatur des Proletariats. Damit ist freilich auch schon der Übergang von der Idee einer Freiheit für alle in das totalitäre Herrschaftssystem vorprogrammiert.

> „Die Kommunisten sind also praktisch der entschiedenste, immer weiter treibende Teil der Arbeiterparteien aller Länder; sie haben theoretisch vor der übrigen Masse des Proletariats die Einsicht in die Bedingungen, den Gang und die allgemeinen Resultate der proletarischen Bewegung voraus. Der nächste Zweck der Kommunisten ist derselbe wie aller übrigen proletarischen Parteien: Bildung des Proletariats zur Klasse, Sturz der Bourgeoisie-

> herrschaft, Eroberung der politischen Macht durch das Proletariat."[92]

Marx' und Engels' Kritik an der Theologie, die die politische Theologie des Gottmenschen in eine politische Ökonomie umschreibt, verlegt den hegelianischen Weltgeist und dessen Gottmenschen also in die anonyme Logik der Geschichte, die die Dialektik von Herr und Knecht über die ökonomische Gesetzlichkeit am Ende notwendig als ihr Wesen und Ziel als Freiheit für alle und d.h. als ideale Einheit von Mensch und Menschheit verwirklichen soll. Die „unsichtbare Hand" der theologischen Vorsehung erscheint hier – wie bei Adam Smith[93] – in ihrer säkularisierten Form als notwendige Logik der ökonomischen Dialektik, mit der der Mensch zum Produzenten seiner selbst als des wahren Menschen wird, der die Eschatologik dieser Geschichte verwirklicht. Die klassische theologische Unterscheidung zwischen dem immanenten Wesen Gottes und der göttlichen Ökonomie der Heilsgeschichte steht hier Modell für diese Umschreibung der politischen Theologie in eine politische Ökonomie, mit der der Mensch sich in dieser eschatologischen Autopoiesis zu dem Produzenten seiner selbst erhebt. Unter der Führung der kommunistischen Partei kommt der ökonomische Weltgeist dann zu dem absoluten Wissen und Selbstbewusstsein, das die Regie und Herrschaft über diesen Prozess der vorzunehmenden Umwandlung des Menschen legitimiert, um damit den mit dem Begriff der Existenz indizierten Bruch zwischen Mensch und Menschheit auf der revolutionären Ebene zu wiederholen.

6 Max Stirner: Der Gottmensch als Antithese: Das souveräne Selbst gegen das Gesetz der Menschheit

„An dem Eingang der neuen Zeit steht der Gottmensch. Wird sich an ihrem Ausgang nun der Gott am Gottmenschen verflüchtigen, und kann der Gottmensch wirklich sterben, wenn nur der Gott an ihm stirbt?“[94]

So fragt Stirner im Vorwort zum zweiten Kapitel seines 1843 veröffentlichten Buches *Der Einzige und sein Eigentum*, das mit dem Titel „Ich“ überschrieben die Tendenz zusammenfasst. Die Antwort auf diese Frage betrifft das Schicksal des Gottmenschen nach Hegel und seine Transformationen bei Strauß, Feuerbach, Bauer und Marx gleichermaßen, denn mit der Transformation zum wahren Menschen in seiner Menschheit hat sich das Subjekt nur selbst zu einer neuen Gottheit erhöht, um so die Theologie wieder mit anderen Mitteln – nämlich der Humanität – fortzusetzen.

> „Man hat an diese Frage nicht gedacht und fertig zu sein gemeint, als man das Werk der Aufklärung, die Überwindung des Gottes, in unsern Tagen zu einem siegreichen Ende führte, man hat nicht gemerkt, daß der Mensch den Gott getötet hat, um nun – alleiniger Gott in der Höhe zu werden. Das Jenseits außer uns ist allerdings weggefegt, und das große Unternehmen der Aufklärer vollbracht. Allein das Jenseits in uns ist ein neuer Himmel geworden und ruft uns zu erneuten Himmelsstürmen auf, der Gott hat Platz machen müssen, aber nicht uns, sondern – dem Menschen. Wie mögt ihr glauben, daß der Gottmensch gestorben sei, ehe an ihm außer dem Gott auch der Mensch gestorben ist?“[95]

Die Kritik der Religion ist auch mit Feuerbach und Marx noch nicht abgeschlossen, die Geschichte der Freiheit als Befreiung von Gott, Autorität und Herrschaft noch nicht zu Ende geschrieben. Der humanisierte Gottmensch, den Lessing, Hegel,

Feuerbach und Marx zum Ausgangspunkt ihrer politischen Eschatologien des Reiches Gottes als das wahre Reich des Menschen erhoben haben, wartet laut Stirner auf seine letzte Befreiung: den wahren, den einzelnen, den „letzten Menschen“, die wirkliche historische Existenz, die das Gerüst der Menschheit und des Wesens von sich abwirft, um sie selbst zu sein – und nicht als Spuk zu leben hat.

> „Du bist freilich nicht der Mensch und seine wahre und adäquate Gestalt, sondern nur eine sterbliche Hülle derselben, aus der er ausscheiden kann, ohne selbst aufzuhören. Aber für jetzt haust dieses allgemeine höhere Wesen doch in dir, […] weil ein unvergänglicher Geist in Dir einen vergänglichen Leib angenommen hat, […] einen Geist […] ein Spuk.“[96]

Die liberale, humanistische, soziale Revolution hat Gott nur in eine neue Form: das allgemeine Wesen des Menschen umgeschrieben, die nun dem Ich ihr neues Gesetz als Freiheit, Recht und Gleichheit aufzwingt. „Das Bürgertum ist nichts anderes als der Gedanke, daß der Staat alles in allem der wahre Mensch sei, und daß der einzelne Menschenwert darin bestehe, ein Staatsbürger zu sein.“[97]

Was für den säkularen bürgerlichen Staat gilt, trifft nicht minder für die sozialistische bzw. kommunistische Gesellschaft zu, die diesen Staat im Namen der Herrschaft der Partei negiert und die Revolution durch die Enteignung des Besitzes vollenden will: „Dies ist im Interesse der Menschlichkeit; der zweite Raub am Persönlichen. Man läßt dem Einzelnen weder Befehl noch Eigentum. Jenen nahm der Staat, dieses die Gesellschaft.“[98] Mit dem Apostel Paulus (Gal.2:20) paraphrasiert Stirner die fatale Situation des Ichs, in dem nicht mehr Christus, sondern die Menschheit als Staat oder Gesellschaft lebt und es vernichtet: die Theokratie erweist sich als Anthropokratie: „‚Nicht ich lebe, sondern er lebt in mir‘ […] Vor diesem Gott-Staat verschwand jeder Egoismus und vor ihm waren alle gleich, sie waren ohne alle andern Unterschied – Menschen, nichts als Menschen.“[99] Dieser Mensch erkennt sich im Spiegel Christi als das ganze Wesen, das aus zwei Körpern, aus Mensch und Menschheit, Existenz und Wesen besteht und sich nun der Herrschaft der Menschheit als eines letzten Spuks und Gespensts zu entziehen versucht. „Aber ist der Geist, den man nicht als das Eigentum des leibhaftigen Ichs, sondern als das eigentliche Ich selbst betrachtet, ein Gespenst, so ist der Mensch nichts als Spuk, ein Gedanke, ein Begriff.“[100] Nicht zufällig erinnert Stirner hier an die Rolle der Christologie für die politische Theologie der Monarchie: „Nur als der Träger und Beherberger des Menschen sterbe ich nicht, wie bekanntlich ‚der König nicht stirbt‘, aber der König bleibt. Ich sterbe, aber mein Geist, der Mensch bleibt.“[101] Damit erkennt sich das Ich jetzt in seiner Sterblichkeit und Einsamkeit, die die unsterbliche Hülle des Menschen abstreift. Es war nur das Opfer dieses aus der Christologie importierten Hüllenwesens: der Essenz der humanisierten Vernunft. Das sich aus dieser Essenz herauswindende Ich findet sich nunmehr als einsames, unheimliches und sterbliches Ich vor, das die Festung der Vernunft verlassen hat, sich der Vernunft nicht mehr unterwerfen will. Wie Shakespeares König Richard II. als sterblicher Mensch gegen seine politische Form, das Königtum, aufbegehrt, empört sich das sterbliche Ich gegen seine politische Form als Vernunft des Staates: es erkennt sich als einen Wahnsinn, der sich dieser Vernunft freiwillig unterworfen, das eigene Ich geopfert, sich selbst verleugnet hat, um jetzt die Regeln der Vernunft zu sprengen. „Nun ihr frei geworden seid von der Sünde, seid ihr Knechte geworden der Gerechtigkeit“: Stirner zitiert wieder den Apostel Paulus (Röm. 6:18), um diesen existenziellen Wahnsinn der Selbstverleugnung im Zeitalter der bürgerlichen Vernunft als letztes Residuum der Theologie zu kennzeichnen. Dieser existenzielle Wahnsinn offenbart dieses Ich jetzt zunächst in den verschiedenen Versionen seiner ganzen Negativität, als den Irren, Kranken, Sünder und Verbrecher oder Unmensch, als den Wahnsinnigen, der es wagt, gegen diese Vernunft aufzubegehren, die ihn je von Neuem zu disziplinieren, zu dressieren, ja zu vernichten sucht. Alle diese Phänomene kennzeichnen das Ich als den Feind der politischen Ordnung, des Staates, der Gesellschaft, der sich bewusst außerhalb dieser Ordnung stellt. Es stellt sich tatsächlich ganz allein auf seinen Eigenwillen, der die Hülle und Kapsel der Menschheit und des Wesens „sprengen" will, aber deswegen zu allererst sich seiner selbst versichern muss, um wirklich den Mut zu fassen, ganz es selbst zu sein – d.h. für Stirner: Wille und Macht zu werden.

Nicht zufällig evoziert Stirner die Figur des Nero als Archetyp des sich ganz auf sich selbst stellenden Ästheten, Hedonisten und Erotikers, der sein Selbst ohne jegliche innere Skrupel und äußere Hindernisse auf dem Gipfel seiner souveränen Macht auslebt und durchsetzt, wenn er sich über jedes Recht, Gesetz und jede Sitte stellt. „Ein Nero ist nur in den Augen der ‚Guten' ein böser Mensch. [...] Die „Guten" sehen in ihm einen Erzbösewicht und delegieren ihn der Hölle."[102] Dieser Bösewicht ist nicht nur in den Augen der Theologen und Humanisten ein „Unmensch", Verbrecher oder Feind, er erfährt sich gerade selbst, solange er diese Ordnung noch internalisiert, als ein solcher und wiederholt damit die fundamentale Selbstverleugnung und den Selbstbetrug, das Ich an seiner Selbstbefreiung zu hindern. „Ich bin mir zuwider und widerwärtig. Mir graut und ekelt vor mir, ich bin mir ein Greuel, oder ich bin mir nie genug und tue mir nie genug. Aus solchen Gefühlen entspringt die Selbstauflösung oder Selbstkritik. Mit der Selbstverleugnung beginnt, mit der vollendeten Kritik schließt die Religiosität."[103] Erst wenn das Ich die Schwäche, den Ekel und das Grauen vor ihm selbst überwindet und den Mut zu ihm selbst ergreift, wird das Ich die Ordnung von Christentum und Humanismus aus den Angeln heben können, die diese Selbstfindung bisher verhindert haben. „Sucht nicht nach der Freiheit, die euch gerade um euch selbst bringt, in der Selbstverleugnung, sondern sucht euch selbst, werdet Egoisten, werdet jeder von euch ein allmächtiges Ich."[104]

Erst wenn das Selbst also das Wesen sprengt, wenn es das „Was" über dem faktischen „Dass" seines Selbst abstreift, wird es zum „Eigner" seiner selbst, nimmt es das eigene Selbst in seinen Besitz, findet zu seinem wahren Sein jenseits von Gut und Böse, und wird, im Sinne der alten verlassenen moralischen Ordnung, zum Verbrecher.

> „Was Du zu sein die Macht hast, dazu hast Du das Recht. Ich leite alles Recht und alle Berechtigung aus mir her, ich bin zu allem berechtigt, dessen ich mächtig bin. Ich bin berechtigt, Zeus, Jehova, Gott umzustürzen, wenn ich's kann. Kann ich's nicht, so werden diese Götter stets gegen mich im Recht und in der Macht bleiben, ich aber werde mich vor ihrem Recht und ihrer Macht fürchten in ‚ohnmächtiger' Gottesfurcht, werde ihre Gebote halten. […] Ich aber bin durch mich berechtigt, zu morden, wenn ich mir's selbst nicht verbiete, wenn ich selbst mich nicht vorm Mord als vor einem Unrecht fürchten muß. […] Ich bin mir nur in dem nicht berechtigt, was ich nicht mit freiem Mut tue, d.h. wozu ich mich nicht berechtige."

Wenn Gott tot ist, ist alles erlaubt. Stirners Einzelner hat tatsächlich Modell für Dostojewskis Romanfigur Raskolnikow in *Schuld und Sühne* gestanden, der aus dieser Prämisse die Berechtigung zum Mord ableitet.[105] „Eine Revolution kehrt nicht wieder, aber ein gewaltiges, rücksichtsloses, schamloses, gewissenloses, stolzes Verbrechen, grollt es nicht in fernen Donnern, und siehst Du nicht, wie der Himmel ahnungsvoll schweigt und sich trübt?" (S. 258)

Stirner beschreibt diesen Schritt aus dem System von Theologie, Humanität und Moral zum Verbrechen und zum reinen Sein des Selbst, das seine Fesseln abwirft, als einen „Sprung", der an Kants Sprung des Selbst in die Mündigkeit erinnert, aber gerade die Freiheit als Autonomie, Humanität und Menschheit mit diesem Sprung in das reine „Dass" des Selbst liquidiert. Bisher war sich dieses Selbst noch ganz fremd in seinem eigenen Sein, mit dem Sprung und der Sprengung des Wesens kommt es zu seinem wahren, nicht mehr fremden Selbst: dem nackten „Dass“ seines Seins. „Von mir noch fern, trenne ich mich in zwei Hälften, deren eine die unerreichte und zu erfüllende, die wahre ist, die andere, die unwahre, muss zum Opfer gebracht werden.“[106] Der egoistische Auszug von Stirners Ich aus seiner selbstverschuldeten Aufklärung und Menschheitsidee vollstreckt dabei die eschatologische Bewegung dieser Aufklärung selbst, indem es sich gegen deren Reich Gottes als Reich von Freiheit und Menschheit kehrt und sich selbst zum souveränen Selbst über dieses Reich erhebt. „Die Freiheit lehrt nur: Macht euch los, entledigt euch alles Lästigen. Sie lehrt euch nicht, wer ihr selbst seid. [...] Die Eigenheit aber ruft euch zu euch selbst zurück.“[107]

Das Selbst muss, um zu sich selbst zu kommen, tatsächlich einen Sprung in das wahre Sein als Sprung jenseits von Wesen, Was und Begriff vollziehen. „Der Schritt darüber (Idee, Subjekt, Allgemeines) hinaus führt ins Unsagbare. Für mich hat die armselige Sprache kein Wort.“[108] „Ich bin der Unsagbare, mithin nicht bloß gedachte.“[109]

Stirner vergleicht dieses Sein jenseits der Sprache und des Sagbaren mit der reinen ästhetischen zwecklosen Erscheinung, das Sein des Ichs mit einer Blume oder einem Vogel – die ganz in sich ruhen und einfach „sind“, d.h. in ihrem Sein aufgehen, ohne sich durch eine Ordnung, einen Begriff oder ein Was funktionalisieren zu lassen. „Die Blume folgt nicht dem Beruf, sich zu vollenden, aber sie wendet alle Kräfte auf, die Welt, so gut sie kann, zu genießen und zu verzehren [...] Der Vogel lebt keinem Beruf nach, aber er gebraucht seine Kräfte, soviel es geht, [...] Einen Beruf hat er [der Mensch] nicht, aber er hat Kräfte, die sich äußern, wo sie sind, weil ihr Sein ja einzig, in ihrer Äußerung besteht.“[110]

Die christliche Assoziation ist natürlich auch hier intendiert. Die Lilie auf dem Feld wie der Vogel in den Lüften (Math. 6:25, 26), der kein Zuhause hat, werden aus dem Neuen Testament zitiert, um sie hier in einem offensichtlichen Akt der Häresie gegen das Christentum einzusetzen. Ähnlich erinnert Stirners zwischen Ich und Gesetz zerrissene Existenz an den verzweifelten Kampf des Paulus mit dem Gesetz, das die Sünde des Begehrens besiegen soll (Röm. Kap. 6 und 7), aber diese Sünde zugleich gerade je von Neuem hervorruft. Wo Christus den Apostel aus dieser Verzweiflung erlöst, kehrt Stirner das Begehren und den Eros gerade gegen das Gesetz, um so die Urszene der Legitimation Christi gegen sich selbst zu wenden.

Stirners Pathos der Macht des Selbst ist zutiefst antinomistisch. Es zielt auf die Erlösung des Ichs von der Idee der Sünde und des Verbrechens durch eben den Vollzug der Sünde: der „Leibhaftige" wird bei ihm so zur wahren Heilsgestalt der Selbstbefreiung. Der Antichrist und Teufel begeht gerade die Sünde gegen den heiligen Geist: „Ich bin besessen und will den bösen Geist loswerden. Wie fange ich's an? Ich begehe getrost die Sünde, die den Christen die einzige scheint, die Sünde und Lästerung wider den heiligen Geist."[111] Damit vollzieht dieser Antinomismus natürlich nicht nur die Kardinalsünde gegen das Christentum, sondern gegen die Idee der Menschheit, die die Aufklärung seit Lessing im dritten Reich des Heiligen Geistes als Reich der Freiheit und praktischen Vernunft zu errichten hoffte. Mit diesem Vollzug der Sünde erfüllt dieser Einzige aber gerade diese moderne Eschatologie, die die Selbstbefreiung über die endgültige Beseitigung Gottes erreichen wollte. Der Einzige versteht sich tatsächlich als Erfüllung dieser Eschatologie durch die Sünde und mit dieser als konsequente Heilsfigur, die den Menschen nicht nur von Gott, sondern von allen Surrogaten der Theologie befreit: zum Nichts. Der leibhaftige Einzelne weiß sich in dieser Sphäre des unsagbaren Seins allerdings nicht nur als letzter Widersacher Gottes, in Wahrheit nimmt er nunmehr für sein unsagbares Sein in Anspruch, selbst der souveräne Gott und Herr des Seins zu sein, der sich aus dem Nichts erschafft und die heiligen Ordnungen zerstört.

„Man sagt von Gott: ‚Namen nennen dich nicht'. Das gilt von mir. Kein Begriff drückt mich aus, nichts, was man als mein Wesen angibt, erschöpft mich. Es sind nur Namen. Gleichfalls sagt man von Gott, er sei vollkommen und habe keinen Beruf, nach Vollkommenheit zu streben. Auch das gilt allein von mir. Eigner bin ich meiner Gewalt, und ich bin es dann, wenn ich mich als Einzigen weiß. Im Einzigen kehrt selbst der Eigner in sein schöpferisches Nichts zurück, aus dem er geboren wird."[112]

Auf dem Hintergrund des absoluten Gegensatzes zwischen Gott und Teufel, von Menschheit und Einzelnem rekonstruiert Stirner die Geschichte dieses Konflikts, um von hier aus die Konsequenzen für die Politik des souveränen Einzelnen zu skizzieren. Diese bleiben in sich widersprüchlich und schwanken zumal zwischen einer radikalen eschatologischen Politik und einer individualistischen Ästhetik der Existenz, die Stirner mit dem Cyniker Diogenes und zuletzt selbst mit Jesus bestreitet, um den eigenen an sich unabwendbaren eschatologischen und tatsächlich explosiven Schlussfolgerungen auszuweichen. Immerhin schreibt Stirner mit dieser letzten Hinwendung zu Jesus als dem existenziellen Empörer die Antithese der beiden Körper des Subjekts in die Sprache der ursprünglich theologischen Antithese des Gottmenschen zwischen Jesus und Christus um.

Die Genese des Konfliktes zwischen Einzelnem und Gesellschaft beginnt mit den naturhaften Lebensformen von Familie, Stamm und Volk, in denen das Ich zunächst ganz aufgeht, und sich also dem Geist der Gemeinschaft anpasst, diesem unterwirft, ja seine individuellen Wünsche aufopfern muss, um im Falle des Widerspruchs und der Übertretung als Abtrünniger, Sünder und Verbrecher gemaßregelt, bestraft oder aus dem Clan verbannt zu werden. „Schlich sich einmal ein egoistisches Interesse ein, so war die Gesellschaft verdorben und ging ihrer Auflösung entgegen."[113] Stirner schreibt hier Hegels Rechtsphilosophie als Dialektik von Allgemeinem und Besonderem, die die Genese des Subjekts von der Familie, über die Gesellschaft bis zum Staat als dialektische Phasen der Einheit dieser Momente konstruiert, um. An die Stelle der ökonomischen Dynamik, die die jeweiligen Lebensformen begründet, auflöst und bis zum bürgerlichen Staat erweitert, stellt Stirner diese Entwicklung aus der Perspektive des sich verschärfenden Konflikts zwischen dem Einzelnen und der Gesellschaft dar, mit der er Hegels politische Theologie des Gottesreiches als Subjekt der Einheit der beiden Körper in die fundamentale Antithese von Mensch und Menschheit verkehrt. Dabei stützt er sich allerdings auch auf Hegels Analysen der Rolle des Individuums in der Gesellschaft von der griechischen Polis bis zum modernen protestantischen Staat, um gegen Hegels ultimative Synthese von Individuum und Gesellschaft deren Unmöglichkeit abzuleiten. So gilt für den „Abtrünnigen", der aus dem Familienverband „ostraziert" wird, dass er – als der Egoist – „die Bande der Familie zerbrochen und im Staat einen Schirmherrn gegen den schwer beleidigten Familiengeist" gefunden zu haben meint. „Wohin aber ist er geraten – geradeswegs in eine neue Gesellschaft, worin seines Egoismus dieselben Schlingen und Netze warten, denen er soeben entronnen."[114] Was für den Übergang von der Familie zur Gesellschaft, gilt nicht minder von dem Übergang von der Gesellschaft zum Staat als dem höchsten Rechtsrahmen der politischen Organisation. Liberalismus, Sozialismus und selbst der offiziell staatsfeindliche Kommunismus fordern je auf ihre Weise die Unterwerfung des Einzelnen unter das Prinzip der Gleichheit ein. Das nach dem mystischen Schema des Gottmenschen konstruierte „moralische Ich" von Gesellschaft und Staat ist nicht nur „Gespenst" und „Spuk", ihre Souveränität ist gleichbedeutend mit der „Verbannung der Iche", oder anders formuliert: „der Ostrazismus macht das Volk zum Selbstherrscher."[115] Die Existenz von Frei- und Spielräumen im Staat, die diesen nicht gefährden, kann nicht über den Tatbestand hinwegtäuschen, dass der Staat immer „nur den Zweck (hat), den Einzelnen zu beschränken, zu bändigen, zu subordinieren, ihn irgendeinem Allgemeinem zum Untertan zu machen."[116] In letzter Instanz stehen sich die Souveränität des Volkes, der Gesellschaft, des Staates und die Souveränität des Einzelnen unversöhnt und in einer absoluten Antithese gegenüber: Entweder vernichtet der Staat den Einzelnen, oder der Einzelne vernichtet den Staat. „Damit versinken alle Fragen über Fürstenmacht, Konstitution usw. in ihren wahren Abgrund und ihr wahres Nichts. Ich, dieses Nichts, werde meine Schöpfungen aus mir hervortreiben."[117]

Das Ich gewinnt sich erst wirklich über die volle Negation der Formen von Gesellschaft und Staat, d.h. es vernichtet diese Formen für sich, und indem diese nunmehr ein „Nichts" für das Ich sind, kann dieses Ich das Nichts als Durchgang zu seinem eigentlichen Sein nutzen. Das Nichts bezeichnet gleichermaßen die Grenze zwischen dem Einzelnen und der politischen Form bzw. die Grenze zwischen Ich und Wesen, die ontologische Differenz also, über die das Ich als existenzielle und politische Selbstschöpfung bzw. Selbstermächtigung sich selbst als Sein in Besitz nimmt.

Die existenziell-politische Antithese zwischen Staat und Ich stellt sich dabei in zwei miteinander konfrontierenden Formen von politischer Theologie dar. „Unter Religion und Politik befindet sich der Mensch auf dem Standpunkt des Sollens."[118] Dagegen ist das einzelne Ich als seiner selbst mächtiges souveränes Selbst und Antichrist der „Eigner der Menschheit", und als solcher ist das Ich „der Menschheit nichts und [tut] nichts für das Wohl einer anderen Menschheit."[119] Diese politisch-theologische Antithese kulminiert zuletzt im Problem des Eigentums des Selbst, das entweder durch das Recht enteignet wird oder sich selbst zum Eigner erhebt. Die Politik des Sollens und der Gleichheit leitet das Eigentum aus dem durch den Staat legitimierten Recht ab – das Ich verfügt über sein Eigentum aufgrund des ihm vom Staat verliehenen Rechts dazu. Dieses Recht als Verfügungsgewalt über mein Eigentum findet – so Stirner – im Kommunismus ihren ultimativen Ausdruck, der aus dieser Verfügungsgewalt die allgemeine Eigentumslosigkeit ableitet. „Der Kommunismus drückt mich durch Aufhebung allen persönlichen Eigentums nur noch in die Abhängigkeit von einem anderen, nämlich von der Allgemeinheit oder Gesamtheit zurück, und so laut er auch den Staat angreife, was er beabsichtigt, ist selbst wieder ein Staat, ein status, ein meine freie Bewegung hemmender Zustand, einer Oberherrlichkeit für mich."[120] Die liberale, soziale und kommunistische Politik der Freiheit qua Gleichheit folgt so immer noch dem „christlichen Prinzip", dem „Prinzip der Liebe, der Aufopferung für ein Allgemeines",[121] während die Politik des souveränen Einzelnen die unmittelbare Aneignung des Eigentums durch einen Akt der Gewalt fordert, mit dem das Ich zum Eigner wird. „Was ist also mein Eigentum? Nichts als was in meiner Gewalt ist! Zu welchem Eigentum bin ich berechtigt? Zu jedem, zu dem ich mich ermächtige."[122]

Damit aber zwingt dieser Konflikt in letzter Instanz zu einem „Krieg aller gegen alle": Der Einzelne als Eigner ist aufgefordert: „Greife zu und nimm, was Du brauchst! Damit ist der Krieg aller gegen alle erklärt. Ich allein bestimme darüber, was ich haben will."[123] „Genug, die Eigentumsfrage läßt sich nicht so gütlich lösen, wie die Sozialisten, ja selbst die Kommunisten träumen. Sie wird nur gelöst durch den Krieg aller gegen alle."[124] In diesem Sinn resümiert Arnold Ruge Stirners radikalen Egoismus als Initiation der Gewalt aller gegen alle: „Was ist er [der Einzelne] also? Er ist höchstens ein Einzelner, wie ich, sofern er Egoist ist. Was können wir in dieser Form, ich und er, mit einander anfangen? Wir können uns stoßen und Gewalt anthun."[125]

De facto handelt es sich hier um zwei verschiedene Kriege: zum Einen um den Krieg des Einzelnen gegen den Staat, bzw. des souveränen Eigners gegen die Menschheit, der als letzte eschatologische Konsequenz dieser Antithese angelegt ist: zwischen Liberalismus, Sozialismus, Kommunismus auf der einen Seite und dem souveränen Selbst auf der anderen Seite. Zum Anderen bezeichnet er die letzte Konsequenz der Befreiung des Einzelnen als egoistischen Eigners, der seine Herrschaft durch Gewalt durchsetzt, um damit mit allen anderen

Eignern notwendig in einen Krieg einzutreten, der nichts anderes als die Rückkehr zu Hobbes' Naturzustand bezeichnet.

Stirner erwägt diese letzten Konsequenzen, um ihnen zugleich immer schon aus dem Weg zu gehen, indem er den Einzelnen zu entpolitisieren versucht. Auch diese Entpolitisierung schwankt zwischen der Idee des Vereins, in dem sich die Eigner und Egoisten in Interessengemeinschaften zusammentun, um ihre Macht durchzusetzen, und der Idee des existenziellen Eremiten, der – wie der Cyniker oder der Heilige – jenseits der bestehenden Gesellschaft sein Leben in die solitäre Regie der Selbstbeherrschung zu nehmen versucht.

Der Verein soll im Unterschied zur Gesellschaft eine Gemeinschaft sein, die nichts anderes als „eine Multiplikation meiner Kraft" ist, und „nur so lange sie meine vervielfachte Kraft ist."[126] Das heißt aber, dass der Verein eine rein instrumentelle Gesellschaft ist, die dem Interesse und der Macht des Ichs gehorcht und nur so lange sie meiner Macht gehorcht. „Der Verein ist nur mein Werkzeug oder das Schwert, wodurch Du deine natürliche Kraft verschärfst und vergrößerst; der Verein ist für dich und durch dich da, die Gesellschaft nimmt umgekehrt dich für sich in Anspruch und ist auch ohne dich."[127]

Hier stellt sich freilich die Frage, ob dieser Verein als Werkzeug und Schwert des Eigners nicht einfach die Umkehr der Gesellschaft in eine Diktatur des souveränen Selbst bezeichnet, eine Souveränität, die im Sinne der Macht auch vor keinem Verbrechen zurückschreckt und sich so die Gesellschaft als ihr Eigentum unterwirft, bzw. in den Krieg mit dem liberalen, sozialen oder kommunistischen Feind treten muss.

An die Stelle dieser ultimativen eschatologischen Revolution stellt Stirner aber zuletzt den Begriff der Empörung, mit der er eine Art cynischen Exodus aus den gesellschaftlichen Kontexten vorsieht. Dieser Egoist ist wie Diogenes „sich selbst der Hüter des Menschlichen", wenn er zu dem Staat „mit dem Wort spricht: Geh mir aus der Sonne."[128] Die Unterscheidung zwischen Revolution und Empörung bezeichnet also eine Art existenzielle Neutralisierung und Überwindung des Politischen. „Jene besteht in einer Umwälzung der Zustände, des bestehenden Zustands oder status, des Staates oder der Gesellschaft, ist mithin eine politische oder soziale Tat. Diese hat zwar eine Umwandlung der Zustände zur unvermeidlichen Folge, geht aber nicht von ihr, sondern von der Unzufriedenheit des Menschen mit sich aus.“[129] Während der Cyniker sich mit seinen Bedürfnissen an der Natur orientiert und eine besondere Selbstbeherrschung antrainiert, sich so als Partisan über und außerhalb der Gesellschaft stellt, erkennt Stirner zuletzt in dem Lebensweg des Menschen Jesus den ultimativen Weg des Empörers, „weil er von einer Änderung der Zustände kein Heil erwartete, und diese ganze Wirtschaft ihm gleichgültig war.“[130] Der Revolutionär zielt auf neue Einrichtungen für die Gesellschaft, „die Empörung führt dabei, uns nicht mehr einrichten zu lassen, sondern uns selbst einzurichten.“[131] Jesus führte also „keinen liberalen oder politischen Kampf gegen die bestehende Obrigkeit, sondern wollte unbekümmert und ungestört von dieser Obrigkeit seinen eigenen Weg wandeln.“[132]

An die Stelle der souveränen politischen Macht, die wie Nero sich als Eigner und Herrschaft über die Menschheit stellt, rückt hier also eine Ästhetik der Existenz und Selbstbeherrschung, die der im Willen zur Macht angelegten Konfrontation aus dem Weg zu gehen sucht. Jesus repräsentiert so einerseits die letzte eschatologische Konsequenz der Antithese zwischen Mensch und Menschheit, wird hier aber zur Metonymie eines Auszugs und Rückzugs aus der Gesellschaft, der allerdings nicht das letzte Wort bleiben muss. Die ontologische Differenz von Existenz und Sein, die dem Einzelnen in der Begegnung mit dem Nichts sich eröffnet, kann sich jederzeit wieder zu der eschatologischen Dimension erweitern, mit der dieses existenzielle Selbst sich als souveräne Macht ermächtigt und seine Herrschaftsansprüche mit allen Mitteln der Gewalt über die Gesellschaft und Menschheit durchsetzen kann.

Nimmt man indes das Selbst als radikalen Ästheten ernst, so lebt dieser Ästhet „authentisch“, wenn er sich nicht nur unter ein für ihn verbindliches Gesetz stellt, sondern dieses jederzeit suspendieren kann. Als Partisan und Künstler setzt er sozusagen seinen Kampf gegen die Menschheit auf individuell existenzieller Grundlage fort, wenn er die für das eigene Leben entworfenen Gesetze jederzeit wieder zerstört. Wie der radikale Avantgardekünstler bewährt er seine göttliche Allmacht in eben diesem Vermögen, das Gesetz aus dem Nichts zu ent- und verwerfen. Stirner vergleicht dieses allmächtige Ich mit Fichtes absolutem Ich, um den Unterschied eben dieser ästhetischen Revolution des Selbst gegen sich selbst festzuhalten. „Wenn Fichte sagt: ‚Das Ich ist alles', so scheint dies mit meinen Aufstellungen zu harmonisieren. Allein nicht das Ich ist alles, sondern das Ich zerstört alles, und nur das sich selbst auflösende Ich, das endliche Ich ist wirklich Ich. Fichte spricht vom absoluten Ich, ich aber spreche von mir, dem vergänglichen Ich."[133] Stirners Ästhetiker des Lebens ist wie der Romantiker ein Ironiker, der das absolute Ich Fichtes zu seinem ontologischen Grund und damit über alle konkreten Lebensmöglichkeiten erhebt, so dass dieses Ich sich je von Neuem erfinden und auflösen kann, seine Entscheidungen je von Neuem aus dem Nichts fällt, bis es den Menschen in sich – in letzter Konsequenz der antihumanistischen Eschatologie der Vernichtung des Wesens – buchstäblich vernichtet hat. Arnold Ruge hat diese existenzielle Konsequenz in seinem Rückblick so beschrieben: „Wie ich mir das Abbrechen des Denkens durch einen Ruck meiner Glieder, so behalte ich mir die Auflösung des Vereins durch mein Weggehen vor, ich binde mich an nichts, an keine ewige Wahrheit, an kein Gesetz, nicht einmal an meinen eigenen Willen von gestern, ich bin heute, was mir heute gefällt zu sein."[134]

Nachschrift: Die negative Eschatologie und ihre Konfliktzonen: von der Utopie zum absoluten Ausnahmezustand der Moderne

De facto erweist sich Stirners eschatologische Kontraktion und Reduktion auf das einzelne Selbst in letzter Konsequenz als ein absoluter Ausnahmezustand. Wenn die jeweils Einzelnen ihren grenzenlosen Anspruch auf Selbstmacht ausleben, befinden sie sich sogleich in einem Krieg aller gegen alle. Stirners souveränes Selbst bezeichnet also die Neuauflage des Naturzustands, der anders als bei Hobbes, nicht aus dem religiösen, sondern dem eschatologischen Bürgerkrieg hervorgeht. „And because the condition of Man [...] is a condition of Warre of every one against every one; In which case every one is governed by his own Reason; and there is nothing he can make use of, that may not be a help unto him, in preserving his life against his enemyes, it followeth, that in such a condition, every man has a Right to every thing; even to one anothers body.“ [135]

Die egoistischen und von ihrer Macht besessenen Individuen müssen einander ihrer egoistischen Veranlagung entsprechend, in einem unvermeidlichen Krieg gegenübertreten, und, wenn sie ihre Angst vor dem Tod zuletzt vor dem Äußersten bewahrt, einen neuen Gesellschaftsvertrag aushandeln, mit dem sie ihre Macht an den einen souveränen „sterblichen Gott“, den „mortall God“ des Staates delegieren, der ihnen Frieden und Sicherheit garantiert und damit den Zivilisationsprozess neu auflegt.

Stirners anthropologische Reduktion offenbart zwar das Wesen der ästhetischen Existenz des Einzigen und Eigners in einer solchen fundamentalen Konfliktualität der Individuen als das zynische oder jesuanische Negativ von Feuerbachs utopischer Liebesgemeinschaft, aber diese Konfliktualität entfaltet sich tatsächlich vorher und vorerst in der eschatologischen Antithese zwischen dem Selbst und der Menschheit, bzw. zwischen dem souveränen Subjekt der Freiheit und dem vermeintlichen Feind dieser Freiheit. Diese Antithese vollstreckt aber nicht nur den Umschlag der in den Programmen der Junghegelianer entworfenen Utopien der Freiheit in Herrschaft, sondern bringt schon deren eigene Logik dieses Umschlags auf ihren revolutionären Begriff. Stirners Antithese illustriert die in diesen eschatologischen Entwürfen immer schon angelegte „letzte" Konsequenz des Endzeitkriegs zwischen dem revolutionären Subjekt und seinem Feind. Sie entspricht sozusagen dem politischen Kern der Eschatologik, oder, wie Carl Schmitt später sagen wird, dem rein formalen „Begriff des Politischen"[136] überhaupt, ohne dass Schmitt dieser eschatologischen Problematik Rechnung tragen würde.

Stirner entfaltet diesen „Begriff des Politischen" in zwei aufeinander bezogenen Konfliktzonen der von ihm konstruierten eschatologischen Antithese. Zum Einen entspannt sich diese Konfliktualität des souveränen Selbst als letzte eschatologische Konfrontation im Sinne der konstitutiven Antithese zwischen Mensch und Menschheit, zwischen diesem souveränen Selbst der Freiheit und der durch das Gesetz der Freiheit definierten liberalen, sozialistischen oder kommunistischen Menschheit, die sich der negativen Logik entsprechend als die beiden absoluten Feindprinzipien entgegentreten (1), zum Anderen steht sie immer noch oder schon wieder unter dem Zeichen der originären Antithese zur Religion, von der sie sich auch dann noch lösen will, wenn sie selbst ihre eschatologischen Lichtspiegelungen in dem absolut souveränen Selbst sozusagen re-inkarniert. (2) Weil der religiöse Ursprung dieser Konfliktzonen wegen ihres eschatologischen Schattens offenbar nicht wirklich überwunden werden kann und die Konfliktzone zuletzt in einen permanenten eschatologischen Endzeitkrieg mutieren muss, werden wir schließlich Zeugen einer merkwürdigen und zunächst unerklärlichen Wiederkehr der verdrängten Theologie in den verschiedenen Konstellationen einer religiös-politischen Gnosis, die vom Feind des eschatologischen Subjekts auf dessen „ewige" religiöse Herkunft zurückschließt. Diese politische Gnosis erklärt sich in letzter

Instanz aus dem fundamentalen Mechanismus der Selbstermächtigung und -befreiung des Subjekts von der Sünde als Bedingung der sich radikalisierenden Feindzuweisungen, die beide in einen archaischen metaphysischen Dualismus eingeschrieben werden.

Die erste Konfliktzone ergibt sich also aus Stirners eschatologischer Antithese, in der die Einheit der beiden Körper des Subjekts – von Mensch und Menschheit – auseinanderbricht und der Mensch gegen die Menschheit, d.h. das souveräne Selbst bzw. die absolute ästhetische Existenz gegen das Gesetz der liberalen, sozialistischen und kommunistischen Menschheit antritt. Diese Antithese findet ihren konsequentesten Ausdruck in der Gegenüberstellung von Stirners Anarchismus der souveränen Macht mit Michail Bakunins Anarchismus der herrschaftsfreien Menschheit, der Marx' Kommunismus noch einmal radikalisiert und dessen Restaurierung der politischen Macht durch Partei und Staat als letzte Form der Herrschaft im Namen der spontanen Revolution verwirft. Wo Stirner also das Prinzip von Macht und Egoismus als letztes Motiv der Freiheit des Einzelnen erkennt, hält Bakunin an der Idee der radikalen Befreiung von aller Macht und Herrschaft für die menschliche Gesellschaft fest. Damit tritt hier nicht nur die letzte eschatologische Konsequenz des Gottmenschen in der vollendeten Antithese von souveränem Herrn und herrschaftsfreiem Kollektiv entgegen, sondern beide – Stirner und Bakunin – berufen sich auf die „leibhaftige" Existenz, tatsächlich den Antichrist und Satan als den genuinen Rebellen, der ihre jeweilige Idee vom wahren natürlichen Leben erkämpft: als Begehren, Lust und Macht des Einzelnen bzw. als ursprüngliche Liebesgemeinschaft, mit der Bakunin offenbar direkt auf die Feuerbachsche Transformation der Trinität in die dialogische Liebeskommune zurückgreift. Da wo diese beiden Anarchisten in der Idee des gesetzlosen Lebens wie identische Zwillinge erscheinen, erweist sich sofort ihre ultimative eschatologische Gegensätzlichkeit, als deren immanente Kernspaltung gleichsam und unausweichliche

Feindschaft: In eben dem Maß, als das jeweilige Selbst sich von der theologisch motivierten Herrschaft bzw. der Sünde der Herrschaft befreit hat, wird der Andere zum ultimativen Träger der Sünde und d.h. zum absoluten eschatologischen Feind. Stirners sündenfreies Selbst bekämpft den sündigen Menschen als sein feindliches Korrelat, wie das sündenfreie Subjekt der anarchischen Menschheit den ultimativen und letzten Souverän als Träger der Sünde und absoluten Feind bekämpfen und vernichten muss.[137]

Bakunin versteht sich wie Stirner als letzte Konsequenz der Humanisierung der Theologie, wenn er deren Prinzip des Monotheismus als Ursprung aller politischen Sünden, Mon-archien und politischen Surrogate in den transzendentalen Begriffen von Grund, Substanz und Subjekt in der An-archie, der grund- weil herrschaftslosen Gesellschaft aufheben will. In diesem Sinn gilt bei ihm die einfache Alternative: Entweder Gott oder Mensch. „Wenn Gott existiert, ist der Mensch der Sklave; der Mensch kann und soll aber frei sein: folglich existiert Gott nicht. Ich fordere jeden heraus, diesem Kreis zu entgehen, und nun mag man wählen."[138] Wie Kierkegaard später formuliert Bakunin hier ein ultimatives, freilich umgekehrtes Entweder – Oder der Freiheit, insofern die „Gottheit [...] die Abdankung der menschlichen Vernunft und Gerechtigkeit enthält, sie ist die entschiedenste Negation der menschlichen Freiheit."[139] Im Sinne der Eschatologie der Negationen zielt seine Kritik der Religion auf alle Versuche einer Rehabilitation der Herrschaft zumal durch die kommunistischen Revolutionäre als letztes Monument der Mon-Archie. An-archie ist die radikale Kritik auch noch des wissenschaftlichen Sozialismus, der mithilfe der für die Wissenschaft notwendigen verallgemeinernden Begriffe den einzelnen Menschen, das individuelle Selbst, als Exemplar formatiert und diszipliniert, um es umso leichter den neuen Regeln und Maßnahmen der wissenschaftlichen Führungsmacht zu unterwerfen. „Die Wissenschaft kann die Sphäre der Abstraktionen nicht verlassen. In dieser Beziehung steht sie unendlich tief unter der Kunst [...] Die Kunst ist also in gewissem Grade die Rückkehr von der Abstraktion zum Leben. Die Wissenschaft ist dagegen die beständige Opferung des Flüchtigen, Vorübergehenden allen menschlichen Lebens auf dem Altar der ewigen Abstraktionen."[140]

Hier, in der Insistenz auf der individuellen Existenz, dem ästhetischen Individuum und dem Leben des Einzelnen vor seiner Verallgemeinerung, scheinen Stirner und Bakunin sich wieder zum Verwechseln ähnlich. Beide sprengen das System mit dieser Wende zu einer Ästhetik und Kunst des Lebens des Einzelnen und der jemeinigen Existenz, die zum unabhängigen Akteur ihrer Freiheit und damit zum „leibhaftigen" Antichrist und Rebell gegen alle Regel und Vorschrift sich erhebt. „Aber da kam Satan, der ewige Rebell, der erste Freidenker und Weltenbefreier. Er bewirkt, dass der Mensch sich seiner tierischen Unwissenheit und Unterwürfigkeit sich schämt, er befreit ihn und drückt seiner Stirn das Siegel der Freiheit und Menschlichkeit auf, indem er ihn antreibt, ungehorsam zu sein und die Frucht der Erkenntnis zu essen."[141] Bakunin tritt tatsächlich als Johannes, Prophet und Täufer dieses Satans auf, der das Paradies über die Zerstörung aller Herrschaftsinstitutionen wieder erobern wird: „Und darum rufen wir unseren verblendeten Brüdern zu: Tut Buße! Tut Buße! Das Reich des Herrn ist nah! Laßt uns also dem ewigen Geiste vertrauen, der nur deshalb zerstört und vernichtet, weil er die ursprüngliche und ewig schaffende Quelle alles Lebens ist. Die Lust der Zerstörung ist zugleich eine schaffende Lust."[142]

Beide Stirner und Bakunin ernennen den Einzelnen also zum „leibhaftigen" Satan und Rebellen gegen alle Systeme der Macht und Unterdrückung, setzen also das entdeckte Selbst in seine ihm eigene Souveränität ein, die das System sprengt, um damit ihre absolute Differenz zu entfalten: das paradiesische Leben, das Bakunin mit dem Satan erobert, versteht sich als Aufstand gegen alle Herrschaft, während Stirners Leben den Einzelnen in das Paradies seiner wahren souveränen Macht und Herrschaft einsetzt. Aus demselben Akt der Rebellion geboren, wenden sie sich im Augenblick ihrer Genese gegeneinander, um einander zu vernichten: als Einsetzung und Abschaffung der Herrschaft, wobei der Revolutionär gegen die souveräne Herrschaft nunmehr selbst die souveräne Gewalt als letzte Gewalt gegen die Gewalt in einer notwendig eskalierenden Konfrontation mobilisieren muss[143] – um die beiden Rebellen schon wieder in einer neuen Identität zusammenzuzwingen und zu entzweien. In den Worten Bakunins: „Wir haben uns der Notwendigkeiten der Gerechtigkeit zu unterwerfen und uns der permanenten, gnadenlosen Zerstörung zu widmen, bis zu einem Crescendo, in dem keine bestehende soziale Form von Zerstörung übrigbleibt. Nicht Verschwörung ist unsere Aufgabe, sondern wirklicher Kampf vom ersten Schritt an. Man wird es Terrorismus nennen [...] Man wird ihm einen tönenden Spitznamen geben. Nun wohl, uns ist es gleichgültig."[144]

Die politische Theologie des Gottmenschen „erfüllt" sich in diesem letzten Szenario in einem permanenten Bürgerkrieg der beiden Körper des Subjekts, d.h. als eschatologischer Naturzustand. Besteht das eschatologische Wesen der Moderne in der von der Johannes-Apokalypse imaginierten Niederkunft des himmlischen Jerusalem auf die irdische Stadt, schlägt diese Utopie zuletzt eschatologisch in das apokalyptische Szenario des endzeitlichen Krieges zwischen souveräner Macht und Revolutionär um, in dem sich die beiden Mächte in einer letzten eschatologischen Kontraktion einander zu vernichten drohen. Voegelin beschreibt den ultimativen Revolutionär ganz in diesem Sinn als „Existenzialisten", der sich in einer „explosionsartigen Kontraktion" zu „einer zerstörerischen Granate" verwandelt und als geballte eschatologische Energie nur noch wie ein Selbstmordbomber in die Luft sprengen kann.[145]

Die zweite Konfliktzone betrifft die eigentliche Religionskritik, die in der eschatologischen Reduktion zu Ende kommen soll, aber in der Retheologisierung des Feindes die „Wiederkehr des Verdrängten" ankündigt. Die eschatologischen Feinde sind die aus ihren Gräbern entstiegenen Gespenster der Religionen, die daran erinnern, dass das Problem der Religion trotz dieser gewaltsamen Entsorgungen längst nicht bewältigt ist.

Stirner hatte schon früh erkannt, dass die geforderte Aufhebung der Religion sich komplizierter gestalten würde, insofern diese ihre Spuren und Schatten in dem sich säkularisierenden Selbstbewusstsein hinterlassen würde. „Den Gott aus seinem Himmel zu vertreiben und der Transzendenz zu berauben, das kann noch keinen Anspruch auf vollkommene Besiegung begründen, weil er dabei nur in die Menschenbrust gejagt und mit unvertilgbarer Immanenz beschenkt wird. Nun heißt es: das Göttliche ist das wahrhaft Menschliche."[146] Wenn das Göttliche in das *Eschaton* der menschlichen Immanenz eingeht und also dort fortlebt, ist eine andere, totale Vernichtung dieser verborgenen Präsenz des Religiösen gefordert, die Auslöschung seiner Residuen im Selbstbewusstsein der Menschheit. „Das wahre Ende des Himmelsstürmens ist der Himmelssturz, die Himmelsvernichtung."[147] Stirner wusste immerhin, dass dieser Vernichtungszug eigentlich noch nicht begonnen hat und ahnte deswegen, dass er in den Feldzügen der eschatologischen Subjektivität gegen das Gespenst der Religion tatsächlich fortleben würde. Das von der Religion und ihren Surrogaten sich befreiende Ich erscheint bei Stirner als eine Art Besessener, der „den bösen Geist" bzw. das göttliche Gespenst in sich selbst vergeblich loswerden will: „Ich bin besessen und will den bösen Geist loswerden. Wie fange ich's an? Ich begehe getrost die Sünde, die dem Christen die ärgste scheint, die Sünde und Lästerung wider den heiligen Geist."[148]

Wir haben oben Bruno Bauers Analyse des Prozesses der Bewusstwerdung des Selbst als einen komplexen Prozess der Befreiung von der Religion und vor allem vom Christentum zitiert, das die alten politischen Mächte mit ihren restaurativen Maßnahmen der Zensur und Verfolgung stützt.

„Wir haben dagegen den Menschen dem Himmel, d.h. dem geistigen Ungethüme, dem verkehrten Geiste, dem Gespenst, der Unbestimmtheit, der geistigen Illusion, der

> Lüge wieder abzugewinnen. ,Wir haben nicht mit Fleisch und Blut zu kämpfen, sondern mit Fürsten und Gewaltigen, nämlich mit den Herren der Welt, die in der Finsternis dieser Welt herrschen, mit den bösen Geistern unter dem Himmel in der Idee des gesetzlosen Lebens (Eph. 6:12) Wir haben mit dem letzten Feind des Menschen zu kämpfen, mit dem Unmenschen, mit der geistigen Ironie der Menschheit, mit der Unmenschlichkeit, die der Mensch gegen sich selbst begangen hat, mit der Sünde, deren Bekenntnis dem Menschen am Schwersten fällt, da sie unendlich seiner Selbstsucht schmeichelt, indem sie ihn seinem wahren Maaße entrückt und mit der Glorie, d.h. mit dem gränzenlosen Dunst der himmlischen Unbestimmtheit umgibt. Die Kritik bringt den Menschen wieder zu sich selbst, nachdem er auf eine grauenvolle Weise außer sich gewesen war und wie ein Solcher, der von sich selbst gekommen, redet hatte."[149]

Das geforderte Selbstbewusstsein der neuen Menschheit und Menschlichkeit muss die Religion als das immer wieder sich regende Gespenst der Selbstentfremdung vertreiben, d.h. den Geist dieser „selbstverschuldeten Unmündigkeit" als seine wahre Sünde erkennen und überwinden. „Die herrschsüchtige und freiheitsmörderische Voraussetzung kämpft für eine Illusion: wir kämpfen für die Ehre und Freiheit des Positiven, wenn wir erkennen, daß es dem Edelsten, was es gibt, dem geschichtlichen Selbstbewußtsein entsprungen ist."[150] Die Religion als das fortlebende Gespenst der Finsternis erfordert also eine innere Verwandlung, ein neues Selbstbewusstsein, das diesen Feind als den Erfinder der Sünde endgültig vernichtet, um zu sich selbst zu kommen. Bauer geht wie Stirner im unfreien Bewusstsein der sich befreienden Menschheit von einer subkutanen Fortexistenz der Religion aus, der die eigentliche Bekämpfung des Feindes gilt: es ist die Sünde der Herrschaft wie die Herrschaft der Sünde, die Bauer nicht nur mit dem Christentum und den von ihm gestützten politischen

Mächten der Restauration, sondern schon früh vor allem mit dem Judentum und der jüdischen Nation identifiziert. Wo der neue Mensch bei Bauer den Kampf gegen seine christlichen Voraussetzungen antritt und sich von ihnen lossagen will, bezichtigt er, wie oben kurz rekonstruiert, in *Die Judenfrage*[151] das Judentum als „orientalisches Wesen", das einer solchen säkularen Selbstbefreiung gar nicht fähig sei und sich also jeder geschichtlichen Veränderung und damit der „Idee der Freiheit entgegenstellt."[152] Bauer steigert seinen Vorwurf zu der Feststellung, die Juden seien „das einzige Volk, d.h. das Volk […], neben dem die anderen Völker nicht das Recht hätten, Volk zu sein."[153] Durch diese Essentialisierung der jüdischen Nation transformiert Bauer den religiösen Feind faktisch in einen national ethnischen Feind, der sich der Eschatologie des Selbstbewusstseins und der neuen säkularisierten Menschlichkeit entgegenstellt, eine Transformation, die Karl Marx, in seiner Antwort auf Bauer in seiner Schrift *Zur Judenfrage* aus demselben Jahr noch durch eine säkulare Identifikation der jüdischen Nation mit dem bürgerlichen Kapitalisten schlechthin verstärken wird: „Die chimärische Nationalität der Juden ist die Nationalität des Kaufmanns, überhaupt des Geldmenschen."[154] Und im selben antisemitischen Tonfall, der die jüdische Religion im Ganzen auf den Egoismus des Bankiers reduziert: „Das Geld ist der eifrige Gott Israels, vor welchem kein anderer Gott bestehen darf."[155] Die Revolution der wahren Menschlichkeit, wenn sie jetzt zur Frage des Klassenkampfes wird, säkularisiert damit den jüdischen Kapitalisten zum eschatologischen Feind, so dass die Judenemanzipation in ihrer letzten Bedeutung „die Emanzipation der Gesellschaft vom Judentum"[156] erfordert.

An diesen Beispielen der Transformation des religiösen Feindes in den Klassenfeind und Feind der Menschheit offenbart sich eine denkwürdige Ambivalenz, die diese Transformation, zumal angesichts der Permanenz der eschatologischen Konfrontation jederzeit rückgängig machen und in eine pseudo-theologische Feindschaft umschreiben kann. In diesem

Sinn konstruiert derselbe Atheist Bakunin, der mit Satan die Rebellion gegen Gott angestiftet hat, zuletzt im Christentum die Religion der Armen und Unterdrückten, die mit Jesus am Kreuz nicht nur das eigene Leiden, sondern auch den Sturz der Mächte zum Symbol erheben, während er im Jehova des Alten Testaments den „brutalen", „egoistischen", „schrecklichen" und „grausamen" Gott der nackten Herrschaft erkennt.[157] Mit dieser proto-gnostischen Gegenüberstellung vom bösen Gott der Herrschaft und dem guten Gott der Erlösung der Armen kodifiziert Bakunin die notwendige Konfrontation der politischen Eschatologie, wobei er nur noch das Symbol der Schlange aus dem Paradies mit dem Johannes Evangelium zum Symbol Christi erheben müsste, wie es in den gnostischen Sekten der Frühzeit des Christentums tatsächlich geschieht.[158]

Es war Bruno Bauer vorbehalten, diese politische Gnosis des Klassenkampfes tatsächlich in einer Theorie des Rassenkampfes auszuschreiben, die die Antithese von Mensch und Menschheit als Antithese von Herr und Knecht in der Antithese zwischen Judentum und Christentum perpetuiert. Das „orientalische Wesen" der „Judenfrage", das sich der Idee der Freiheit und Menschlichkeit entgegenstellt, wird in seinem antijudaistischen Credo *Das Judentum in der Fremde* von 1863[159] vollends zum Wesen des national-religiösen Ressentiments der Juden, die den Verlust der eigenen nationalen Staatlichkeit im Jahr 70 der christlichen Zeitrechnung nicht verwunden haben und sich dadurch an den christlichen Siegervölkern zu rächen suchen, dass sie deren Humanitätsbestrebungen nur im Sinn ihres nationalen Interesses ausnutzen, wenn sie nicht – wie im Fall des modernen Staates – sich an den politischen Unruhen der revolutionären Bewegungen beteiligen, um diesen Staat zu Fall zu bringen.

> „Seit der Zeit, daß die Juden die Humanitätsbestrebungen des untergehenden Althertums und des antiken revolutionären Bürgertums benutzten, um sich in die Cul-

> tur- und Geschäftssitze des griechisch-alexandrinischen und sodann des römischen Weltreichs einzunisten, haben sie sich bis jetzt als ein Überbleibsel des alten heidnischen Bürgertums im Abendlande erhalten, und greifen sie mit gleichem Eifer, wie vor zwei Jahrtausenden, in die bürgerlichen Unruhen der neueren Zeit ein.
> Wie sie aber schon im alexandrinischen und römischen Zeitalter durch die Zweideutigkeit, mit welcher sie neben ihrer Betheiligung an der damaligen Geldwirtschaft die Humanitäts-Prinzipien cultivieren, um in der politischen Auflösung einzig und allein ihr Racen-Interesse zu befriedigen, die Antipathie aller Völker auf sich zogen, so auch jetzt."[160]

Bauer hat nach seiner Konversion zur preußisch-konservativen und promonarchischen Partei seine Kritik am Christentum und damit am christlichen Staat revidiert, indem er die Aufklärung als säkularisiertes Christentum für die Emanzipation der Juden verantwortlich macht, die dieser Emanzipation nicht würdig seien, weil sie diese nur für ihre eigenen Zwecke ausnutzen würden. „Unser Humanismus des achtzehnten Jahrhunderts, so sehr er im Grunde nur eine Extravaganz unseres christlichen universalistischen Strebens war, hatte sich zu unserm kirchlichen Christentum in einen Gegensatz gestellt – die Juden verstanden das so, als wollten wir das Christentum überhaupt fortwerfen, und triumphierten, daß wir nun zu derselben Ansicht gelangt seien, die sie immer über das Christentum gehabt hätten."[161]

Bauer erkennt nunmehr in den Juden – wie später Nietzsche – das Volk des Ressentiments schlechthin, das seine Versklavung an dem römischen Weltreich und dem christlichen Europa rächen will, um seine nationale Befreiung in eine faktische Herrschaft über das christliche Europa zu verwandeln. „Gleich profitierend betheiligten sie sich an der neuen Aufklärung, endlich an der Revolution, und noch in diesem Augenblick jubeln sie den Unruhen in Polen, Ungarn, Italien zu, sehen sie ihren Trost im revolutionären Frankreich und begrüßen in den Erschütterungen der christlichen Weltordnung die Geburtswehen der messianischen Zeit und die sicheren Vorboten ihrer Weltherrschaft."[162]

Damit befinden sich Judentum und Christentum nunmehr in einem eschatologischen Endzeitkampf, mit dem Bauer Hegels Dialektik von Herr und Knecht und Marx' Klassenkampf zwischen den Kapitalisten und dem Proletariat tatsächlich schon in einen globalen Rassenkampf umschreibt: „Die Welt ausbeuten und die Völker zu ihren Knechte machen, Procente ansammeln und Schätze bilden – das ist der Gedanke des Judentums: die Welt dagegen bearbeiten und nach eigenem Bild veredeln – das ist ihm nie in den Sinn gekommen."[163] Die Juden – das erläutert Bauer auch an den zentralen Figuren der deutsch-jüdischen Kultur, an Moses Mendelssohn, Heinrich Heine, Ludwig Börne und dann vor allem am liberalen Reformjudentum von Samuel Hirsch, Sigismund Stern und Samuel Holdheim – fungieren als die letzte „seelenlose" Inkarnation des Egoismus, der geschickten Täuschung und profitablen Maske, deren Ziel die Weltherrschaft sein soll.

> „Die jüdische Weltreligion, welche die jüdischen Reformer im Jahr 1845 in der Schnelligkeit fabricirten, war zwar ein flüchtiger Abschluß der rationalistischen Richtung und confusen Kritik, die sich schon im Benehmen des Talmud gegen das Gesetz geltend machen, aber das Material, welches die Fabricanten oberflächlich genug verarbeiteten, lag in der christlichen Aufklärung der Deisten und Rationalisten vollkommen fertig da. […] Diesen endlichen Sieg des Judentums hat S. Stern in seiner Schrift ‚Die Religion des Judenthums' in der Idee des gesetzlosen Lebens (Berlin 1846) mit Benutzung der Lessingschen Idee als die endliche Zersprengung der Hülle chrakterisiert, welche das Judenthum in seiner freiwilligen Metamorphose als Christentum umthat, um die abendländischen Völker, mit deren Bildung und An-

> schauungen es sich vermischte, zu gewinnen und für seine zukünftige Weltherrschaft vorzubereiten.“[164]

Als konvertierter radikaler Vordenker der konservativen Revolution, der mit dem politischen Theologen der preußisch - protestantischen Monarchie Friedrich Julius Stahl, selbst ein konvertierter Jude, jetzt die konservative Partei unterstützt, hat Bauer die eigene linkshegelianische Vorgeschichte längst entsorgt und schreibt ihren revolutionären Geist nunmehr den modernen Juden zu, die über die Revolution ihre eigenen verhohlenen Machtinteressen so umsetzen, wie seine eigene Rehabilitation des Christentums nun das eigene Machtstreben rechtfertigen soll. Mit seiner Theorie des Rassenkampfes hat er allerdings die eschatologische Grundhaltung seiner revolutionären Anfänge in eine politische Gnosis herübergerettet, die den vorausgesehenen Endzeitkrieg zwischen Judentum und Christentum an die Stelle des ursprünglichen Konfliktes zwischen Theologie und Philosophie rückt.

Damit ergibt sich tatsächlich folgende neue und vorläufig letzte Konstellation. Der anfängliche Konflikt zwischen Theologie und Philosophie, der die Transformation des Gottmenschen in das Subjekt der zwei Körper bestimmt, ist über die Dialektik von Mensch und Menschheit zu einem radikalen Konflikt zwischen links und rechts, zwischen der Eschatologie der Freiheit und der Herrschaft geworden, den die Anarchisten von beiden Seiten, Stirner und Bakunin, in einen endzeitlichen Konflikt umschreiben, der der letzten Logik des Feindes zufolge zwischen Judentum und Christentum als den gleichsam archaischen, urpolitischen Mächten stattfinden soll. Damit wird nicht nur die ursprüngliche Einheit von Theologie und Philosophie eschatologisch aufgesprengt, sondern auch die beiden kanonisch vermittelten Religionen von Judentum und Christentum treten zuletzt in einer radikalen politisch – theologischen Antithese auseinander, die in dieser drastischen Form nur aus der gnostischen Vorzeit des Christentums – vor allem bei Markion – bekannt ist: als ultimative theologische Feindprinzipien.

Dabei setzen Bakunin und Bauer nur die jeweils umgekehrten Vorzeichen: Für Bakunin repräsentiert das Judentum das Ursystem der Herrschaft, das das revolutionär jesuanische Christentum bekämpft, während für Bauer das Christentum das System der legitimen Herrschaft darstellt, das das revolutionäre Judentum umstürzen will.

Mit dieser Umschreibung der Klassen- und Rassenfeindschaft in eine politisch religiöse Gnosis der Urfeindschaft ereignet sich aber faktisch die Wiederkehr der verdrängten Religion als politisches Prinzip bzw. als nur noch politische Theologie. Sie führt zu einer totalen Religion oder einer letzten eschatologischen „Kernspaltung" bzw. eschatologische „Kontraktion", deren Urprinzip der absolute Feind, dessen gemeinsamer Nenner dann zuletzt der jüdische Feind ist. Er ist tatsächlich der Wiedergänger des sich emanzipierenden Subjekts, sein Schatten und Gespenst sozusagen, der in dem Maße zum Feind wird, wie das Subjekt der Freiheit sich absolut – als Souverän – setzt, d.h. sich von der Sünde der Theologie emanzipiert. Da das eschatologische Subjekt sich von der Herrschaft der Sünde emanzipiert, die die Religion ihm zuschreibt, wird die Religion zum Prinzip der Sünde und Herrschaft über den Menschen und damit zum ersten Feindprinzip. Mit der Transformation des religiösen Feindes in den politischen Feind, den bürgerlichen, liberalen, kapitalistischen Klassenfeind zuerst, wird die Sünde auf diesen eschatologischen Feind als den ultimativen Sünder übertragen, den neuen *Katechon*, der „es aufhält" und, da er das eschatologische Ziel des Subjekts verhindert, beseitigt, ja – wie vorher die Religion – vernichtet werden muss. Dem Maß der Selbstermächtigung des souveränen Subjekts entspricht die Dämonie des Feindes, als sein sich verlängernder Schatten wird das Subjekt diesen Feind aber nicht wirklich los, sondern bedarf seiner je von Neuem, um das im Namen der Revolution gegründete Herrschaftssystem und mit diesem das notwendige Scheitern der eigenen absoluten Zielsetzungen zu rechtfertigen. Er wird zu dem von den Junghegelianern ständig befürchteten und überall bekämpften Gespenst, das da und nicht da ist, Einbildung oder „leibhaftige" Realität, stets seinen Spuk erneuert. Mit der ultimativen Antithese der beiden Körper des Subjekts bei Stirner und Bakunin ereignet sich also der letzte Umschlag des eschatologischen Konflikts in einen permanenten Endzeitkrieg, aus dem sich dann die zweite Transformation des nunmehr permanenten politischen Feindes in den protoreligiösen Feind der politischen Gnosis erklärt, bzw. die Transposition des Klassen- und Rassenfeindes in die kanonische Feindschaft zwischen dem nur noch politischen Christentum und dem nur noch politischen Judentum als imaginierte Größen und „Gespenster" hervorgeht.

Die politische Gnosis ist demnach die letzte eschatologische Konstellation des Subjekts der zwei Körper: die letzte Gestalt der totalen Entstellung der Religion in eine totale politische Theologie der Gewaltherrschaft: ihre Apokalypse, wie sie zuletzt in Carl Schmitts politischer Theologie des Souveräns,[165] seinem Begriff des Politischen[166] und im Leviathan[167] ihre konsequente Ausschreibung erfahren wird. Mit dieser gelangt, wie wir noch sehen werden, tatsächlich die dritte Phase der politischen Theologie zu ihrer letzten konsequenten Kodifizierung.

Die Daniel-Apokalypse als politisch-theologische Katharsis der Moderne: Heinrich Heine und Sören Kierkegaard als Vordenker einer post-säkularen Aufklärung

Es waren zwei andere Junghegelianer, die bei erstem Hinblick nicht verschiedener voneinander sein können, die die Dialektik der radikalen Aufklärung, den Umschlag von Freiheit in Herrschaft mit ihren spezifischen Pathologien des Subjekts, auf die in diesem Umschlag immer schon wirksame Dialektik von Theologie und Säkularisation zurückführten, um den junghegelianischen Reduktionismus einer letzten radikalen Kritik zu unterziehen. Beide zielten damit auf die Rettung der Idee der Freiheit auf existenzieller Grundlage, die damit gegen alle Konfigurationen der Verabsolutierung des Subjekts angelegt war. Heine und Kierkegaard waren beide Dichter und Ironiker, die über die Ästhetik eine neue, existenzielle Korrelation und Beziehung zu Gott entdecken sollten. Aber Heine war tatsächlich ein ehemaliger Revolutionär und radikaler Eschatologe, bevor er zum Glauben fand, während Kierkegaard protestantischer Theologe und erklärter Gegner der Revolution war, der mit der Theologie eine Therapeutik der Existenz zu entwickeln suchte: eine Art „Theotherapeutik". Aber beide Dichter/Denker entdeckten das Problem der theologischen Sünde wieder, um mit ihm den Mechanismus der Selbstermächtigung des Subjekts und der Genese des Feindes zu überwinden und gegen diesen Mechanismus eine neue Version der selbstkritischen Freiheit der Existenz zu entwerfen. Eben diese Entdeckung der Relevanz der Theologie überhaupt und ihres Verständnisses des Menschen in seiner Menschheit erforderte die Erzeugung einer anderen, dialogischen Beziehung zwischen Religion und Philosophie jenseits des eschatologischen Reduktionismus, die mit der Entschärfung der eschatologischen und kanonischen Politik der radikalen Junghegelianer eine alternative Politik der „postsäkularen" Aufklärung ermöglichen sollte. Das moderne Subjekt konnte so erst zu seiner wahren endlichen, selbstkritischen und schuldfähigen, d.h. verantwortungsvollen Freiheit befreit werden, um damit auch eine dialogische Beziehung zwischen Judentum und Christentum im Sinne einer kanonischen Korrektur zu stiften, die Judentum und Christentum jenseits ihres eschatologischen Mechanismus zu einander als dialogische Beziehung konzipiert.

1 Heines *Zur Geschichte von Religion und Philosophie in Deutschland* und ihre Revision

Heines Schrift über Religion und Philosophie in Deutschland aus dem Jahr 1834[1] ist vielleicht die erste systematische Programmschrift der junghegelianischen politischen Theologie überhaupt. Ein Jahr vor David Friedrich Strauß' *Leben Jesu* in deutscher Sprache erschienen, resümierte der Dichter hier im Geiste Hegels und des Saint-Simonismus ursprünglich für das französische Publikum den von Hegel konstruierten Gang der Weltgeschichte der Freiheit in seiner politischen Bedeutung. Von Luthers Befreiung des Glaubens von der Autorität der katholischen Kirche, über Lessings modernes Evangelium der Aufklärung, mit dem das Reich Gottes auf Erden geschaffen werden soll, bis zum deutschen Idealismus von Kant, Fichte, Schelling, der in Hegels Vision der Weltgeschichte gipfelt, erzählt Heine die Geschichte der Freiheit als Befreiung von der Herrschaft Gottes und seines politischen Doppelgängers auf Erden: des Königtums. Entfaltet sich diese Geschichte auf beiden Seiten des Rheins in Deutschland und Frankreich, so findet die geistige Revolution der Deutschen ihr real politisches Pendant in den französischen Revolutionen, so dass Heine die Beseitigung Gottes in Kants *Kritik der reinen Vernunft* als ideales Abbild der Hinrichtung des französischen Königs durch Robespierres Revolutionstribunal, oder Fichtes absolutes Ich der Freiheit als Parallele zu Napoleons Machtergreifung als Kaiser im Namen der Revolution vorstellen kann.

Heines Narrativ versteht sich zunächst als konsequente Übersetzung der Theologie in eine Philosophie der Freiheit, die sich im eschatologischen Geist der kanonischen Drei-Reiche-Lehre Lessings und in Hegels Reich Gottes auf Erden verwirklichen wird. Judentum, Christentum und Moderne bilden die drei geschichtlichen Epochen dieser Entwicklung, die Heine in Moses, Jesus und für die Moderne in Hegel, Goethe und Napoleon symbolisch personifiziert sieht, wobei er an

Goethe auch schon die Hoffnung auf die Überwindung der diesem Prozess eigentümlichen Vergeistigung knüpft.

> „Moses gab dem Geiste gleichsam materielle Bollwerke, gegen den realen Andrang der Nachbarvölker: Rings um das Feld, wo er Geist gesäet, pflanzte er das schroffe Zeremonialgesetz und eine egoistische Nationalität als schützende Dornhecke. Als aber die heilige Geistpflanze so tiefe Wurzel geschlagen und so himmelhoch emporgeschossen, daß sie nicht mehr ausgereutet werden konnte: da kam Jesus Christus und riß das Zeremonialgesetz nieder, das fürder keine nützliche Bedeutung mehr hatte, und er sprach sogar das Vernichtungsurteil für die jüdische Nationalität [...] Er berief alle Völker der Erde zur Teilnahme an dem Reiche Gottes, das früher nur einem einzigen auserlesenen Gottesvolke gehörte, er gab der ganzen Menschheit das jüdische Bürgerrecht [...] Das war eine große Emanzipationsfrage, die jedoch weit großmutiger gelöst wurde, wie die heutigen Emanzipationsfragen in Sachsen und Hannover [...] Freilich, der Erlöser, der seine Brüder vom Zeremonialgesetz und der Nationalität befreite, und den Kosmopolitismus stiftete, ward ein Opfer der Humanität, und der Stadtmagistrat von Jerusalem ließ ihn kreuzigen und der Pöbel verspottete ihn [...] Aber nur der Leib ward verspottet und gekreuzigt, der Geist ward verherrlicht, und das Märtyrertum des Triumphators, der dem Geiste die Weltherrschaft erwarb, ward Sinnbild dieses Sieges, und die ganze Menschheit strebte seitdem, in imitationem Christi, nach leiblicher Abtötung und übersinnlichem Aufgehen im absoluten Geiste.
> Wann wird die Harmonie wieder eintreten, wann wird die Welt wieder gesunden von dem einseitigen Streben nach Vergeistigung, dem tollen Irrtume, wodurch sowohl Seele wie Körper erkrankten! Ein großes Heilmittel liegt in der politischen Bewegung und in der Kunst. Napoleon

> und Goethe haben trefflich gewirkt. Jener, indem er die Völker zwang, sich allerlei gesunde Körperbewegung zu gestatten; dieser, indem er uns wieder für griechische Kunst empfänglich machte…" (IV 41)

Ihre berühmteste Kodifikation hat diese Eschatologie der politisch-erotischen Freiheit natürlich in Heines Ballade *Deutschland – ein Wintermärchen* von 1844 erhalten, das den historischen Gegensatz zwischen der christlichen Askese und Leibverachtung einerseits und dem modernen Geist der Freiheit und Sinnenfreude in einer frivol ironischen Sprache ausdichtet, die mit der Revolution die Ankunft „des neuen Gotts, des großen Unbekannten" zelebriert.

> Ein neues Lied, ein besseres Lied,
> O Freunde, will ich euch dichten!
> Wir wollen hier auf Erden schon
> Das Himmelreich errichten.
>
> Wir wollen auf Erden glücklich sein,
> Und wollen nicht mehr darben;
> Verschlemmen soll nicht der faule Bauch
> Was fleißige Hände erwarben. (IV 578)

Mit dieser Revolutionierung der Geschichte, die das Evangelium der Freiheit als eschatologische Ausschreibung des jüdischen und christlichen Messianismus darstellt und so die politische Emanzipation der jüdischen Gesellschaft im Rahmen der europäischen Geschichte vorsieht, stellt Heine nicht nur die Weichen für die junghegelianische Revolution und Eschatologie von Mensch und Menschheit, seine Texte bewahren zugleich die ästhetisch-ironische Sensibilität für die besondere Existenz und ihren Anspruch auf Selbstbestimmung und Glück gegen alle Versuche ihrer Usurpation durch die alten Mächte von Religion und Monarchie, aber auch durch die neuen Mächte der modernen Revolution und ihrer Avantgarde, die schnell bereit sind, von der propagierten Idee der Freiheit zu Gewalt und Terror in ihrem Namen überzugehen. So ist die Diagnose vom Tod Gottes als notwendige Bedingung der politischen Freiheit schon zutiefst ironisch und ambivalent, wenn Heine diesen Tod als Requiem an das Ende einer kleinen Biographie des jüdischen Gottes und seiner Metamorphosen stellt.

> „Ein eigentümliches Grauen, eine geheimnisvolle Pietät erlaubt uns heute nicht, weiter zu schreiben. Unsere Brust ist voll von entsetzlichem Mitleid – es ist der alte Jehova, der sich zum Tod bereitet. Wir haben ihn so gut gekannt, von seiner Wiege an, in Ägypten, als er unter göttlichen Kälbern, Krokodilen, heiligen Zwiebeln, Ibissen und Katzen erzogen wurde - Wir haben ihn gesehen, wie er diesen Gespielen seiner Kindheit und den Obelisken und Sphinxen seines heimatlichen Niltals Ade sagte und in Palästina, bei einem armen Hirtenvölkchen, ein kleiner Gott-König wurde, und in einem eigenen Tempelpalast wohnte [...] Wir sahen ihn auswandern nach Rom, der Hauptstadt, wo er aller Nationalvorurteile entsagte, und die himmlische Gleichheit aller Völker proklamierte, und mit solchen schönen Phasen gegen den alten Jupiter Opposition bildete, und so lange intrigierte bis er zur Herrschaft gelangte und vom Kapitole herab die Stadt und die Welt, urbem et orbem, regierte – Wir sahen, wie er sich noch mehr vergeistigte, wie er sanftselig wimmerte, wie er ein liebevoller Vater wurde, ein allgemeiner Menschenfreund, ein Weltbeglücker, ein Philanthrop – es konnte ihm alles nichts helfen – Hört ihr das Glöckchen klingeln? Kniet nieder – Man bringt die Sakramente einem sterbenden Gotte." (III 590 f.)

Ob der Tod Gottes tatsächlich die endgültige Befreiung von den menschlichen Autoritäten zeitigen würde, bleibt damit genauso zweifelhaft und offen, wie alle Hoffnungen auf eine

Revolution, die die Nöte, Leiden und Sünden der alten Welt ein für alle Mal zu beseitigen vorgeben. Berühmt ist Heines Prophezeiung von der deutsch nationalen Revolution, die nach der endgültigen Beseitigung des Christentums in der Naturphilosophie nach Schelling zu einer Auferstehung der germanischen Naturgötter führen sollte. „Die alten steinernen Götter erheben sich dann aus dem verschollenen Schutt, und reiben sich den tausendjährigen Staub aus den Augen, und Thor mit dem Riesenhammer springt endlich empor und erschlägt die gotischen Dome. Wenn ihr dann das Gepolter und Geklirre hört, hütet euch, Ihr Nachbarskinder, Ihr Franzosen, und mischt euch nicht in die Geschäfte, die wie zu Hause in Deutschland vollbringen […] Es wird ein Stück aufgeführt werden in Deutschland, wogegen die französische Revolution nur wie eine harmlose Idylle erscheinen möchte." (III 639 f.) Aber seine ironische Sensibilität lässt Heine diese Dialektik der Aufklärung, ihren Umschlag von der Freiheit in totalitäre Herrschaft auch für die kommunistische Revolution voraussehen. Für die *Augsburger Zeitung* verfasst er schon am 12. Juli 1842 folgende prophetische Analyse, die dann später in *Lutetia* noch einmal veröffentlicht wurde:

> „Der zweite Akt ist die europäische, die Weltrevolution, der große Zweikampf der Besitzlosen mit der Aristokratie des Besitzes, und da wird weder von Nationalität noch von Religion die Rede sein: nur Ein Vaterland wird es geben, nämlich die Erde, und nur einen Glauben, nämlich das Glück auf Erden. […] Es wird vielleicht alsdann nur Einen Hirten und Eine Herde geben, ein freier Hirt mit einem eisernen Hirtenstabe und einer gleichgeschorenen, gleichblökenden Menschenherde! Wilde, düstere Zeiten dröhnen heran, und der Prophet, der eine neue Apokalypse schreiben wollte, müsste ganz neue Bestien erfinden, und zwar so erschreckliche, dass die älteren Johanneischen Tiersymbole dagegen nur sanfte Täubchen und Amoretten wären." (V 406 f.)

Heine schreibt hier schon die johanneische Apokalypse, die Vorlage für die joachitische Drei-Reiche-Lehre der Moderne und ihrer Utopie vom dritten Reich von Lessing bis Hegel, in ein neues furchtbareres apokalyptisches Endzeitdrama um: der Kommunismus wird zu ihrem Strafgericht. Der ehemalige Freund und Mitstreiter von Karl Marx hat dessen Utopie von der absoluten Gleichheit der Menschheit als terroristisches System, ihren Visionär selbst als neuen Diktator entlarvt, der die Menschheit mit der von der Partei dirigierten Diktatur des Proletariats als seine Herde unterwirft und versklavt.

Der Modernist Heine, der sich auch als der letzte, „entlaufene“ Romantiker, als *Romantique défroqué*, verstand, hat seine Poetik in einer ironischen Bewegung praktiziert, die einerseits gegen alle romantischen Sentimentalitäten auf einer historischen Konkretisierung der Traumwelten bestand, aber andererseits nie vergaß, die Konversion von Traum und Realität auf ihren Freiheitsindex hin zu überprüfen. Tatsächlich bewegt sich diese poetische Strategie immer schon zwischen einer radikalen Kritik der Religion mit ihrer Jenseitsvertröstung einerseits und einer Kritik der Politik andererseits, die das Jenseits im Diesseits zu installieren verspricht, und berührt so ständig das Problem des Absoluten, bzw. das Schicksal Gottes für die Menschheit, die ihr Glück im Diesseits sucht. Damit aber wird die Dialektik der Aufklärung bei Heine zuletzt immer schon als Dialektik von Religion und Säkularisation transparent. Wenn der Tod Gottes in der junghegelianischen Politik zur Bedingung der Möglichkeit der Säkularisation des Selbstbewusstseins, des Staates oder der Gesellschaft erhoben wird, so stellt sich die unmittelbare Übertragung der Transzendenz auf die Immanenz als eine gewaltsame Inkarnation des absoluten Subjekts, als dessen Selbstermächtigung, dar. Der Umschlag der Freiheit in Herrschaft kommt dann durch die nunmehr erzwungene Identität von Traum und Wirklichkeit zustande, die das absolute Selbstbewusstsein nach der vollzogenen Reduktion der Theologie auf die Philosophie als absolute Autorität verordnet

– und gegen alle Widerstände mit allen Mitteln der Gewalt und des Terrors durchzusetzen bereit ist.

Damit erscheint das Prinzip Menschheit nicht nur wieder unter der Regie einer souveränen Instanz, sondern der selbst ernannte Machthaber mutiert zu einem Gott, der auch noch die eigene Freiheit zuletzt widerrufen muss. Mit der Zwangsidentität von Traum und Realität erstarrt auch die Freiheit in der Mechanik von Logik und System als einer totalitären Ordnung. In diesem Sinn hat schon der junge Heine Utopie und Traum als obsolete Erbschaft der jüdisch-christlichen Theologie kritisiert, die von ihren gesunden Nachkommen in einer revolutionären Politik überwunden sein würde. Aber zugleich hat er das Surplus des Traumes in seiner Bedeutung für die Sinngebung der einzelnen Existenz erkannt, die vor dieser traumlosen Welt der Identität zurückschreckt, weil sie sie nicht in ihre Welt des Glücks mit einbezieht, zumal der kranke Mensch sich nicht in dieser Ordnung der Gesunden, Normalen und Geheilten wird zurechtfinden können.

> „Das rechte Träumen beginnt erst bei den Juden, dem Volke des Geistes, und erreichte seine höchste Blüthe bei den Christen, dem Geistervolk. Unsere Nachkommen werden schaudern, wenn sie einst lesen, welch ein gespenstisches Dasein wir geführt, wie der Mensch in uns gespalten war und nur die eine Hälfte ein eigentliches Leben geführt. Unsere Zeit – und sie beginnt am Kreuze Christi – wird als eine große Krankheitsperiode der Menschheit betrachtet werden.
> Und doch, welche süße Träume haben wir träumen können! Unsere gesunden Nachkommen werden es kaum begreifen. Um uns her verschwanden alle Herrlichkeiten der Welt, und wir fanden sie wieder in unserer inneren Seele …“ (I 545)

Sehr bald schon sollte Heine über die doppelte Dialektik der Moderne zwischen Freiheit und Herrschaft, zwischen Theologie und Säkularisation die hier waltende Logik im Sinne einer Revision der eschatologischen Reduktion der Theologie auf die Philosophie dekodieren. Damit wollte er nicht nur die eigene Rolle als Dichter gänzlich neu definieren, sondern in einer neuen Vision von einer selbstkritischen Aufklärung begründen, die er im zweiten Nachwort zu der *Geschichte der Religion und Philosophie*, im Nachwort zu dem Gedichtband *Romanzero* von 1851 und den *Geständnissen* aus der Perspektive seiner existenziellen Situation formuliert hat.

> „Fortgerissen von der Strömung großmütiger Gesinnung mögen wir immerhin die Interessen der Kunst und Wissenschaft, ja alle unsere Partikularinteressen dem Gesamtinteresse des leidenden und unterdrückten Volkes aufopfern: aber wir können uns nimmermehr verhehlen, wessen wir uns zu gewärtigen haben, sobald die große rohe Masse, welche die einen das Volk, die anderen den Pöbel nennen, und deren legitime Souveränität bereits längst proklamiert worden, zur wirklichen Herrschaft käme. Ganz besonders empfindet der Dichter ein unheimliches Grauen vor dem Regierungsantritt dieses täppischen Souveräns." (VI 467 f.)

Ob als unmittelbare Herrschaft des Volkes, unter einer Parteiendiktatur oder einer diktatorischen Selbstermächtigung, Heine benennt hier die Aporie seiner persönlichen Existenz, die die Utopie des neuen Menschen jenseits der bestehenden Herrschaftsverhältnisse dichtet, aber ihre Realisierung nur als Selbstvernichtung imaginieren kann. Heines existenziell-poetische Aporie ergibt sich dabei aus der durch das Subjekt der Menschheit beanspruchten absoluten Totalität und Identität von Mensch und Menschheit, mit der die Freiheit der individuellen Existenz aufgeopfert werden muss. Eben diese Engführung der Utopie zwingt nun zu einer Revision dieser absoluten Totalität der sich selbst erzeugenden Menschheit und vor allem ihrer philosophisch-politischen Voraussetzungen in der vollkommenen Reduktion Gottes auf das Prinzip der Humanität bzw. des Gottmenschen auf die zwei Körper des Subjekts. Heines Analyse der Krise der politischen Theologie der Moderne und ihrer Eschatologie der drei Reiche entdeckt jetzt einen von dieser Moderne endgültig tabuisierten theologischen Begriff wieder: den Begriff der Sünde.[2] Die moderne Subjektivität in ihren Metamorphosen der absoluten Selbstwerdung erscheint als nichts anderes denn als Vollzug der ersten Sünde Adams gegen Gott, die Heine am Beispiel von dem babylonischen König Nebukadnezar illustriert. In der zweiten Vorrede *Zur Geschichte von Religion und Philosophie* aus dem Jahr 1852 formuliert er ein erstaunliches Bekenntnis:

> „Ich bekenne unumwunden, dass alles, was in diesem Buche namentlich auf die große Gottesfrage Bezug hat, ebenso falsch wie unbesonnen ist. Ebenso unbesonnen wie falsch ist die Behauptung, die ich der Schule nachsprach, daß der Deismus in der Theorie zu Grunde gerichtet sei und sich nur noch in der Erscheinungswelt kümmerlich hinfriste. [...] Wie oft seitdem denke ich an die Geschichte des babylonischen Königs, der sich selbst für den lieben Gott hielt, aber von der Höhe seines Dünkels erbärmlich herabstürzte, wie ein Tier am Boden kroch und Gras aß – (es wird wohl Salat gewesen sei). In dem prachtvoll grandiosen Buch Daniel steht diese Legende, die ich nicht bloß dem guten Ruge, sondern auch meinem noch viel verstockteren Freunde Marx, ja auch den Herren Feuerbach, Daumier, Bruno Bauer, Hengstenberg und wie sie sonst heißen mögen, diese gottlosen Selbstgötter, zur erbaulichen Beherzigung empfehle." (III 510)

Heines Einsicht in die Krise der modernen politischen Theologie greift auf die Daniel-Apokalypse zurück, mit der er das Drama von Selbsterhebung und Fall des Königs Nebukadnezar als Paradigma der Sünde, nämlich der Selbsterhebung und Rebellion des „leibhaftigen" Menschen gegen Gott, zum Urdrama der junghegelianischen Generation erhebt, zu der er sich auch selbst zählt, mit der er sich selbst erhöht hat und mit der nun selbst gefallen ist. Die Kritik an der politischen Theologie der Monarchie dringt jetzt zu ihrer eigentlichen Motivation vor, die nur auf die Selbsteinsetzung des Subjekts in einer neuen souveränen Selbstherrschaft abzielte. Als absolutes Wesen und Gott wirft sich der befreite Mensch als Herrscher über die anderen Menschen auf, verliert aber mit dieser Verabsolutierung auch gerade seine eigene Freiheit, um damit zugleich all diejenigen Menschen zu Feinden zu erheben, die der Eschatologie des neuen Menschen im Wege stehen: als die Ideologen der Reaktion, des Bösen, der Sünde und des Unmenschen. Der von der Sünde befreite absolute Übermensch erhob den Menschen der alten Ordnung zum Sünder der Herrschaft und damit zum absoluten Feind der Neuen Utopie, den es deswegen nur noch zu vernichten gilt. Den rückfällig gewordenen Revolutionär überliefert er der Inquisition der Revolution.

> „Ja, mit der Kreatur habe ich auch mit dem Schöpfer Frieden gemacht, zum größten Ärger meiner aufgeklärten Freunde, die mir Vorwürfe machten über dieses Zurückfallen in den alten Aberglauben, wie sie meine Heimkehr zu Gott zu nennen beliebten. Andere, in ihrer Intoleranz, äußerten sich noch herber. Der gesamte hohe Klerus des Atheismus hat sein Anathema über mich ausgesprochen, und es gibt fanatische Pfaffen des Unglaubens, die mich gerne auf die Folter spannten, damit ich meine Ketzereien bekenne.“ (VI 182)

Gegen den modernistischen Reduktionismus der Theologie auf die Anthropologie zielt Heine zunächst auf eine neue persönliche Beziehung der individuellen Existenz zu Gott über den Glauben, die der in *Religion und Philosophie* noch scharf kritisierte Schelling immerhin vorgedacht hat: Es geht Heine nun um eben den von Schelling neu entdeckten „außerweltlichen, persönlichen Gott", (III 633 f.) der die Sehnsucht des Dichters nach einer himmlischen Heimat befriedigen kann, und d.h. auch die Unsterblichkeit der Seele garantieren kann.

Aber ganz anders als Schelling und seine romantischen Kollegen und Schüler der Restauration, die aus der Rückkehr zu Gott ein Bekenntnis zur Monarchie ableiten, sucht Heine eine andere Beziehung zwischen Religion und Philosophie, Religion und Politik, die tatsächlich die Idee der Freiheit für beide in einer dialogischen Beziehung neu begründet. Heines Begriff der Sünde der Moderne als Gottwerdung des Subjekts verweigert sich also dieser restaurativen Konsequenz, d.h. der gleichsam „zweiten" Sünde der Moderne, die die Rückkehr zu Gott mit der Aufgabe der bürgerlichen Mündigkeit und Unterwerfung unter die politisch religiöse Autorität begleicht. Heine sucht dagegen nicht nur nach einer neuen Beziehung zwischen Religion und Politik, sondern auch nach einem Glauben jenseits der institutionalisierten Religionen von Judentum und Christentum, einem Glauben der Freiheit.

> „In derselben Weise tauchte in Deutschland die Ansicht auf, daß man wählen müsse zwischen der Religion und der Philosophie, zwischen dem geoffenbarten Dogma des Glaubens und der letzten Konsequenz des Denkens, zwischen dem absoluten Bibelgott und dem Atheismus. Je entschiedener die Gemüter, desto leichter werden sie das Opfer solcher Dilemmen. Was mich betrifft, so kann ich mich in der Politik keines sonderlichen Fortschritts rühmen; ich verharrte bei denselben demokratischen Prinzipien, denen meine früheste Jugend huldigte und für die ich seitdem immer flammender erglühte. In der Theologie hingegen muss ich mich des Rückschreitens beschuldigen, indem ich, was ich bereits oben gestanden, zu dem alten Aberglauben, zu einem persönlichen Gott zurückkehrte. Das läßt sich nun einmal nicht vertuschen, wie es mancher aufgeklärte und wohlmeinende Freund versuchte. Ausdrücklich widersprechen muß ich jedoch dem Gerüchte,

als hätten mich meine Rückschritte bis zur Schwelle irgendeiner Kirche oder gar in ihren Schoß geführt. Nun, meine religiösen Überzeugungen und Ansichten sind frei geblieben von jeder Kirchlichkeit.“ (VI 184)

Mit dieser neuen Haltung gegenüber der Religion setzt Heine also auf eine neue dialogische Beziehung zwischen Religion und Philosophie jenseits des Reduktionismus des orthodoxen Glaubens und des atheistischen Wissens und damit auf eine Entkoppelung des modernen Kanons mit seiner eschatologischen Aufhebung der Religion. Darüber hinaus geht es ihm auch schon um eine Entkanonisierung bzw. Enteschatologisierung der Beziehungen zwischen Judentum und Christentum, in der das letztere die totale Aufhebung des ersteren voraussetzt. Beide eschatologische Aufhebungen werden bei Heine durch eine dialogische Relation ersetzt, die er gegen alle Reduktionen von Religion und Philosophie, Judentum und Christentum in einer neuen, nicht mehr eschatologisch eindimensionalen Funktion gleichsam dialogisch re-kanonisiert. Deswegen betont Heine die Tatsache, dass sein Glauben nicht im Rahmen der institutionalisierten Religionen stattfinden kann, die sich im Kontext der klassischen kanonischen Bedingungen des Alten und Neuen Testaments abspielen, denen zufolge das Judentum das Christentum in einer Art orthodoxem Widerstand als Nachfolgereligion ablehnt, wie das Christentum auf der eschatologischen Aufhebung des Judentums besteht.

Heines Glaube auf Grundlage der Freiheit des Einzelnen gewinnt damit einerseits an der protestantischen Theologie das Ideal der Freiheit des Glaubens, der die Vermittlung aller Autorität ausschlägt und sich allein auf die Schrift beruft, um mit diesen lutheranischen Prinzipien (*sola fide* und *sola scriptura*) andererseits zu einer neuen Grundlegung des Glaubens in Moses' Werk der politischen Befreiung der hebräischen Sklaven durch das Gesetz zu finden, das Luther gerade im Glauben zu überwinden meinte.

Heines Glaube an den persönlichen Gott entfaltet so in Ansätzen eine Theologie, die die gesamte Bibel mit beiden Testamenten jenseits der klassischen kanonischen Bedingungen aus der Perspektive einer dialogischen Relation adoptiert, die immer schon die existenzielle Freiheit auf der Grundlage einer anderen politischen Theologie zwischen Theologie und Philosophie voraussetzt. Mit dieser postkanonischen Relation erinnert Heine nicht nur an das Problem der Freiheit auf der existenziellen und politischen Ebene, sondern auch an die noch ausstehende Emanzipation der jüdischen Nation. Zudem wird Moses' Werk der Befreiung zu einer ironischen Kritik an allen Theologien der Restauration und Selbstunterwerfung unter die Mächte politischer Restauration – der „zweiten Sünde" der Moderne, wenn er Moses' Gesetz der Freilassung der Sklaven hier für den modernen Kontext aktualisiert. Steht das moderne eschatologische Subjekt für die „erste Sünde" der Moderne als ultimative Selbstermächtigung, die Gott beseitigt, so verwirft Heine eben nicht minder die „zweite Sünde" der Moderne, die mit der Rückkehr zur Theologie den Begriff der Sünde im Sinne einer Unterwerfung unter die Obrigkeit auffasst, um damit die Idee der selbstverantwortlichen Freiheit existenziell und politisch zu revidieren.

„Freiheit war immer des großen Emanzipators letzter Gedanke, und dieser atmet und flammt in allen seinen Gesetzen, die den Pauperismus betreffen. Die Sklaverei selbst haßte er über alle Massen, schier ingrimmig, aber auch diese Unmenschlichkeit konnte er nicht ganz vernichten, sie wurzelte noch zu sehr im Leben jener Urzeit, und er mußte sich drauf beschränken, das Schicksal der Sklaven gesetzlich zu mildern, den Loskauf zu erleichtern und die Dienstzeit zu beschränken. Wollte aber ein Sklave, den das Gesetz endlich befreite, durchaus nicht das Haus des Herrn verlassen, so befahl Moses, daß der unverbesserliche servile Lump mit dem Ohr an den Türpfosten des herrschaftlichen Hauses angenagelt würde, und nach dieser schimpflichen Ausstellung war er verdammt, auf Lebenszeit zu dienen. O Moses, unser Lehrer, Mosche Rabenu, hoher Bekämpfer der Knechtschaft, reiche mir Hammer und Nägel, damit ich unsre gemütlichen Sklaven in schwarzrotgoldner Livree mit ihren langen Ohren festnagle an das Brandenburger Tor.“ (VI 488)

2 Kierkegaard – Von der Freiheit des Glaubens zu einer Therapeutik der Existenz: der Gottmensch als Zeichen des Glaubens

Kierkegaards Denken kann tatsächlich als eine systematische Entfaltung derselben kritischen Einsichten bei Heine gelesen werden. Es ist gleichsam ein ausgeschriebener Kommentar zur Krise des Gottmenschen als Subjekt und der systematischen Reduktion der Theologie auf die Anthropologie mit ihren politisch-theologischen Varianten vom Reich Gottes auf Erden. Kierkegaard entfaltet seine Kritik an der modernen Kritik der Religion über Ästhetik, Philosophie und Theologie ähnlich wie Heine als eine Dekonstruktion des Gottmenschen mittels des von dieser reduktiven Moderne tabuisierten Begriffs der Sünde, die die Anschläge auf Gottes Existenz als Versuche zu einer Selbstvergottung des Subjekts deutet. (1) Dieser Rekurs auf die Sünde zielt – wie bei Heine – auf eine Neubegründung des Verhältnisses von Religion und Philosophie im Sinne eines kritischen Dialogs auf der Grundlage der Freiheit. (2) Wie Heines Dichtung nimmt Kierkegaards Denken dabei immer schon seinen Ausgangspunkt in der Ästhetik, der es um die Darstellung des Besonderen und der singularen Existenz geht, um so die Existenz vor ihrer Subsumption unter Begriff, Idee und System bzw. unter die von der Gesellschaft angebotenen Modelle des Selbst abzuheben. Wie Stirner entdeckt er dabei im Einzelnen, der sich gegen die Menschheit wendet, den ersten Ausgangspunkt einer radikalen Kritik des Subjekts. (3) Aber damit geht es Kierkegaard um die wahre verantwortungsvolle Freiheit des Selbst und den angemessenen Gebrauch seiner Freiheit im Angesicht der Mächte und Zwänge der Gesellschaft, aber vor allem auch gegen alle Versuche einer Selbstflucht, Selbstermächtigung und Verabsolutierung des Einzelnen als Pathologien des Selbst. (4) Wie bei Heine spielt die Ironie auch bei Kierkegaard eine zentrale Rolle für die Situierung der Existenz, die in jeder Objektivierung eine Verstellung ihrer Wahrheit erkennt, aber sich mit der fundamentalen Potenzialität zur Selbstverstellung auch schon in die Gefahrenzone des Selbstverlusts im Absoluten begibt. (5) Wenn Heine dabei vor allem die politisch theologische Problematik der Existenz aus der Perspektive der Aufklärung hervorhebt, konzentriert sich Kierkegaard auf die existenzielle Problematik und ihre Pathologien, um sein therapeutisches Projekt der Freiheit allerdings in letzter Instanz auch aus der Aufklärung, konkret: mit Lessings sokratischer Aufklärung zu legitimieren. (6)

Kierkegaards Denken kreist um die Rettung der Freiheit der Existenz, die er durch ihre philosophischen und sozialpolitischen Vereinnahmungen durch Begriff, Gesetz und Normalität – also den Begriff der Menschheit – als zutiefst gefährdet erkennt. Der Einzelne gegen das Gesetz der Menschheit: Das konkrete singulare Selbst kommt – wie bei Stirner – zunächst in einer ästhetischen (Selbst)Darstellung zur Sprache, die anders als die Logik, welche das Besondere unter ihren allgemeinen Begriff subsumiert und praktisch liquidiert, die einzelne Erscheinung gerade zu thematisieren vermag. „Selbstmord ist die einzige Existenzkonsequenz des reinen Denkens" stellt Kierkegaard fest und setzt damit, wie Heine, zunächst auf eine poetische bzw. narrative Sprache, die sich immer schon mit den Zwängen von Begriff und Idee der Menschheit auseinandersetzt und sich von diesen ironisch abzusetzen versucht. „Subjektivität mißt sich geradezu daran, welches Gewicht die Objektivität hat, die (sie) abwerfen muß."[3]

Der Einzelne ist dabei allerdings – schon ganz anders als bei Stirner – zunächst als Selbstbeziehung verstanden, die sich immer schon zu sich selbst, dem Anderen und seinem Seinsgrund in Gott verhält, wobei dieses Selbst seine Freiheit – vor allen sozialen und politischen Implikationen – tatsächlich als Last und Bedrohung erfährt. Es kann sich durch kein Wissen und keine Praxis vor den Unsicherheiten und Risiken der eigenen Entscheidungen absichern, sondern steht vor jeder Wahl des Lebens ganz allein und einsam und erfährt sich in seiner fundamentalen existenziellen Endlichkeit und Anfälligkeit. Seine Freiheit eröffnet sich unmittelbar in der Angst, so dass es tendenziell vorzieht, dieser Freiheit auszuweichen und sich an den *Readymades* und Modellen der sozial verbürgten Normalität und anerkannten Objektivität der Menschheit des Menschen zu orientieren bzw. sich ihnen anzupassen oder zu unterwerfen. Mit dieser existenziellen Situation stellt Kierkegaard allerdings von vornherein klar, dass die Philosophie, selbst wenn sie eine Logik des Subjekts und seiner Freiheit entwirft, dem Selbst keine Hilfe anbieten kann, eben weil die konkrete Entscheidung immer schon alles Wissen und alle Garantien für ihr Resultat überschreitet. Das versetzt das Selbst in Angst, durch die es aber nicht nur zu einer Flucht in die Konstruktionen der allgemeinen Menschheit und Menschlichkeit als Normalität, Objektivität und Tradition tendiert, sondern sich selbst als singulares Selbst potenziell aufgibt!

Kierkegaards Diagnose, dass das Selbst also eigentlich kein Selbst sein will und sich lieber als anderes objektives, konfliktloses Selbst verstellt, dem damit die Angst und die damit verbundene Sorge um das Selbst erspart bleibt, weist das Selbst in einer fundamentalen, tatsächlich unfreiwilligen Ironie aus. Es ist nicht, was es scheint, es verbirgt seine Wahrheit hinter einer objektiven Verstellung und Maske, eben weil es mit der Freiheit die Last seines Selbsts nicht erträgt, bzw. an sich selbst zweifelt bzw. tatsächlich immer schon ver-zweifelt ist.

Damit berührt Kierkegaard den neuralgischen Punkt der gesamten Philosophie des Subjekts und seiner fundamentalen Ironie, die mit Descartes einsetzt, aber in Hegels absolutem Idealismus von Freiheit und Subjekt gipfelt. Dieses sucht über den methodischen Zweifel an allen Gegebenheiten gerade eine zuverlässige Grundlage in sich selbst als dem denkenden Subjekt, das gerade, auch wenn es zweifelt, selbst doch unbedingt „sein", also über ein unbezweifelbares Selbst verfügen muss. Aber dieses absolute Selbst, die denkende Substanz bzw. das seiner selbst gewisse Subjekt, entspricht einem allgemeinen Sein der Menschheit, das gerade von allen realen individuellen Eigenschaften des konkreten Daseins absieht und so – aus der existenziellen Perspektive – nur ein Symptom eben der Flucht vor der Freiheit und dem eigenen Selbstsein bezeichnen kann. Der Zweifel, den das Selbst an sich selbst als konkrete Existenz ausübt, ist so schon Ausdruck einer fundamentalen Verzweiflung an sich selbst und grundlegender als jeder Zweifel an der objektiven Gewissheit. „Zweifel ist die Verzweiflung des Gedankens, Verzweiflung ist Zweifel der Persönlichkeit.“[4] Die moderne Philosophie, die sich aus eben dem Begriff des Subjekts herleitet, erscheint so in einer unfreiwilligen existenziellen Ironie, die sich als fundamentaler Widerspruch ihres systematischen Anspruchs erweist: Geht es ihr um die Begründung der Freiheit, so verhindert sie diese durch ihre systematisch-logische Konstruktion als notwendiges und seiner selbst absolut gewisses Sein. Es gilt: Die notwendige Logik des Systems der Freiheit ist die Negation der Freiheit der Existenz.

Damit gelangt Kierkegaard zum eigentlichen Problem der Selbstbeziehung, insofern das Selbst nicht nur seiner Freiheit ausweicht, ein anderer sein und nicht wirklich es selbst sein will, sondern eben damit zeigt, dass es sich selbst in letzter Instanz nicht lieben kann, dass also sein eigentliches Problem die Selbstliebe darstellt, nicht die Selbstgewissheit des Denkens: Das Selbst (ver)zweifelt immer schon an sich selbst, weil es keine positive Beziehung zu sich selbst entfalten, sich nicht lieben kann. Gegen den dominanten Ton der junghegelianischen Philosophie – zumal bei Feuerbach –, die das Subjekt gegen seine theologischen Denunziationen als Sünder gerade als das selbstbewusste Selbst und damit als Selbstliebe bestimmt, die die entfremdete Liebe Gottes auf das Selbst reduziert und diese sich als entäußertes Gut und Eigentum aneignen soll, erkennt Kierkegaard im Kern der Existenz das Problem einer zutiefst gebrochenen Selbstbeziehung und Unfähigkeit zur Selbstliebe. Wegen dieser gebrochenen Beziehung sucht das Selbst nicht nur Zuflucht bei dem allgemein definierten Subjekt der Menschheit und der sozialen Normalität, sondern vor allem bei Konstellationen der Selbstmacht bzw. einer souveränen Selbstgewissheit,[5] mit denen es die tiefsitzende Wunde seiner Ichschwäche zu kompensieren versucht.

Kierkegaard hat tatsächlich eine systematische Phänomenologie dieser Verzweiflung aus therapeutischer Perspektive angelegt, in der sie als einseitige Störung des Gleichgewichts zwischen Wirklichkeit und Möglichkeit, bzw. Endlichkeit und Unendlichkeit im Gebrauch der Freiheit des Selbst bestimmt wird. Damit benennt er auch bereits die extremen Pole der Selbstflucht, mit denen das Selbst die konkrete Freiheit immer schon durch seine Verabsolutierung als allgemeine Form von Menschheit, Macht, Potenz und Souveränität – durch eine Selbstermächtigung zu entsorgen versucht: entweder als absolute Wirklichkeit oder als absolute Möglichkeit des Selbstseins. Wenn die konkrete Existenz immer schon ein Gleichgewicht zwischen ihrer wirklichen Situation und dem Horizont ihrer Möglichkeiten, also ihrer endlichen Faktizität und dem gleichsam un-endlichen Horizont der Zukunft, herzustellen sucht, ohne sich auf ein festes Wissen stützen zu können, radikalisiert das Selbst auf seiner Selbstflucht vor der Angst seinen Anspruch auf Sicherheit und Macht, indem es sich entweder als absolute Wirklichkeit oder absolute Möglichkeit setzt.

Hegels System ist Ausdruck der absoluten Wirklichkeit, die das Subjekt als Freiheit im System des Selbstbewusstseins verabsolutiert. Es bezeichnet den Höhepunkt der mit Descartes einsetzenden Tendenz der modernen Philosophie, insofern es diese Tendenz im objektiven Begriff des Subjekts als Gottmensch und Synthese von Theologie und Philosophie zum notwendigen Abschluss bringt. Als System des Geistes besiegelt und beschließt das Subjekt die notwendige begriffliche Struktur des Seins und der Geschichte in der vollendeten Wirklichkeit des Gottmenschen, der sich im absoluten Selbstbewusstsein des Subjekts als Mensch und Menschheit verwirklicht.

Während die systematische Philosophie Möglichkeit und Unendlichkeit des Subjekts in der absoluten Totalität des Gottmenschen ein- und verschließt und so die Freiheit unmöglich macht, befindet sich das Subjekt der philosophisch begründeten Ästhetik, die immerhin bei Kierkegaard als Ausgangspunkt für seine Philosophie der Freiheit dient, in der umgekehrten

Gefahr: anstatt das Selbst in einem systematischen Begriff der Wirklichkeit zu „entselbsten", überlässt sie die begrifflich offene und unbestimmte Subjektivität des Selbst gerade der unendlichen Potenzialität seines Seins. Das Selbst wähnt sich als absolute Macht, wenn es über unendlich viele Möglichkeiten verfügt und jederzeit von vorne anfangen kann, um eben mit dieser Illusion stets vor der konkreten Entscheidung und der Verendlichung des Selbst auszuweichen, insofern diese das Selbst bestimmen und auf seine Endlichkeit festlegen und „unfrei" machen würde. Kierkegaard nennt Don Juan und Nero als Beispiele für eine solche Flucht in die Selbstermächtigung als absolute Möglichkeit, mit der sich das Selbst faktisch aber in sich und vor sich selbst verschließt und seine Freiheit verliert, wodurch das Gefühl der Macht sich tatsächlich in Ohnmacht, Melancholie, Verzweiflung und Wahnsinn verkehrt. Kierkegaard meint aber mit dieser Selbstironisierung, die sich auf kein konkretes Selbst festlegen will, auch und gerade die eigene Existenz als Ästhetiker und genialer Autor, der sich in die unendlich vielen Masken und Charaktere seiner Helden versetzen kann und damit die eigene Existenz stets in der Dichtung und Imagination und nicht als sein wahres Sein lebt. Er beschreibt diese imaginäre Version des Existierens an anderer Stelle als Pathologie des absolut ästhetischen Subjekts mit der Figur des Nero, die Stirner nicht zufällig zum heroischen Helden seiner Existenz als „Eigner" der Selbstermächtigung des Ichs erhebt, weil er in seiner Person eben genau das Prinzip des Ästhetischen und des Erotischen mit dem der vollkommenen Macht verbindet. Es ist tatsächlich das Portrait des modernen Diktators, der sich mit seiner vermeintlich unbegrenzten Macht in sich selbst verstrickt und damit zur Unfreiheit, ja zum Wahnsinn verdammt ist und die eigene Ohnmacht mit der Herrschaft über die anderen Menschen kompensieren muss.

> „Ich denke mir also den kaiserlichen Wüstling. Nicht bloß, wenn er den Thron besteigt, wenn er zur Ratsversammlung geht, folgen ihm seine Liktoren; sie müssen ihm auch den

Weg für seinen Raubzug bahnen, wenn er auszieht, seine Lüste zu befriedigen. Ich denke ihn mir etwas älter: seine Jugend ist vorbei, der leichte Sinn ist ihm gewichen, er ist vertraut mit jeder denkbaren Lust, ist ihrer satt. Aber dieses Leben hat doch seine Seele gereift; und doch ist er, so gründlich er sich ausgelebt hat, so gut er sich auf die Welt versteht, noch ein junger Mensch. Der Geist kann in ihm nicht durchbrechen und drängt doch auf einen Durchbruch hin, denn er verlangt eine höhere Form des Daseins. Soll er aber zu dieser durchbrechen, so muß ein Augenblick kommen, da der Glanz des Thrones und der kaiserlichen Macht erbleicht; und das auszuhalten, dazu hat Nero nicht den Mut. So greift er wieder nach der Lust, alle Klugheit der Welt muß ihm neue Lüste ausdenken, denn nur die Aufregung der Lust betäubt seine Unruhe, aber wenn sie vorbei ist, sinkt er ermattet nieder. Immer will der Geist durchbrechen und nie kommt er zum Durchbruch. Um die höhere Existenz, nach der er verlangt, wird er immer wieder betrogen und abgefunden mit einem Genuß, der ihn wohl aufregt, aber nicht befriedigt. Da zieht sich der Geist in ihm wie eine düstere Wolke zusammen, sein Zorn lastet auf Neros Seele und erzeugt eine Angst, die auch im Augenblicke des Genußes nicht weicht. Sieh, darum ist sein Auge so finster, daß niemand ihm begegnen mag, darum sein Blick so flackernd, daß er Angst einflößt, hinter dem Auge brütet die dunkle Seele. Man nennt diesen Blick ‚kaiserlich', und die ganze Welt erbebt vor ihm; aber sein Geheimnis ist die Angst. […] Nero ist nicht er selbst, ist unfrei in sich selbst, ist wie besessen; darum ist es, als ob jeder Blick ihn gleichsam bannen wolle. Daher diese Angst vor den Menschen, die Nero mit jeder Persönlichkeit seiner Art gemein hat: Ruhe hat Nero nur, wenn die Welt vor ihm erzittert."[6]

Kierkegaard beschreibt hier, wie die Selbstflucht sich in den Anspruch auf absolute Freiheit und damit notwendig in Unfreiheit verkehrt, aber auch, als hätte er Stirners Einzelnen der souveränen Macht mit seiner Verehrung für Nero im Visier, wie die Pathologie des Anspruchs auf unbeschränkte Macht und Lust sich notwendig in Leiden, Melancholie und Wahnsinn verkehren muss, die dieses Ich nur dadurch kompensieren kann, dass es die Anderen leiden macht und über sie eine Schreckensherrschaft errichtet. Mensch und Menschheit treten sich hier in der höchsten Selbstentfremdung gegenüber, weil das individuelle Selbst sich in seiner Angst vor der Freiheit in sich selbst verschließt und sich selbst als endliches Selbst der Freiheit zu einem absoluten Ich der Macht über die Menschheit überhöht und faktisch aufgibt. Die Herrschaft ist damit nichts anderes als Symptom der inneren Unfreiheit, Gefangenschaft im eigenen Selbst und der Unfähigkeit, sich auf die endlichen Bedingungen und Beziehungen seiner Freiheit einzulassen, zuletzt: sich selbst überhaupt erst anzunehmen und zu lieben.

Kierkegaard stellt die tragische Ironie dieser beiden Formen der absoluten Subjektivität, deren Anspruch auf Freiheit sich in Unfreiheit verkehrt, zunächst als kognitive Fehlleistungen dar. Beide Formen der Verabsolutierung des Selbst gehorchen einer synthetischen Logik, die das Entweder–Oder der konkreten und endlichen Freiheit immer schon suspendiert hat. Wo das Subjekt Hegels das Selbstbewusstsein der Identität von Subjekt und Objekt als Realisierung der Freiheit bezeichnet, die in einer Totalität ohne Zukunft – als Ende der Geschichte – sich verschließt, verfügt das ästhetische Subjekt zwar über einen absoluten Horizont der Möglichkeiten und der Zukunft, ohne dass es diese durch eine Entscheidung aktualisieren kann. Der kritische Philosoph, wie ihn Kierkegaard mit dem sokratischen Skeptiker und Ironiker identifiziert, deckt das Missverständnis auf, das die Freiheit durch ein absolutes Wissen absichern will, und erinnert an die konkreten endlichen Voraussetzungen der Freiheit, die sich über das Wissen hinwegsetzen muss, um sich entscheiden und eine wahrhaftige Selbstbeziehung herstellen zu können. Der sokratische Philosoph entlarvt den Widerspruch zwischen Wissen und Schein und die aus dem Anspruch auf absolutes Wissen folgende Täuschung für das Leben. Er zerstört mit dem Schein dieses Wissens als einer Einbildung die Illusion der praktischen Allmacht des Selbst, um die konkrete und endliche Freiheit der Existenz zu retten: als Freiheit und Wahrhaftigkeit des Selbst.

Neben der philosophischen Kritik – der sokratischen Dekonstruktion der Selbstermächtigung des Subjekts als falsches Bewusstsein – erkennt aber der Theologe Kierkegaard in dieser Fehlleistung das eigentliche Problem des Willens des Selbst, das in der Angst vor der Freiheit zurückschreckt, und sich tatsächlich weigert, die endlichen Bedingungen seiner kreatürlichen Existenz anzunehmen. Deswegen versucht es, sich über die kreatürliche Schöpfung als absoluter Schöpfer und Ursprung seiner selbst hinwegzusetzen, also in letzter Instanz selbst Gott zu sein. Das Selbst, so die fundamentaltherapeutische Diagnose Kierkegaards, will nicht nur nicht es selbst sein, in eine andere fertige Form des Ichs flüchten, es will absolut sein, sich als Gott setzen und damit Gott selbst beseitigen. Theologisch bezeichnen die hegelianische und die ästhetische Reduktion der Theologie auf Philosophie, des Gottmenschen auf das absolute Subjekt und den utopischen Menschen das Werk der Sünde, den bösen Willen, Gott zu sein, der mit der Selbstvergottung aber auch schon den Fall dieses „menschlichen Gottes" bewirkt. Wie Heine illustriert Kierkegaard den Fall des absoluten Gottmenschen am Beispiel der alttestamentarischen Figur des babylonischen Königs Nebukadnezar, wie er im Buch Daniel beschrieben wird:

> „Erinnerungen aus meinem Leben, da ich ein Tier auf dem Felde war, und Gräser fraß, ich Nebukadnezar, an alle Völker und Zungen.
> War nicht Babel die große Stadt, die größte unter allen Städten der Völker, ich, ich Nebukadnezar habe sie erbaut.

> Keine Stadt ist Babel gleich gewesen an Ruhm, und kein König ist gewesen, wie ich es ward durch Babel, meiner Ehre Herrlichkeit.
>
> […]
>
> Und es kam zu mir das Wort, ich solle verwandelt werden und sein wie ein Tier, welches die Gräser auf dem Felde frißt, bis daß sieben Zeiten im Wechsel hingegangen seien über mich.
>
> […]
>
> Da plötzlich ward eine Stimme vernommen, und ich ward verwandelt, geschwinde, so wie ein Weib die Farbe wechselt.
>
> […]
>
> Und ich dachte: wer ist dieser Gewaltige, der Herr, Herr, dessen Weisheit ist wie der Nacht Finsternis und wie des Meeres Tiefe, unergründlich."[7]

Wie bei Heine steht Nebukadnezar auch hier für den Aufstand und die Selbstermächtigung des souveränen Subjekts, des allmächtigen Königs und Gottmenschen gegen Gott, der diesen König zu Fall bringt, indem er ihn den Verlust seiner Freiheit und Menschlichkeit in der Gefangenschaft des eigenen Selbst durchleben lässt und zu der Anerkennung Gottes als des wahren Schöpfers und Grundes seines Seins im Glauben führt. Damit aber erkennt Kierkegaard in dem absoluten Gottmenschen der Sünde des Gottesaufstandes die eigentliche Unfähigkeit des Selbst, das sich selbst in der Liebe anzunehmen und diese Unfähigkeit durch den Anspruch auf absolute Macht zu kompensieren sucht. Bevor dieses souveräne Selbst in Reue und Buße auf seine Macht verzichtet, die Einbildung der absoluten Selbstmacht opfert, bevor es in seiner Verzweiflung an sich selbst um Hilfe bittet, besteht es lieber auf seiner Selbstmacht und verschließt sich in seiner Gefangenschaft in sich selbst – und damit vor und gegen Gott. Das Selbst verkehrt sich so zuletzt selbst zu dem Dämon und Satan, der Gott nunmehr anklagt, verwirft und schließlich für ein unmögliches Wesen erklärt. Der Gottmensch wird zum Übermenschen und Antichrist, zum Meister des Nichts und Nihilismus, der Gottes Tod verkündet.

> „Je mehr Bewußtsein aber in einem so Leidenden ist, der verzweifelt er selbst sein will, desto mehr potenziert sich auch die Verzweiflung und das Dämonische. […] Ein Selbst, das verzweifelt es selbst sein will, windet sich vor Schmerzen in der einen oder anderen Pein, die sich nun einmal von einem konkreten Selbst nicht wegnehmen oder abscheiden läßt. Gerade auf diese Qual wirft er seine ganze Leidenschaft, die zuletzt ein dämonisches Rasen wird; und wenn es auch geschähe, daß Gott im Himmel und alle Engel ihm anböten, ihm daraus zu helfen, nein, nun will er nicht, nun ist es zu spät […] nun will er lieber gegen alles rasen …“[8]

Erst mit einem radikalen Akt des Verzichts und des Opfers (der Selbsteinbildung als Allmacht), der Einsicht in die Sünde, kann das Selbst zum Glauben finden, mit dem es sich für sich selbst und den Anderen gegenüber öffnen und vor allem: Gott wirklich ihn selbst sein lassen kann. An den pathologischen Idolatrien der Selbstermächtigung zeigt sich allerdings immer schon *ex negativo*, dass das Selbst als Selbstbezug und Bezug zum Anderen immer schon auf das Absolute bezogen ist. Der Selbstbezug gründet also im Absoluten, das das Selbst in seiner Flucht zur Macht als seinen eigenen Grund in Besitz zu nehmen versucht und damit verstellt, entstellt oder verleugnet, auf jeden Fall notwendig verfehlt. „Dasein ist an sich theologisch“. Mit dem Verzicht auf diese Selbstverschließung, die sich nicht nur vor sich selbst, sondern immer auch schon vor dem Anderen verschließt, kann das Selbst erst eigentlich es selbst sein, weil es nunmehr das Absolute „loslassen“ kann, also Gott Gott „sein lässt“, der den Menschen von seiner Verzweiflung, Selbstversessenheit und Gefangenschaft in sich selbst durch eben die Liebe befreit, die ihn von der Sünde der Selbstverweigerung und der Liebesverweigerung erlöst.

Damit aber wird die göttliche *Kenosis* zuletzt in ihrer ursprünglich theologischen Bedeutung zu der eigentlichen Gegenbewegung, die die Reduktionen der junghegelianischen Revolutionäre umkehrt und sie als Bedingung der Befreiung der Freiheit des sich verendlichenden Selbst auf den Kopf stellt: wo der Mensch Gott sein und deswegen Gott in seine menschlichen Voraussetzungen als Selbstbewusstsein auflösen wollte, steht nun Gott selbst am Ursprung des Seins, der sich in der Schöpfung als Gottmensch seiner Göttlichkeit aus Liebe begibt und offenbart, um den Menschen aus Liebe von dieser Sünde der Selbstvergottung zu dienen und zu erlösen. Kierkegaards Denken gipfelt in der ultimativen theologischen „Ironie", dass der Mensch Gott und absolute Macht sein will und sich nicht vorstellen kann, dass Gott selbst aus Liebe zum Menschen seine Macht aufgibt und eben Mensch werden will, um ihn von seiner Sünde und Krankheit zu heilen, Gott sein zu wollen. Dass Gott sich selbst im Gottmenschen seiner Macht aus Liebe begibt, das erscheint dem nach Macht dürstenden Selbst, das sich Gott nur als absolute Macht vorstellen kann, als das Absurdum schlechthin, als Skandal des Glaubens, der alle Vernunft überschreitet und deswegen einen Sprung des Glaubens erfordert, mit dem das Selbst die eigene selbstversessene Vernunft hinter sich und Gott seinen Schöpfer sein lässt.

> „Und nun das Christentum! Das Christentum lehrt, daß dieser einzelne Mensch, und so jeder einzelne Mensch, was er im Übrigen auch sein mag, Mann, Frau, Dienstmädchen, Minister, Kaufmann, Barbier, Student usw., daß dieser einzelne Mensch vor Gott da ist […] – dieser Mensch ist vor Gott da, kann mit Gott reden, jeden Augenblick, den er will, dessen sicher, von ihm gehört zu werden, kurz, diesem Menschen wird es angeboten, auf dem vertrautesten Fuß mit Gott zu leben! Weiter, auch um dieses Menschen Schuld willen kommt Gott zur Welt, läßt sich gebären, leidet, stirbt; und dieser leidende

> Gott bittet und fleht nahezu diesen Menschen an, doch die Hilfe entgegenzunehmen, die ihm angeboten wird! Wahrlich, wenn es etwas gibt, worüber man den Verstand verlieren kann, dann doch wohl dies!"[9]

Tatsächlich wird die göttliche *Kenosis*, mit der Gott sich als Mensch offenbart und zugleich als Gott verbirgt, zum Modell der menschlichen Umkehr und Befreiung des Selbst der vermeintlichen souveränen Macht zu sich selbst, mit der der Autor Kierkegaard das Spiel mit literarischen Masken in eine therapeutische Strategie übersetzt hat, über die er mit dem Anderen vor allem sich selbst heilen will. Um die Bürger Kopenhagens, die vorgeben, Christen zu sein, aber faktisch in bürgerlich ästhetischen Kategorien leben, aus dieser unfreiwillig ironischen Situation zu befreien, bedient sich der Autor Kierkegaard, folgt man seinem späten Geständnis, seiner verschiedenen ästhetischen Pseudonyme und ironischen Masken, um den Leser auf diesen ironischen Widerspruch hinzuweisen, d.h. ihn mit gelungenen ästhetischen Darstellungen für sich zu gewinnen, die ihn aber auf die eigentliche theologische Grundlage seiner Existenz vorbereiten sollen, wie Kierkegaard über diese Maskierungen sein eigenes Existenzproblem als Autor, der sich selbst in der ästhetischen Selbstkonstruktion zu verlieren droht, gleichsam therapeutisch behandelt.[10]

Die Theologie wird so zum Pendant der philosophischen Kritik der junghegelianischen Kritik der Theologie, sie transformiert das absolute Selbstbewusstsein, das sich als Identität von Subjekt und Objekt zu wissen meint, zurück in eine Selbstbeziehung vor Gott, mit der das Selbst in seiner Freiheit erst wirklich es selbst werden und sich selbst wie den Nächsten in Liebe annehmen kann, und d.h. in der konkreten Entscheidung nicht mehr vor seiner Freiheit ausweicht. Damit setzt jede konkrete Wahl des Selbst zwischen Möglichkeit a oder b immer schon voraus,

1.) dass das Selbst sich als Selbst der Freiheit wählt, und das heißt,

2.) dass es mit dieser Wahl seine Endlichkeit bejaht, und also
3.) Gott als den unendlichen Schöpfer, der das Selbst in Freiheit und als Freiheit schafft, und das Selbst sich selbst als ein von Gott geschaffenes bzw. gegebenes Selbst annimmt.
4.) Gegen alle Versuche, sich selbst absolut und als Anfang zu setzen, übernimmt sich das endliche Selbst nicht nur als Freiheit für die Zukunft, sondern eben mit dieser auch seine Vergangenheit und mit dieser die Vergehen und Verfehlungen gegenüber den Anderen und sich selbst in dieser Vergangenheit. Über Reue und Buße übernimmt es sich selbst als der konkrete zeitliche Mensch in allen seinen Beziehungen zu den Anderen, also zur „Menschheit" im Geist einer dialogischen Versöhnung.
5.) Wenn das Selbst sich so in seiner Faktizität und Zeitlichkeit annimmt, erfährt es die Liebe Gottes als Bedingung der nun möglichen Liebe zu sich selbst und der Nächstenliebe.

Mit dieser existenziellen Reduktion von Freiheit und Liebe als Gegenstrategie zur Politik des Gottmenschen und seine absolute Transposition in den beiden Körpern des Menschen bzw. der Menschheit wird die Reduktion der Theologie auf Philosophie in eine dialogische Relation umgeschrieben, in der die sokratische Philosophie und die christliche Theologie sich gemeinsam gegen alle Formen einer Verabsolutierung der Vernunft bzw. des Glaubens wenden (1), um einander in einer kritischen Solidarität zu ergänzen: Wo der Sokratiker von dem vernünftigen Selbst eine konsequente Lebensart und Wahrhaftigkeit erwartet, die jeweils tut, was sie als ihre Wahrheit verstanden hat, vergisst der Christ nicht daran zu erinnern, dass das Selbst als Sünder eben einer solchen Konsequenz nicht immer fähig und tatsächlich imstande ist, das Gegenteil von dem zu tun, was es als seine Wahrheit begriffen hat. (2) Dieser Dialog stiftet mit diesen korrelierenden Versionen des existenziellen Gebrauchs der Vernunft also ein neues Verhältnis zwischen Vernunft und Glauben, das Heine vor allem im Nachwort zum *Romanzero* als die eigentliche Zukunftsperspektive für eine andere Politik beschrieben hat.

Damit ermöglicht die im Glauben angenommene *Kenosis* nicht nur eine Dekonstruktion des modernen Kanons von Judentum, Christentum und philosophischer Moderne hinsichtlich eines posteschatologischen Verhältnisses von Theologie und Philosophie, sondern auch eine andere, posteschatologische Beziehung zwischen Judentum und Christentum, denn die Perspektive auf den Glauben als Absurdum begründet Kierkegaard an den beiden zentralen Urszenen der Testamente. Während die *Kenosis* und Menschwerdung Gottes das eigentlich absurde Ereignis des christlichen Glaubens, des Glaubens an den Gottmenschen als Zeichen, bezeichnet, steht Abrahams Bindung seines Sohnes Isaak, die *Akeda*, für die an sich unglaubliche, mithin absurde Urszene des jüdischen Glaubens im Alten Testament.[11] Tatsächlich überschreitet Abraham mit seinem Gehorsam gegen Gott, seiner Bereitschaft, seinen Sohn Isaak zu opfern, das Gebot der ethischen Vernunft, das in diesem Ereignis – wie Kierkegaard erklärt: „teleologisch suspendiert" wird. „Aber wenn nun das Ethische auf diese Weise teleologisch suspendiert ist, wie existiert dann der Einzelne, in welchem es suspendiert ist? Er existiert als der Einzelne im Gegensatz zum Allgemeinen. Sündigt er dann? Denn dies ist die Form der Sünde […] Auf welche Weise existierte dann Abraham? Er glaubte. Dies ist das Paradox, durch welches er an der Spitze bleibt, welches er nicht deutlich machen konnte für irgendeinen anderen; denn das Paradox ist, daß sich der Einzelne in ein absolutes Verhältnis zum Absoluten setzt."[12] Über den absoluten Verzicht und das ultimative Opfer, das Abraham zuletzt eben nicht durchführen muss, erhält er das Geschenk einer ganz neuen Beziehung zu den Menschen und sich selbst – im Licht des Glaubens an den unsichtbaren Gott: eine Erneuerung der Liebe.

Wir haben oben gesehen, wie diese Konstellation des Einzelnen vor Gott bei Abraham christlich in der Konstellation des Gottmenschen ihren zentralen Ausdruck findet, der sich in der *Kenosis* für die Menschen im Akt der Liebe opfert. Wo Abraham seinen Sohn „bindet", um ihn Gott zu opfern, da hat

Christus als Sohn Gottes „dadurch, dass er sich gebären ließ, [sich] ein für allemal selbst gebunden." (11) Abraham und Christus sind so Zeichen für einen Glauben der Freiheit (1). Sie stehen für eine reine existenzielle Korrelation zwischen dem einzelnen Menschen und dem ganz transzendenten Gott (2), wie diese Beziehung auf keine Vernunft bzw. Philosophie reduziert werden kann (3).

Damit entwirft der Theologe Kierkegaard zuletzt eine theologische „Semiotik", die den Gottmenschen Christus als ein Zeichen des Widerspruchs definiert. „Und nun der Gottmensch. Er ist Gott, wählt aber dieser einzelne Mensch zu werden. Dies ist [...] das tiefste Incognito oder die undurchdringlichste Unkenntlichkeit, denn der Widerspruch zwischen ‚Gottsein' und ‚ein einzelner Mensch sein' ist der größtmögliche, der unendlich qualitative." Fassen wir den Sinn dieser Zeichenlehre des Widerspruchs im Kontext der junghegelianischen Philosophie des Gottmenschen kurz zusammen.

1) Zunächst steht diese ontologische Unvereinbarkeit zwischen Gott und Mensch im radikalen Widerspruch zu allen modernen Versuchen, – Kierkegaard nennt diese „Einbildungen" –, den Gottmenschen in eine Lehre, ein System oder eine Eschatologie der realen Identität umzuformen. „Man hat den Gottmenschen dozierend zu jener spekulativen Einheit von Gott und Mensch [...] gemacht oder in dem nirgendsseienden Medium des reinen Seins erscheinen lassen, da doch der Gottmensch als Einheit vom Gottsein und einem einzelnen Menschen in historisch-wirklicher Situation ist."[13] Der Gottmensch als ideale Identität zielt also immer schon auf die reale Differenz zwischen dem Menschen und Gott und damit die Befreiung Gottes von allen Humanisierungen und die Befreiung des Menschen von allen Idolatrien und totalitären Absolutismen. Der Gottmensch wird so zum Ausgangspunkt einer Kritischen Theologie der Freiheit der Existenz.

2) Das Zeichen des Widerspruchs stellt damit die Logik der politischen Eschatologien auf den Kopf. Wo diese auf eine Selbstermächtigung des Subjekts in einer Apotheose zielen,

in der der Mensch sich in seiner Freiheit vergöttlicht, zielt der Gottmensch auf die radikale Gegenbewegung in der *Kenosis*: die Selbstentleerung Gottes von seiner Macht und seine Selbstaufopferung als Mensch für den Menschen – aus Liebe.

3) Damit bezeichnet der Gottmensch die wahre Befreiung des Menschen von seiner Urtendenz der Sünde, sich selbst durch Macht von aller Sünde zu befreien, um dem eschatologischen Feind zum Träger aller Schuld am Misslingen der eigenen Befreiung zu erheben. Der Gottmensch steht für die absolute Liebe und Versöhnung, mit der das Selbst sich erst selbst in seiner Tendenz zur Sünde und Endlichkeit annehmen und sich zu seiner wahren Freiheit befreien kann. Indem das Selbst nunmehr Gott Gott sein lassen kann, bedarf es auch keiner Surrogate Gottes in der Menschheit, Gesellschaft, im Staat, mit denen es vor sich selbst in das allgemeine Subjekt oder die souveräne Selbstmacht ausweicht. Der Glaube des Einzelnen an den persönlichen Gott stiftet die Urbeziehung und Korrelation als Bedingung der Beziehung zum Nächsten.

4) So wird der Gottmensch zum absoluten Vorbild und Aufruf zu einer Praxis der Liebe, wie sie Gott in seiner absoluten Hingabe bis zum Tod am Kreuz symbolisiert. Nur Christus ist das Zeichen des Absoluten, d.h. der absoluten Liebe und Versöhnung, seine Liebe ist des Gesetzes Erfüllung. Als solche duldet sie keine Verzögerung und keinen Aufschub: „Ja, er war die Liebe, und seine Liebe war des Gesetzes Erfüllung. Niemand konnte ihn einer Sünde zeihen, auch das Gesetz nicht. […] Alles war in ihm Wahrheit; es war in seiner Liebe nicht eines Augenblicks, eines Gefühls, eines Vorsatzes Abstand zwischen der Forderung des Gesetzes und deren Erfüllung."[14] Diese absolute Liebe offenbart sich also in der unmittelbaren Handlung, in einem Handeln ohne Aufschub, das keiner Erklärung bedarf. „Christus war des Gesetzes Erfüllung […] denn er war die Erklärung und nur wenn die Erklärung ist, was sie erklärt, wenn der Erklärende das Erklärte ist, wenn die Erklärung die Verklärung ist, nur dann ist das Verhältnis das rechte."[15] Als vollkommene Liebe erinnert der Gott-

mensch stets an den Unterschied zwischen einer Liebe, die unmittelbar handelt, und unserem irdischen Leben, „das in Schwachheit steht", weil es „das Erklären und das Sein unterscheiden" muss. Eben dieser Unterschied offenbart sich an der menschlichen Ohnmacht, die „ein wesentlicher Ausdruck dafür" ist, „wie wir uns zu Gott verhalten."[16]

5) Wenn die Korrelation zwischen Selbst und Gott das Selbst von allen Pathologien der Selbstflucht, Selbstverstellung und Selbstermächtigung zu befreien vermag, so öffnet sie das Selbst für die Praxis der Liebe, die das Symbol des unsichtbaren Gottmenschen in die konkrete Sichtbarkeit der Realität übersetzt. De facto hat der Gottmensch als Ausdruck der Liebe überhaupt keinen Sinn, wenn er nicht in der alltäglichen Lebenspraxis des Selbst sich darstellt. Hier spricht Kierkegaard wie nur ein Linkshegelianer gegen die Einbildung, Luftgebilde und Schwärmerei des Selbst, das die konkrete Lebenspraxis mit einer theologischen bzw. utopischen Vorstellung verwechselt: „So muß man zuallererst alle eingebildeten und überspannten Vorstellungen von einer Traumwelt aufgeben, in welcher der Gegenstand der Liebe zu suchen und zu finden sei, d.h. man muß nüchtern werden, muß Wirklichkeit gewinnen, indem man die Welt der Wirklichkeit findet."[17] Die Liebe des unsichtbaren Gottmenschen muss sich in der Liebe des Selbst zum Nächsten darstellen, sonst bleibt sie eine leere Illusion, eine Fata Morgana. Nur über die Praxis kann das Selbst „zu sich selbst kommen" und „in der Wirklichkeit Fuß fassen." „Werde deshalb nüchtern; verstehe, dass der Fehler in deiner Vorstellung von der Liebe liegt."[18]

6) So wird die Praxis zum Ausgangspunkt einer Gemeinschaft der Freiheit und Gleichheit jenseits der politischen Machtverhältnisse und ihrer totalitären Tendenzen. Die ideale Gemeinschaft ist bei Kierkegaard wie nur bei den Anarchisten Gegenbild zum Staat, aber auch zur organisierten Kirche. Der Staat „ist der menschliche Egoismus in seinen großen Dimensionen". „Insoweit ist der Staat allerdings ein Schutz gegen den Egoismus – als er einen höheren Egoismus an den

Tag legt, der alle Egoismen beherrscht, so dass diese egoistisch verstehen müssen, dass es doch egoistisch das klügste ist, im Staate zu leben."[19]

Wie Heine fürchtet Kierkegaard das System einer politisch verordneten Gleichheit, die die Freiheit des Individuums den Machtansprüchen gemäß formatiert: „Aber in einer Volksregierung ist ja der Gleichgestellte der Herrschende. Ihn beschäftigt Derartiges, ob mein Bart ist wie der seine, ob ich zur selben Zeit wie er in den Tiergarten gehe, ob ich ganz so bin wie er und die anderen. Und wenn nicht, ja dann ist es ein Verbrechen, ein Staatsverbrechen."[20]

Anders als Heine hat Kierkegaard auf dem Hintergrund seiner radikalen Kritik des hegelianischen Staates und seiner eschatologischen Konsequenzen für eine radikale Politik der Gleichheit das eigentlich „Politische" ganz aus der Perspektive der existenziellen Idee der Freiheit gedacht und durch die religiöse Praxis der Liebe zu ersetzen versucht, die er – immerhin in der Tradition der Aufklärung Lessings – als Ziel der „Erziehung des Menschgeschlechts"[21] verstand, um damit zumindest implizit Lessings Idee einer praktisch - politischen Umsetzung des christlichen Liebesgebots zu adoptieren.

Auch wenn Kierkegaard sich dabei wiederholt explizit gegen das Judentum ausspricht, so hat er doch das Judentum mit seiner Auslegung von Abraham und der *Akeda* gegen seine eschatologischen Aufhebungen seitens des traditionellen Christentums aber auch seitens der politischen Eschatologien theologisch neu begründet, d.h. faktisch als gleichberechtigte Form des im Absurden gründenden Glaubens neben das Christentum gestellt: als Glauben der Freiheit. Wie das Christentum gründet das Judentum in einem absurden Glauben, in dem der Einzelne erst ganz zum Einzelnen wird, indem er die Grenzen der (praktischen) Vernunft durchbricht und zu Gott als Gott in eine intime Beziehung tritt. Tatsächlich erscheint die *Akeda*, die Kierkegaard in *Furcht und Zittern* entwickelt, als die erste dramatische Wiedererinnerung der unendlichen Differenz zwischen Mensch und Gott, mit der alle Konfigurationen der Identität von Gott und Subjekt destruiert werden. Das „hebräische Prinzip" der absoluten Transzendenz Gottes – bei Hegel, Feuerbach, Bauer und Stirner Indiz der absoluten Selbstentfremdung des Menschen –, wird bei Kierkegaard zur Bedingung der Möglichkeit einer posteschatologischen Beziehung, die das Judentum weder theologisch, noch säkularistisch durch das Christentum und die Moderne auflöst, sondern es – zumindest grundsätzlich – als gleichberechtigte Form des existenziellen Glaubens neben das Christentum stellt, nämlich als die absurde Bewegung des Glaubens, die der Einzelne als Freiheit im Angesicht Gottes vollzieht.

Diese existenziell begründete Theologie wird so zu der Gegenbewegung, die die (jung)hegelianische Logik von *Kairos*, Kanon und *Kenosis* auf Grundlage der göttlichen Transzendenz so dekonstruiert, dass Judentum, Christentum und Moderne in ein neues posteschatologisches Verhältnis treten können, das die drei Elemente dieser Kanonik in eine gleichberechtigte dialogische Beziehung transformiert. Wo Heine mit seiner späten Rückkehr zum persönlichen Gott zu einer analogen Kritik des reduktiven Verhältnisses von Theologie und Philosophie auf existenzieller Grundlage ausgeholt hat, um von hier aus diese theologische Beziehung in ein anderes politisches Verständnis der kanonischen Verhältnisse einzuschreiben, hat Kierkegaard diese Revolution vor allem auf der Grundlage einer therapeutisch orientierten Phänomenologie der Existenz vorgenommen, aber diese doch in einer von der eschatologischen Moderne im Ganzen übersehenen, anderen Version der Aufklärung vorgefunden, nämlich wieder bei Gotthold Ephraim Lessing. Nicht dessen grundlegende eschatologische Vision von dem Zeitalter der Aufklärung als das Reich Gottes und das dritte Reich des Heiligen Geistes, das auf das Reich des Vaters (Judentum) und des Sohnes (Christentum) eschatologisch folgen würde, wie er sie in der *Erziehung des Menschengeschlechts* entworfen hat, sondern sein Verständnis der Auseinandersetzung zwischen Theologie und Philosophie, zwischen Vernunft und Glauben, wie er dieses in der Auseinandersetzung mit dem orthodoxen Pastor Goetze polemisch geltend gemacht hat, sollte Kierkegaards eigene Deutung des Verhältnisses von sokratischer und christlicher Lebensweise, von Vernunft und Glaube zentral prägen und damit eine andere, postkanonische und posteschatologische Aufklärung vorbereiten.

Kierkegaard hat gegen jede systematische Integration und jede exklusive Delegitimation des Anderen an ein Modell dialogischer Aufklärung appelliert, das er tatsächlich an Lessings sokratischer Skepsis und situativ-ironischer Praxis der indirekten Kommunikation bewunderte und von ihm im Namen eines seiner pseudonymen Autoren, Johannes Climacus, adoptiert hat. Lessing hat das System der absoluten Identität von Sein und Dasein schon vor seiner eigentlichen Konstruktion durch die Idealisten demontiert, als er die Wahrheit dem Trieb zur Wahrheit gegenüberstellte. „Wenn Gott in seiner Rechten alle Wahrheit, und in seiner Linken den einzigen immer regen Trieb nach Wahrheit, obschon mit dem Zusatze mich immer und ewig zu irren, verschlossen hielte, und spräche zu mir: Wähle! Ich fiele ihm mit Demut in seine Linke und sagte. Vater, vergib! Die reine Wahrheit ist ja doch nur für dich allein.“[22] Aus diesem Zitat folgert Kierkegaard mit Lessing, dass sich das System nur als System Gottes selbst denken lässt und nicht als System des Subjekts. Lessings sokratische Ironie gegenüber jeder etablierten Wahrheit wird für Kierkegaard zum Modell für seine eigene ironische Doppelreflexion, die nicht nur an die Differenz zwischen Sein und Dasein, System und Subjektivität erinnert, sondern eben den Abgrund und Graben zwischen Theologie und Philosophie, zwischen Vernunft und Glauben markiert. Gerade weil der konsequente Philosoph Lessing sich selbst weigerte, „mit jener historischen Wahrheit [von Christi Offenbarung] in eine ganz andere Klasse von Wahrheiten [der metaphysischen Vernunft] herüber zu springen“, hatte er den Glauben als den „Sprung“ erkannt, der, obwohl er nicht durch die Vernunft zu begründen ist, dadurch keineswegs an Wahrhaftigkeit verliert. „Das nun ist der garstige Graben, über den ich nicht kommen kann, so oft und ernstlich ich auch den Sprung versucht habe.“ [23]

Damit setzt Lessings situatives Denken immer schon eine dialogische Konstellation voraus, die sich der Grenzen der bloßen Vernunft bewusst ist und die Wahrheit des Glaubens als legitime existenzielle Wahrheit anerkennt.[24] Ihre Legitimität erhalten Vernunft und Glauben zuletzt durch den existenziellen Bezug zu ihrer jeweiligen Wahrheit, der sich in der dialogischen Handlung als Respekt für und Kritik an der anderen Position bewährt. „Ich bin mit der Hochachtung, welcher Untersucher der Wahrheit gegeneinander zu tragen, sich nie entbrechen,“ versichert Lessing gegenüber seinem theologischen Kritiker, um sich damit der Logik zu verweigern, die „jeden Gottesgelehrten zu Pfaffen“ und „jeden Weltweisen zum Gottesleugner“ herabwürdigt. „Wahrlich er soll noch erscheinen, der Mann, welcher die Religion so bestreitet, und welcher die Religion so verteidigt, als es die Wichtigkeit und Würde des Gegenstandes erfordert.“[25]

Lessing wird bei Kierkegaard tatsächlich zu dem Vorbild für eine andere, dialogische Aufklärung, die das System, den säkularen Reduktionismus und das philosophische Identitätsdenken verweigert, sich auf eine dialogische Beziehung zwischen Glauben und Vernunft zubewegt und die kanonischen Beziehungen der Moderne auf der Grundlage der Freiheit enteschatologisiert, um damit auch eine andere, wir würden heute sagen: postsäkulare politische Theologie zu entwerfen, die jedem Absolutismus abgeschworen hat. Aber mit diesem Bekenntnis Kierkegaards zu Lessing und zu einer anderen Aufklärung berührt er sich auch auf dieser Ebene mit der Vision Heines, die Vernunft und Glauben aus der existenziellen Perspektive des Dichters für den alternativ politisch-theologischen Kontext einer offenen Demokratie zu übersetzen versucht hat.

In diesem Sinn haben beide, Heine und Kierkegaard, über die Kritik an den theologischen Pathologien der (jung)hegelianischen Politik nicht nur zu einer neuen Grundlegung der Idee individueller Freiheit (zurück)gefunden, sondern diese über die postsäkulare Relation von Theologie und Philosophie in einer neuen Konfiguration von Aufklärung verankert. Aber vor allem ist beiden Dichter – Denkern der innere Zusammenhang zwischen der theologischen Begründung der Existenz und ihrer therapeutischen Funktion bei dieser Rettung der Freiheit immer klar gewesen. Politik und Therapeutik verweisen immer schon aufeinander über die theologische Dimension der Existenz. Was beide nämlich an dem Begriff der Sünde zuletzt herausarbeiten, ist die Anfälligkeit des Selbst für die Verführungen der Freiheit und deren Pathologien, mit denen das Selbst sich nicht nur selbst verliert, sondern diesen Selbstverlust gerade durch eine Selbstermächtigung über die Anderen zu kompensieren versucht. Beider Denken einer posteschatologischen, postsäkularen und postkanonischen Theologie der Freiheit bezeichnet so auch immer schon eine therapeutische Korrektur der Philosophie und ihrer Verzerrung in einer totalitären politischen Theologie.

Nachschrift: Der Auszug aus der eschatologischen Gefangenschaft

1 Die politische Theologie der Junghegelianer zwischen Carl Schmitt und Ernst Kantorowicz

Seit dem Erscheinen von Carl Schmitts politischer Theologie im Jahr 1922,[26] die nach der ersten utopischen Phase der Aufklärung und der zweiten revolutionären Phase bei den Junghegelianern die dritte Phase der modernen politischen Theologie eröffnen sollte, hat es zwar immer wieder historische Anwendungen seiner Theorie gegeben, aber bisher noch keine systematische Rekonstruktion ihrer eigentlich modernen (Vor)-Geschichte. Neben ihren direkten aktuellen Anwendungen wie etwa in Friedrich Gogartens lutheranisch motivierter politischer Ethik[27] von 1932 fanden sich dagegen auch öfters kritische Auseinandersetzungen, wie etwa schon früh in Hugo Balls *Carl Schmitts politische Theologie* (1924),[28] in Martin Bubers *Königreich Gottes (1932),*[29] das mit dem Begriff der Theopolitik eine für das hebräische Testament grundlegend dialogische und herrschaftsfreie Beziehung zwischen Gott und Volk voraussetzt, oder Erik Petersons *Monotheismus als politisches Problem* (1935),[30] das auf der Grundlage des trinitarischen Dogmas bei Augustinus die Möglichkeit einer politischen Theologie überhaupt verwirft. Es ist durchaus nicht ausgemacht, ob Ernst Kantorowicz' Untersuchung zu den beiden Körpern des Königs von 1957 „nur" eine Anwendung von Schmitts politischer Theologie auf die mittelalterliche Theologie der Monarchie ist, oder auch eine kritische Auseinandersetzung mit dieser darstellt. Zweifelssohne nimmt sich seine Untersuchung zunächst wie eine direkte Anwendung und Bestätigung von Schmitts politischer Theologie aus, wenn er im Kontext der elisabethanischen Monarchie auf die für diese grundlegende mittelalterliche Christologie verweist und für das ausgehende Mittelalter am Beispiel des Stauferkaisers Friedrich II. und des Dichterphilosophen Dante die Analogie zwischen christlicher und weltlicher Souveränität herausarbeitet. Kantorowicz beschreibt hier ideale Fälle einer politischen Souveränität, die wie Vorbilder von Schmitts Definition des Souveräns erscheinen. Wenn dieser sich mit seiner Entscheidung über den Ausnahmezustand immer schon über die Verfassung stellt und diese, wenn es die Lage erlaubt, wieder einsetzt, erinnert er an die Stellung des staufischen Kaisers über und unter dem Gesetz als „pater et filius iustitiae", eine eigentümliche Doppelstellung, die tatsächlich die chalzedonische Christologie säkularisiert.

Aber möglicherweise bringt Kantorowicz auch eine ganze Reihe von Sachverhalten und kritischen Perspektiven ins Spiel, die diese mittelalterliche Form der Säkularisation als mögliche historische Vorlage für die junghegelianische Vorgeschichte der modernen politischen Theologie mit ihrer analogen Transformation der Christologie in Konstellationen des modernen Subjekts und seine politischen Theologien von und nach Hegel in das Blickfeld des Interesses rücken. Dann wäre Kantorowicz' Untersuchung als Erinnerung an die Grundlagen der modernen politischen Theologie mit ihren verschiedenen Versionen von Liberalismus, Sozialismus, Kommunismus und Anarchismus zu verstehen, in der sich eine parallele Transformation der Christologie in die Menschheit ereignet. (1) Darüber hinaus wäre die mittelalterliche Christologie mit ihrem Prozess der säkularen Transformationen von der Einheit des königlichen Körpers zu deren Aufspaltung als analoge Dynamik bzw. Modell für die moderne Transposition des Gottmenschen in die zwei Körper des Subjekts zu lesen sein, wie wir hier versucht haben. An die Stelle der beiden Körper des Königs tritt die Einheit der Körper des Subjekts, die sich über die radikale Religionskritik in eine Antithese verkehrt und damit den Humanismus im Ganzen in Frage stellt. (2) Zuletzt erhielte Kantorowicz' Analyse damit einen kritischen Hinweis auf die negative Eschatologie dieser Moderne, die – anders als die mittelalterliche Analogie zwischen *christianitas* und *humanitas* – die Theologie auflöst und damit, ohne darauf zu reflektieren, den säkularen Herrscher in ein göttliches Idol verwandelt. (3) Diese implizite Kritik erhielte zuletzt ihre unmittelbare Aktualität durch Schmitts politische Theologie der Souveränität und ihrer Definition des Führers von 1933 als Erfüllung dieses Begriffs der Souveränität in der „artgleichen" Einheit von Führer und Volk,[31] die aber faktisch nichts anderes wäre als die letzte, katastrophal völkische Metamorphose der junghegelianischen Christologie vom Gottmenschen (4). Diese junghegelianische Vorgeschichte wird freilich bei Schmitt prinzipiell verdrängt und unterdrückt, kommt aber in der Konstellation der souveränen Macht, die Liberalismus, Sozialismus und Anarchismus mit dem Feind identifiziert, tatsächlich wieder offen zum Durchbruch und widerlegt schon die Annahme der theologischen Grundlage von Schmitts politischer Theologie.

Zugegeben, diese Lesung ist überaus spekulativ, aber sie hat hier als Anleitung zu der Rekonstruktion des Zusammenhangs zwischen der Christologie und der politischen Eschatologie der Junghegelianer gedient, und soll jetzt zu einer Destruktion von Carl Schmitts politischer Theologie überleiten, die so bemüht ist, sich außerhalb dieser ihrer geschichtlichen Voraussetzungen zu stellen. Wenn der Weg von Schmitts politischer Theologie zu Ernst Kantorowicz' mittelalterlicher politischer Theologie führt, sind wir bisher von Kantorowicz' Untersuchung ausgegangen, um von ihr aus die Genese der modernen politischen Theologie bei den Junghegelianern zu rekonstruieren. Jetzt gilt es, Schmitts politische Theologie im Kontext der junghegelianischen Eschatologien zu verorten und sozusagen als deren letztes „Epiphänomen" zu entziffern, das sie mit ihrem antitheologischen Gestus auf ihren ultimativen und d.h. totalitären „Begriff des Politischen" bringt.

Gehen wir also den vier Ansatzpunkten mit ihren jeweiligen historischen, kritischen und aktuellen Argumenten nach, um dann noch einmal nach der von Schmitt konsequent ausgeblendeten Möglichkeit einer kritischen Theologie des Politischen zu fragen, wie sie von Heine und Kierkegaard ausgebildet worden ist und in den 1920er Jahren ihren prägnanten Ausdruck in der kritischen Theologie von Martin Buber und Karl Barth gefunden hat.

Wir werden in diesem Sinne die historische Genese der politischen Theologie mithilfe von Friedrich Engels[32] (noch einmal) kurz skizzieren (1), und dann die kritische These am Beispiel von Carl Schmitts politischer Theologie und an seinem Begriff des Politischen, wie sie im Führerkult sich erfüllt, rekonstruieren. (2) Der Nachweis der inneren Beziehung zwischen Schmitt und der Eschatologie der Junghegelianer soll an dem von Schmitt in *Ex Captivitate Salus*[33] von 1947 beschriebenen fiktiven Besuch von Max Stirner in seiner Zelle der amerikanischen Kriegsgefangenschaft bewahrheitet werden (3), um im Sinne dieses Buchtitels mit Heine und Kierkegaard nach den theologischen Bedingungen der Befreiung aus der eschatologischen Gefangenschaft – Ex Captivitate Salus – zu fragen, wie sie bei Buber und Barth kritisch gegen Schmitts politische Theologie und den souveränen Existenzialismus ausformuliert werden (4).

2 Entwurf zu einer Skizze der Geschichte der modernen politischen Theologie zwischen Aufklärung und Carl Schmitt

Wenn man also die Geschichte der politischen Theologie in der Moderne tentativ und schematisch in drei Phasen gliedern wollte, würde die Aufklärung – bei Lessing und Kant – die erste Phase der Transformation der Idee des Reiches Gottes in die Utopie vom Reich der Freiheit bezeichnen, die gegen die klassische Analogie von dogmatischer Theologie und Monarchie die Eschatologie als Schema für die Geschichte der zukünftigen Vollendung der Menschheit adoptiert. Mit allen ihren Ambivalenzen zwischen Kants Vernunftreligion und Lessings implizitem Spinozismus, zwischen der kritischen Anthropologie des radikalen Bösen bei Kant und Lessings enthusiastischer Vision vom sündenfreien vernünftigen Subjekt, zwischen der eschatologischen Umschreibung der Geschichte in eine eingleisige Geschichte der Vernunft und Freiheit und der von Mendelssohn[34] und andernorts auch von Lessing eingeforderten Dialogik zwischen Theologie und Philosophie als offener Weg der Wahrheit, findet die Utopie der Aufklärung ihre politische Konkretisierung in Hegels System des Geistes, der die Theologie und die Utopie der Philosophie im Staat realisiert und festschreibt. Mit dieser eschatologischen Engführung der Theologie durch Anthropologie und Politik beginnt die eigentliche zweite Phase der politischen Theologie als Phase ihrer unbedingten Verwirklichung durch die Revolution. An die Stelle der utopischen Transformation tritt nunmehr die radikale Reduktion der Theologie und der Philosophie auf die Praxis des politischen Subjekts, die sich in den verschiedenen Versionen der Säkularisierung des Gottmenschen auf das Subjekt tatsächlich als endgültige „Vernichtung" der Religion versteht. Im Unterschied zur Aufklärung, die die Religion über die Ethik humanisiert, leitet die zweite Phase die Religion – so Arnold Ruge – ganz „aus dem Wesen des Menschen"[35] ab. In diesem Sinn hat Friedrich Engels in seinem Rückblick auf *Ludwig Feuerbach und der Ausgang der klassischen deutschen Philosophie* die politisch theologische Logik der junghegelianischen Bewegung noch einmal rückblickend zusammengefasst:

> „Die Gesamtlehre Hegels ließ […] reichlichen Raum für die Unterbringung der verschiedenen praktischen Parteianschauungen; und praktisch waren im damaligen theoretischen Deutschland vor allem zwei Dinge: die Religion und die Politik. Wer das Hauptgewicht auf das System Hegels legte, konnte auf beiden Gebieten ziemlich konservativ sein; wer in der dialektischen Methode die Hauptsache sah, konnte religiös wie politisch zur äußersten Opposition gehören. Hegel selbst schien, trotz der häufigen revolutionären Zornesausbrüche in seinen Werken, im Ganzen mehr zur konservativen Seite zu neigen; hatte ihn doch sein System weit mehr ‚saure Arbeit des Gedankens'

> gekostet als seine Methode. Gegen Ende der dreißiger Jahre trat die Spaltung in der Schule mehr und mehr hervor. Der linke Flügel, die sogenannten Junghegelianer, gaben im Kampf mit pietistischer Orthodoxie und feudalen Reaktionären ein Stück nach dem andern auf von jener philosophisch vornehmen Zurückhaltung gegenüber brennenden Tagesfragen, die ihrer Lehre bisher staatliche Duldung und sogar Protektion gesichert hatte; und als 1840 die orthodoxe Frömmelei und die feudal absolutistische Reaktion mit Friedrich Wilhelm IV. den Thron bestiegen, wurde offene Parteinahme unvermeidlich. Der Kampf wurde noch mit philosophischen Waffen geführt, aber nicht mehr um abstrakt-philosophische Ziele; es handelte sich direkt um Vernichtung der überlieferten Religion und des bestehenden Staates."[36]

Mit diesem Begriff von der „Vernichtung der überlieferten Religion" bringt Engels die zweite Phase der politischen Theologie auf ihren eschatologischen Begriff, um die verschiedenen Versionen dieser Bewegung von David Friedrich Strauß bis Max Stirner im Geist der *Deutschen Ideologie* kurz so zu skizzieren:

> „Die Politik war aber damals ein sehr dorniges Gebiet, und so wandte sich der Hauptkampf gegen die Religion; dies war ja, namentlich seit 1840, indirekt auch ein politischer Kampf. Den ersten Anstoß hatte Strauß' ‚Leben Jesu' 1835 gegeben. Der hierin entwickelten Theorie der evangelischen Mythenbildung trat später Bruno Bauer mit dem Nachweis gegenüber, daß eine ganze Reihe evangelischer Erzählungen von den Verfassern selbst fabriziert worden. Der Streit zwischen Beiden wurde geführt in der philosophischen Verkleidung eines Kampfes des ‚Selbstbewußtseins' gegen die ‚Substanz'; die Frage, ob die evangelischen Wundergeschichten durch bewußtlos-traditionelle Mythenbildung im Schooß der Gemein-

> de entstanden oder ob sie von den Evangelisten selbst fabriziert seien, wurde aufgebauscht zu der Frage, ob in der Weltgeschichte die ‚Substanz' oder das ‚Selbstbewußtsein' die entscheidend wirkende Macht sei; und schließlich kam Stirner – der Prophet des heutigen Anarchismus Bakunin hat sehr viel aus ihm genommen – und übergipfelte das souveräne ‚Selbstbewußtsein' durch seinen souveränen ‚Einzelnen'."[37]

Engels sieht dabei in Feuerbach den eigentlichen Durchbruch, da er den religionskritischen Idealismus im Ganzen auf seine materialistischen Grundlagen reduziert und damit wirklich die Theologie „vernichtet" hat. „Der Bann war gebrochen; das ‚System' war gesprengt und bei Seite geworfen, der Widerspruch war, als nur in der Einbildung vorhanden, aufgelöst."[38] Wenn diese zweite Hochphase der politischen Theologie in Engels Resümee mit der Erledigung des theologischen Problems durch die positive Wissenschaft einerseits und die revolutionäre Tat andererseits endet, wird diese Erledigung durch die christologische Perspektive, wie sie aus Kantorowicz' Überlegungen sich eröffnet, in mehrfacher Hinsicht aus einer politisch theologischen Perspektive wieder in Frage gestellt. An der Rekonstruktion der Transformation der Christologie in das Subjekt von der Einheit der Körper zu ihrer Antithese (1) erweist sich tatsächlich die subkutane Kontinuität der Eschatologie und damit des theologischen Problems (2) für diese zweite Phase, wie denn die von Kantorowicz für das Mittelalter beschriebene Trennung und Analogie zwischen *christianitas* und *humanitas* auch als kritische Alternative zu der hier waltenden reduktiven Eschatologie der Vernichtung gelesen werden kann (3).

Carl Schmitts politische Theologie reagierte nicht nur seismographisch auf die Erschütterungen durch den Ersten Weltkrieg und den Bürgerkrieg zwischen Kommunisten und Freikorps in Berlin und München unmittelbar danach, sondern verstand es ausgezeichnet, diese Ereignisse gegen die These von der Vernichtung der Religion mit theologischer Begrifflichkeit auf die innere Krise der liberalen und säkularen Politik zurückzuführen. Mit der Analogie zwischen dem Souverän, der über den Ausnahmezustand entscheidet, und dem souveränen Gott schien Schmitt auf die Wiedereinführung der für die liberale Politik überwunden geglaubten Theologie zu zielen und hat damit tatsächlich die dritte Phase der politischen Theologie eröffnet und ihr nicht nur zu ihrem Namen verholfen. Er konnte sich, wie gesagt, auf die Koalition mit den neuorthodoxen protestantischen Theologen im Gefolge von Rudolph Otto[39] und Karl Barth[40] verlassen, die mit der Wiederentdeckung des ganz anderen Gottes jenseits von Gesetz und Ethik die liberale Kulturtheologie des 19. Jahrhunderts verwarfen. Die neuen protestantischen Theologen, zumal Friedrich Gogarten, entwarfen mit ihrer Betonung des ganz anderen souveränen Gottes eine im Wesen antiliberale, antisäkulare und antibürgerliche Sprache, die wie ein Modell für Carl Schmitts Definition des Souveräns erscheinen mochte, der diese Sprache nur ins Politische (zurück) zu übersetzen und gegen die Idee der sich säkularisierenden Menschheit der liberalen, sozialistischen oder kommunistischen Partien einzusetzen brauchte. Jedenfalls konnte „seine" politische Theologie ohne weiteres wie eine Analogie zu der Theologie des souveränen Gottes erscheinen, der bei den neuen Theologen als Gott der Offenbarung über Vernunft und Gesetz stehen sollte, und so ihre aktuelle Evidenz ohne weiteres von den neuen Theologen beziehen, ohne sich auf diese wirklich zu berufen. Schmitts Rhetorik brauchte diese Karte erst recht nicht explizit auszuspielen, wenn er sich später als den *Katechon* stilisierte, der die Katastrophe der liberal säkularen Kultur und ihrer Metamorphosen im Sozialismus und Anarchismus als Negation eben der ursprünglich theologisch begründeten Souveränität, der Entscheidung und der Ausnahme beschrieb.

Aber bei genauerem Hinsehen erweist sich diese theologische Position zusammen mit ihrem Pathos der Entscheidung und ihrer Ästhetik des Schocks als eine rhetorische Fassade, die die tatsächliche Herkunft der politischen Theologie aus der junghegelianischen Eschatologie kaum zu verdecken vermochte. Gegen die Rhetorik der Entscheidung verhält sich Schmitts Politische Theologie ohnehin erstaunlich unentschieden zur Theologie, die er mit den Namen Kierkegaard und Donoso Cortez scheinbar beschwört, aber tatsächlich mit seiner eindeutigen Orientierung an Thomas Hobbes auch schon in Frage stellt. Dessen Prinzip der „Auctoritas facit legem, non veritas" ist eine eindeutige Zurückweisung aller Ansprüche der Theologie auf den politischen Bereich, wie Schmitt dann auch an Donoso Cortez hervorhebt, dass dessen Theologie im Sinne einer Art privater Apokalyptik die Monarchie durch die Diktatur ersetzt, die ihrerseits einer theologischen Legitimation gar nicht mehr fähig ist. Diese Unentschiedenheit bestätigt sich an Schmitts Feststellung, dass die souveräne Entscheidung für den Ausnahmezustand eine „Entscheidung aus dem Nichts" sein soll, sich also keineswegs auf ein göttliches Gesetz, sicher aber nicht auf ein Wort Gottes beruft. Wie mit der Entscheidung des selbstmächtigen Ichs aus dem Nichts tatsächlich das Phantom Stirner schon im Hintergrund anklingt, so bestätigt sich dieser Bezug noch einmal an Schmitts Unentschiedenheit im Verhältnis zur Ästhetik und ihrem Subjekt.

Einerseits stürzt sich Schmitt auf die romantische Ästhetik der Ironie und des „ewigen Gesprächs"[41] und denunziert sie als Paradigma der bürgerlichen Unentschiedenheit und der parlamentarischen Demokratie,[42] deren Inkarnation er im ästhetischen Subjekt anprangert. Andererseits weist seine Theorie des Souveräns, der über den Ausnahmezustand entscheidet, eine auffällige Ähnlichkeit mit der zeitgenössischen Avantgarde-Ästhetik auf, deren Subjekt im Namen seiner genialen Ausdrucksmacht die Verfassung seiner Kunst suspendiert. Arnold Schönberg, Wassili Kandinsky und Hugo Ball, zunächst übrigens ein enger Freund Schmitts, haben das Gesetz bzw. die Verfassung ihrer Kunst – die tonale Musik, die figurative Malerei und die semantische Sprache – im Namen ihrer souverän genialen Subjektivität suspendiert, um an ihre Stelle gänzlich neue Ausdrucksformen dieser souveränen Genialität „aus dem

Nichts" zu setzen, die damit nunmehr der Kunst ihr neues Gesetz diktiert. Feruccio Busoni hat diese Dimension der neuen Ästhetik damals auf ihren aktuellen Begriff gebracht: „Der Schaffende sollte kein überliefertes Gesetz auf Treu und Glauben hinnehmen und sein eigenes Schaffen jenem gegenüber von vorneherein als Ausnahme betrachten. Er müßte für seinen eigenen Fall ein entsprechendes eigenes Gesetz suchen, formen und es nach der ersten vollkommenen Anwendung wieder zerstören [...] Nun erträume ich mir gern eine Art Kunstausübung, bei welcher jeder Fall ein, eine Ausnahme wäre [...] Denn Schaffen heißt: aus dem Nichts erzeugen."[43]

Damit konvergieren bei Schmitt das souveräne und das ästhetische Subjekt in der Entscheidung aus dem Nichts, das die Ausnahme gegen Gesetz und Verfassung ausspielt. Beide aktualisieren dabei mit ihrer souveränen Macht tatsächlich immer schon eine letzte eschatologische Konsequenz. Das ästhetische Subjekt realisiert die Idee der autonomen Schönheit, die Kant in der *Kritik der Urteilskraft* jenseits des Begriffs situiert, tatsächlich in dem Kunstwerk, das alle Begriffe, Regeln und Normen der Tradition im Namen des Genies wirklich suspendiert, wie die Idee der Freiheit des Subjekts sich – das wird deutlich bei Stirner - in dem absoluten Selbst realisiert, das sich seinerseits tatsächlich in einer Ästhetik des Subjekts gegen alle Bestimmungen und Begriffe des Gesetzes der Menschlichkeit – konkret gegen Liberalismus, Sozialismus und Kommunismus – stellt.

Diese ultimative Antithese – sie entspricht der letzten Antithese zwischen den beiden Körpern des Subjekts bei den jungen Hegelianern – erscheint zunächst in Schmitts politischer Theologie als die Antithese zwischen dem quasi theologischen Souverän der Entscheidung und dem revolutionären Anarchisten und Antitheologen Michail Bakunin, von dem Schmitt tatsächlich den Begriff der politischen Theologie übernimmt und mit dem er – wie Stirner – die letzten revolutionären Intuitionen und Instinkte gegen den bürgerliche Liberalismus teilt. „Erst Bakunin gibt dem Kampf gegen die

Theologie die ganze Konsequenz eines absoluten Naturalismus. Zwar will auch er den ‚Satan verbreiten', und hält das – im Gegensatz zu Karl Marx, der jede Art Religion verachtete – für die einzige wirkliche Revolution. Aber seine intellektuelle Bedeutung beruht doch auf seiner Vorstellung vom Leben, das kraft seiner natürlichen Richtigkeit die richtigen Formen von selbst aus sich selbst schafft."[44]

Diese Identität in der Antithese – sie weist auf eine Art Quintessenz und Kontraktion des revolutionären Subjekts aller Couleurs – findet ihre ästhetische Entsprechung in der Freund-/Feindschaft zwischen Schmitt und dem Anarchisten und Dadaisten Hugo Ball, der um 1917 die Verfassung der semantisch-syntaktischen Sprache aufhebt. Es war Ball, der als erster darauf hinwies, dass „der Todfeind der Romantik, als der Schmitt sich gelegentlich erweist, […] in ihr die irrationale Gefahr seines eigenen schöpferischen Fonds (bekämpft), dessen Klärung seine Schriften sämtlich gewidmet scheinen."[45] Damit deutete er die Antithese zwischen der Theologie der Souveränität und der Antitheologie des Anarchisten schon auf der Grundlage der beiden gemeinsamen radikalen Avantgarde-Ästhetik, die Ball selbst in seiner *Kritik der deutschen Intelligenz* von 1919[46] auf der Grundlage der joachitischen Eschatologie mit Thomas Münzer, aber vor allem mit den radikalen Junghegelianern von Feuerbach bis Bakunin für seinen revolutionären Begriff des Politischen adoptierte. Gegen die Tradition der monarchischen, bürgerlichen und kapitalistischen Machtinstitutionen zielt Ball mit Bakunin auf „eine auch das Elend umfassende universale Religion der Menschenrechte", die „den militärisch-bürokratisch-industriellen Gottesstaat aufzulösen"[47] vermag. „Die Anarchisten stellen die Verachtung des Gesetzes als oberstes Prinzip auf. Gegen das Gesetz und den Gesetzgeber ist jedes Mittel recht und erlaubt. Anarchist sein, heißt also die Satzung aufheben in all ihren Bezügen."[48]

Ball repräsentiert also nicht nur die junghegelianische Antithese zu Stirners souveränem Selbst, sondern er weiß um den gemeinsamen und eigentlichen – ästhetischen – Grund von beiden Positionen in der Entscheidung des Künstlers für die Destruktion des Gesetzes und in der genial souveränen Macht, die sich eben für die Aufhebung des Gesetzes zu entscheiden vermag. Tatsächlich spielte Balls Text zur Eschatologie der Revolution nicht nur eine bedeutende Rolle für die Rehabilitation der radikalen politischen Eschatologie in Ernst Blochs *Thomas Münzer als Theologe der Revolution*[49] und in Walter Benjamins *Ursprung des deutschen Trauerspiels*,[50] Carl Schmitt selbst hat Hugo Ball später durch eine „vernichtende Kritik" der Neuauflage seiner Kritik der deutschen Intelligenz von seinem Gefolgsmann Waldemar Gurian als seinen „Feind" gekennzeichnet und als solchen bekämpft.

Immerhin hat Ball schon 1924 klar zur Sprache gebracht, dass Schmitt die eigene Rhetorik der Theologie längst mit seiner Orientierung am ästhetischen Subjekt der Avantgarde als letzte Konsequenz von dessen moderner Eschatologie unterlaufen hat. Damit wird das Subjekt – wie bei Max Stirner – zum Modell des souveränen Selbst, das sich über die Konfrontation mit dem liberalen, sozialistischen und anarchistischen Feind je von Neuem zu sich selbst ermächtigt. Die politische Theologie Schmitts vollstreckt diese subkutane Ästhetik nach ihrer ersten berühmten Definition als Entscheidung aus dem Nichts dann im „Begriff des Politischen", der den Souverän vollends von jeder theologischen Analogie und Legitimation befreit und allein über die Unterscheidung zwischen Freund und Feind etabliert. Souverän ist, wer den Feind erkennt (über den Freund hat Schmitt tatsächlich nichts zu sagen). Mit diesem Zusammenhang zwischen souveräner Entscheidung und Feindbegriff vollstreckt Schmitt nicht nur die negative Eschatologie der radikalen Junghegelianer, sondern er bringt Stirners ultimative Antithese und Konfrontation zwischen dem souveränen Selbst und der feindlichen Menschheit auf den rein formalen Begriff einer Quintessenz des Politischen, mit dem die eigentliche Geschichte der eschatologischen Theologiekritik von Feuerbach und Marx bis Stirner und Bakunin faktisch neutralisiert zu sein scheint. Immerhin gelingt es dieser Definition, sich, wie die radikalen Revolutionäre, von der klassischen Abhängigkeit des Politischen vom Begriff des Staates zu befreien. „Die spezifisch politische Unterscheidung, auf welche sich die politischen Handlungen und Motive zurückführen lassen, ist die Unterscheidung von Freund und Feind. Sie gibt eine Begriffsbestimmung im Sinne eines Kriteriums, nicht als erschöpfende Definition oder Inhaltsangabe.“[51] Der formalisierte Begriff kann indes nicht die eschatologische Explosionskraft verbergen, die in der Antithese von souveränem Selbst und Feind angelegt ist, wenn Schmitt ihn „teleologisch“ aus der Perspektive des „äußersten Intensitätsgrads“ konstruiert, also aus der notwendig sich ergebenden Ausnahmesituation: „Politisch ist jedenfalls immer die Gruppierung, die sich an dem Ernstfall orientiert. Sie ist deshalb immer die maßgebende menschliche Gruppierung, die politische Einheit infolgedessen immer, wenn sie überhaupt vorhanden ist, die maßgebende Einheit und ‚souverän‘ in dem Sinne, daß die Entscheidung über den maßgebenden Fall, auch wenn das der Ausnahmefall ist, begriffsnotwendig immer bei ihr stehen muß.“[52]

Diese ästhetische Eschatologik des formalisierten Begriffs des Politischen erfüllt sich dann 1934 in Schmitts Definition des Führers, der wie Stirners absolutes Selbst eben durch kein Bild, keinen Begriff und kein Gesetz bestimmt werden kann. Er ist die „Erfüllung“ des eschatologischen Begriffs des Souveräns als absolute Entscheidung, die zugleich nicht zufällig wie eine rassistische Neuauflage des christologischen Gottmenschen auftritt, der jetzt die artgleiche Einheit von Führer und Volk repräsentieren soll.

> „Es gibt mancherlei Bilder und Vergleiche, die das Verhältnis von Herrscher und Beherrschten, Regierenden und Regierten anschaulich machen sollen, und es scheint mir auch rechtswissenschaftlich richtiger, sich der sachlichen Bedeutung dieser verschiedenen Bezeichnungen bewußt zu werden, als mit Hilfe der bekannten Begriffsschablonen von einem speziellen, sowohl an der vorher bestimmten

Norm wie am Privatleben selbstverständlich seine Grenze findenden Gewaltverhältnis zu reden. Die römisch-katholische Kirche hat für ihre Herrschaftsgewalt über die Gläubigen das Bild vom Hirten und der Herde zu einem theologisch-dogmatischen Gedanken ausgeformt. Wesentlich an diesem Bilde ist, daß der Hirt der Herde absolut transzendent bleibt. Das ist nicht unser Begriff von ‚Führung'. Eine berühmte Stelle in Platons Schrift Politikos behandelt die verschiedenen, für den Staatsmann in Betracht kommenden Vergleiche mit einem Arzt, einem Hirten oder einem Steuermann, um das Bild vom Steuermann zu bejahen. Es ist durch den ‚gubernator' in alle lateinisch beeinflußten Sprachen der romanischen und angelsächsischen Völker übergegangen, und das Wort für ‚Regierung' geworden als gouvernement, governo, government oder als das ‚Gubernium' der früheren habsburgischen Monarchie. Die Geschichte dieses ‚gubernator' enthält ein gutes Beispiel dafür, wie ein bildhafter Vergleich zu einem juristisch-technischen Begriff wird. [...] Keines dieser Bilder trifft wesentlich das, was unter politischer Führung im wesentlich deutschen Sinn des Wortes zu verstehen ist. Dieser Begriff von Führung stammt ganz aus dem konkreten, substanzhaften Denken der nationalsozialistischen Bewegung. Es ist bezeichnend, daß überhaupt jedes Bild versagt und jedes treffende Bild sogleich schon mehr als ein Bild oder Vergleich, sondern eben schon Führung in der Sache selbst ist. Unser Begriff ist eines vermittelnden Bildes oder eines repräsentierenden Vergleiches weder bedürftig noch fähig [...] Er ist ein Begriff unmittelbarer Gegenwart und realer Präsenz. Aus diesem Grunde schließt er auch, als politisches Erfordernis, eine unbedingte Artgleichheit zwischen Führer und Gefolgschaft in sich ein."[53]

Schmitts Definition des Führers als begriffslose Gegenwart erscheint tatsächlich zunächst wie ein Abbild der ästhetischen

Definition des Einzelnen bei Stirner: „Kein Begriff drückt mich aus, nichts, was man als ein Wesen angibt, erschöpft mich. […] Im Einzigen kehrt selbst der Eigner in sein schöpferisches Nichts zurück, aus dem er geboren ist."[54] Stirners Einzelner, der im „Verein" die Gesellschaft zu seinem Instrument macht und sich als „Inkarnation" der Menschheit zum vollends egoistischen Selbst ermächtigt, kehrt dann in Schmitts Definition des Führers als artgleiche Einheit von Führer und Gefolgschaft wieder. Beide sind in letzter Instanz radikale Säkularisationen der Christologie des Gottmenschen als reine Machtinkarnationen, wobei Schmitt diese nicht mehr wie Stirner als Antithese zwischen Mensch und Menschheit, sondern als Antithese von Herrscherrasse und Unterrasse noch einmal faschistisch verschärft. Faktisch ist sein Begriff des Führers also nichts anderes als eine letzte machtpolitische Neuauflage des Gottmenschen, der über das Subjekt der zwei Körper die ursprüngliche Einheit über die Antithese von Stirners Selbst in einer faschistischen Pseudochristologie restauriert, um sie zuletzt – mit Bruno Bauers Theorie vom „Judentum in der Fremde" – gegen den ultimativen liberalen, sozialistischen und kommunistischen Feind mit dem Juden zu identifizieren. Nicht zufällig nimmt Schmitt diese Umschreibung in seiner Schrift über den Leviathan von Thomas Hobbes 1938 vor, das Symbol des souveränen Staates, den die jüdischen Intellektuellen von Spinoza über Mendelssohn bis Karl Marx nunmehr gemäß ihrer vermeintlich mystisch-messianischen Tradition von innen aufzehren wollen. Das Symbol des Leviathans enthält damit gegen Hobbes' Verwendung einen gefährlichen esoterischen Sinn, der es zu Fall bringen kann. Schmitt stützt seine eschatologische Feindschaftserklärung nunmehr gegen die modernen, zumal die assimilierten Juden auf theologisch-kabbalistische Ausführungen, die den Leviathan zu den „den Juden feindlichen heidnischen Weltmächten" rechnen, die in den messianischen Zeiten vernichtet werden. Der große Walfisch bzw. Leviathan wird in diesen Zeiten von den Juden wörtlich „verspeist".

> „Im besonderen kämpft der Leviathan, das sind die Seemächte, gegen die Landmächte, den Behemoth. Dieser sucht den Leviathan mit den Hörnern zu zerreißen, während der Leviathan mit seinen Fischflossen dem Behemoth Mund und Nasenlöcher zuhält und ihn auf diese Weise tötet, was übrigens ein schönes Bild der Bezwingung eines Landes durch eine Blockade ist. Die Juden aber stehen daneben und sehen zu, wie die Völker der Erde sich gegenseitig töten; für sie ist dieses gegenseitige ‚Schächten und Schlachten' gesetzmäßig und ‚koscher'. Daher essen sie das Fleisch der Völker und leben davon."[55]

Mit Bruno Bauers Dämonologie der „Einnistung der Juden" in der bürgerlichen Gesellschaft, die ihr nationales Ressentiment bedient, illustriert Schmitt diese apokalyptische Urszene der jüdischen Feindschaft jetzt gegen den Leviathan.

> „Jetzt aber, seit dem Wiener Kongress, bricht die erste Generation emanzipierter junger Juden in breiter Front in die europäischen Nationen ein. Die jungen Rothschildts, Karl Marx, Börne, Heine, Meyerbeer und viele andere besetzen jeder sein Operationsgebiet in der Wirtschaft, Publizistik, Kunst und Wissenschaft. [...] Stahl Jolson arbeitet hier in der Gesamtlinie seines Volkes, in dem Doppelwesen einer Maskenexistenz, die um so grauenhafter wird, je mehr er verzweifelt ein anderer sein will als er ist."[56]

Dass Kantorowicz den Zusammenhang zwischen der ursprünglichen Christologie und ihrer modernen Perversion durch die faschistische und nationalsozialistische Diktatur gesehen hat, lässt sich ohne weiteres an Äußerungen aus seiner im amerikanischen Exil verfassten Untersuchung zu der Liturgie der sogenannten *Laudes regiae*[57] von 1946 ersehen. Es handelt sich um die liturgische Formel: „Christus vincit, Christus regnat, Christus imperat", die eine besondere Rolle in dem von Pius XI. im Jahr 1925 eingesetzten Festtag des Christkönigsfestes spielen sollte. Kantorowicz stellt in diesem Zusammenhang schon im Vorwort fest: „The modern revival of the laudes [...] broaches the problem of acclamation, and their function, in modern dictatorial states in which they appear as an indispensable vehicle of political propaganda, pseudoreligious emotionalism, and public reacknowledgement of power."[58]

Tatsächlich verweist Kantorowicz hier auf die zunächst antidiktatorische Funktion der christologischen Formel, wie sie von Papst Pius XI. in der Auseinandersetzung mit Mussolini offenbar intendiert war: „The papal encyclica refers, in very distinct terms, ‚to the plague of anticlericalism, its errors and impious activities', which had come into being, ‚as the empire of Christ over all nations was rejected' and ‚the right, which the Church has from Christ himself, to teach mankind, to make laws, and to govern people in all that pertains to their eternal salvation was denied'."[59] Aber faktisch sind die *laudes* dann in den faschistischen Liturgien der Akklamationen des Duce und des Führers aufgegangen, so dass Kantorowicz schreiben kann: „And in Italy, once Palazzo Venezia and Vatican were reconciled, the laudes became an integral part of Fascist devotion."[60] Damit aber kehrt auch die Untersuchung zu den beiden Körpern des Königs ihre gegenüber der politischen Theologie Schmitts kritische Dimension nach außen, wenn sie gegen dessen faschistische Funktionalisierung der Christologie eine mittelalterliche politische Theologie der Trennung von *christianitas* und *humanitas* rekonstruiert, die tatsächlich nur aus der Rolle der junghegelianischen Transformation der Christologie in den zwei Körpern des Subjekts verständlich werden kann: in der Umformung der utopischen Einheit in eine existenziell politische Antithese, die dann bei Schmitt mit der Pseudochristologie der Einheit des Führers und seiner Gefolgschaft ihre politische Renaissance feiert. Auf jeden Fall ergibt sich aus diesen an Stirner anknüpfenden Definitionen der rein ästhetischen Präsenz des souveränen Selbst und des Vereins als der Einheit von Selbst und Menschheit der intime Zusammenhang zwischen der politischen Eschatologie der junghegelianischen Revolutionäre und ihrer letzten absoluten Konfiguration und Kontraktion in Stirners Selbst, das den liberalen, sozialistischen und kommunistischen Versionen dieser Eschatologie den Krieg erklärt. Diesen Eschatologien gegenüber präsentiert sich Schmitts formaler „Begriff des Politischen“ als der kondensierte Kern der politischen Eschatologien, mit denen der Souverän zunächst in Bakunin, dann in den Juden den eigentlichen messianischen Urfeind des souveränen Staates vernichten will.

3 Ein Gespenst geht um in der Zelle – Max Stirners imaginärer Besuch in Carl Schmitts amerikanischer Gefangenschaft: **Ex Captivitate Salus**

Zur Zeit der Publikation von Kantorowicz' *Laudes Regiae* sitzt der Begründer der politischen Theologie und spätere Kronjurist des Dritten Reiches in amerikanischer Kriegsgefangenschaft. Zwischen Verhör und Verhör nimmt er verschiedene imaginäre Gespräche mit ehemaligen Bekannten, Freunden und Zeitgenossen auf, die natürlich unbeantwortet bleiben. Nur einer kommt ihn in der Zelle besuchen, es ist Caspar Schmitt alias Max Stirner. Er ist jetzt wörtlich der Einzige und natürlich ist auch er nur eine Fiktion, ein Gespenst aus der persönlichen und historischen Vergangenheit, mit dem sich Schmitt in der Einsamkeit über die „Weisheit der Zelle“ verständigt. Er weiß, „Selbstbetrug gehört zur Einsamkeit. Der Einsame denkt mit sich selbst und spricht mit sich selbst.“[61]

Bevor es im Schlusskapitel zu seinem Bericht über die amerikanische Gefangenschaft *Ex Captivitate Salus* zu diesem denkwürdigen (Selbst)Gespräch kommt, hat sich Schmitt, wie er sich ausdrückt, auf den „geheimnisvollen Weg“ begeben, „der nach Innen führt“, und fragt sich selbst: „Wer bist Du? Tu quis es? Das ist eine abgründige Frage. Ich stürzte Ende Juni 1945 in sie hinein.“ Und er weiß: „Auf das Wesen kommt es an, oder auf das Sein und auf die Existenz. Kurz, ein schweres von der Philosophie noch nicht gelöstes Problem fiel mir auf die Seele."[62] Dem Philosophen – es ist Eduard Spranger, der ihm einen Fragebogen in die Zelle zugestellt hat – antwortet Schmitt denn auch wie einem Philosophen: „Mein Wesen mag wohl nicht ganz durchsichtig sein; aber mein Fall läßt sich benennen mit Hilfe eines Namens, den ein großer Dichter gefunden hat. Es ist der schlechte, unwürdige und doch authentische Fall eines christlichen Epimetheus."[63]

Diese Selbstbeschreibung als Bruder des göttlichen Rebellen Prometheus, die Schmitt von dem wenig bekannten Dichter Konrad Weiß adoptiert, bestätigt immerhin die chronische Unentschiedenheit der politischen Theologie und ihre ästhetische Grundorientierung. Als ein moderner Hamlet, der sich längst von der Theologie abgewendet, tut sich Schmitt bei den Dichtern um und findet zuletzt Zuflucht in Thomas Hobbes' Leviathan.[64]

In seiner Darstellung von Tocqueville, dem nicht beschieden war zu werden, „wozu er mehr als jeder andere prädestiniert schien", kommt Schmitt auf diese Figur zurück. Als christlicher Epimetheus hätte Tocqueville nämlich den „heilsgeschichtlichen Halt" gefunden, der seine geschichtliche Idee von Europa vor der Verzweiflung hätte bewahren können: „Europa war ohne die Idee eines Kat-echon verloren."[65] Also eine weitere Selbstbeschreibung über den imaginierten Spiegel des Anderen: jetzt ist der christliche Epimetheus der *Kat-echon*, der es versteht, sich den Wellen der Revolution und ihren eschatologischen Eruptionen entgegenzustellen und damit nicht zu verzweifeln.

Apologetik, Selbstsuche, Bekenntnis oder Maskenspiel, Ausflucht und Taktik gegenüber den Behörden, von denen Schmitt sich täglich in Frage gestellt findet? „Ich spreche auch nicht von den Fragen, die uns gestellt werden, wie man Schlingen und Fallen stellt. Dergleichen gehört teils noch in den Bereich des alten Leviathan, den ich ja gut kenne."[66] Neben der Orientierung an der heilsgeschichtlichen Konfiguration des *Kat-echons*, der sich der Eschatologie entgegenstellt, sie aufhält, beruft sich Schmitt wieder auf den „Aufklärer und Agnostiker" Thomas Hobbes, um sich mit diesem anderen Epimetheus ebenfalls in eine Reihe zu stellen. Wie dieser weiß er, wie man mit dem Leviathan umgeht: „Er hat nicht nur das vierfältige Wesen des modernen Leviathans, sondern auch den Umgang mit ihm begriffen und das Verhalten, das sich für ein unabhängig denkendes Individuum empfiehlt. [...] Er war kein Praktiker und kein Mann des öffentlichen Lebens und hat sich nicht ein einziges Mal persönlich exponiert."[67] Die Reise nach Innen hat nun schon im Dritten Reich begonnen, Schmitt hat – so in einem fiktiven Dialog mit Carl Mannheim – dem damaligen politischen Terror in der inneren Emigration widerstanden, er hat sich schon damals in die Fänge des Leviathans begeben: „Der Geist hat seinen Stolz, seine Taktik, seine unveräußerliche Freiheit und, verzeihen Sie, sogar einen Schutzengel, und er hat das alles nicht etwa nur in der Emigration, sondern auch im Innern, in den Fängen des Leviathan selbst."[68]

Also kein Bekenntnis, keine Reue, keine Schuld trifft den Kronjuristen, kein Wort zu den brutalen Feinderklärungen des souveränen *Katechons* gegen den eschatologischen jüdischen Feind, der sich als Liberaler, Sozialist und Kommunist maskiert und im Leviathan „einnistet", um ihn zu verzehren. Schmitt trägt jetzt selbst seine Masken und vertauscht die Rollen in seiner ironischen Inszenierung des unbestimmbaren Selbst, wenn er sich nicht als Täter, sondern tatsächlich als Opfer, als Opfer der Mächte stilisiert, die er beschworen, bekämpft und zu deren Vernichtung er aufgerufen hat.

Und nur in der Gefangenschaft sucht er wieder eine letzte Zuflucht in der Theologie, wenn er, der im Leviathan Gefangene, sich jetzt überhaupt in den „Fängen des irdischen Lebens" sieht, die ihn „an das unverlierbare Geheimnis seiner christlichen Herkunft" erinnern. All das verdichtet er zu einer gedichteten Biographie, in der Schmitt sich einerseits zum Überlebenden der Regime und ihres Terrors stilisiert, andererseits aber - wie der Prophet Jona – jetzt im Bauch des Walfischs gefangen sieht. Der Weg nach innen erweist sich nicht nur als geschickte Maskerade, sondern tatsächlich als einzige Selbstflucht und „Selbstverpanzerung", die aber schon ein unfreiwilliges Bekenntnis enthält.

„Ich kenne die vielen Arten des Terrors
Den Terror von oben und Terror von unten,
Terror auf dem Land und Terror aus der Luft.
Terror legal und außerlegal.
Braunen, roten und gescheckten Terror.
Und den schlimmsten, den keiner zu wagen nennt
Ich kenne sie alle und weiß ihren Handgriff.
[…]
Dreimal saß ich im Bauche des Fisches
Den Freitod durch Henkershand sah ich ins Auge
Doch schützend umfing mich das Wort sibyllinischer
Dichter.
Und rettend öffnet die Tore ein Heiliger mir aus dem
Osten.[69]

All das gehört zum Umfeld bzw. zum Zeitpunkt, in dem zuletzt „der Einzige", das Gespenst von Max Stirner, der „leibhaftige" Prophet seiner Biographie und der Saboteur der deutschen Geistesgeschichte bei ihm einkehrt – oder ist dieser Einzige mit seiner Sehnsucht nach dem Paradies der Unschuld auch schon Schmitts erwarteter Erlöser? Schmitt weiß mit Stirner, dass das Ich kein „Denkobjekt" ist, dass es als „Sein", „Wesen" oder „Existenz" unsagbar, absolut und souverän ist, dass es sich gegen alle Subsumptionen empört und so über dem Gesetz und dem Begriff der Menschheit, ja sich notwendig gegen diesen Begriff und damit gegen den liberalen, sozialistischen und kommunistischen Feind stellt.

Auf dem „geheimnisvollen Weg" des Ichs ins Innen erneuert Schmitt hier zuletzt die Bekanntschaft mit seinem Namensvetter: Caspar Schmidt, seinem Double und Doppelgänger, der ihn einst auch in die Geheimnisse der Geschichte und ihre Eschatologik eingeweiht hat.

> „Dieser Bekanntschaft verdanke ich es, daß ich auf manches vorbereitet war, was mir bis heute begegnete, und was mich sonst überrascht hätte. Wer die Tiefen des europäischen Gedankenganges von 1830–45 kennt, ist auf das meiste vorbereitet, was heute in der ganzen Welt laut wird. Das Trümmerfeld der Selbstzersetzung deutscher Theologie und idealistischer Philosophie hat sich seit 1848 in ein Kraftfeld theogonischer und kosmosgonischer Ansätze verwandelt. Was heute explodiert, wurde vor 1848 präpariert. Das Feuer, das heute brennt, wurde damals gelegt."[70]

Hier erkennt Schmitt also jetzt seine politisch theologische Urszene, das Trümmerfeld, das in Stirner seinen Vollstrecker und Propheten gefunden hat: das souveräne Ich, das aus den Eschatologien des Liberalismus, des Sozialismus, Kommunismus und Anarchismus als deren letzte Konsequenz hervorgeht, sie eschatologisch realisiert und sich ihnen entgegenstellt, das Ich, das „es aufhält", indem es als *Katechon* nur den letzten eschatologischen Krieg erklärt und damit diese Eschatologien auf ihren existenziell politischen Begriff der souveränen Macht bringt. Das ist Schmitts Souverän vor dem Gesetz, der seine Entscheidung – wie Stirner - aus dem Nichts und tatsächlich gegen den liberalen, sozialistischen und zuletzt anarchistischen Feind Bakunin – seine ultimative Antithese – fällt. Das ist der formalisierte Begriff aller eschatologischen Politik.

Aber es ist ein „katholischer" Stirner, der, obwohl längst säkularisiert, diesen Souverän noch einmal „heilsgeschichtlich" aufbaut, zuerst in der Wiederaufnahme der Christologie der zwei Körper des Subjekts als rassistisch-faschistische Einheit von Führer und Gefolgschaft, der den Leviathan als den „Mortall God" gegen eben den liberalen, sozialistischen bis anarchistischen Feind errichtet, den er hinter den Masken des ultimativen eschatologischen Feindes im Juden verfolgt, der diesen sterblichen Gott sozusagen wieder „kreuzigt". Dann in der Konfiguration des *Katechons*, mit dem er Stirners Eschatologie mithilfe der mittelalterlichen politischen Theologie eben als den, der „es“ (und damit die eigene Verzweiflung) aufhält, glorifiziert, um der vollkommen entstellten Fratze der Christologie des Führers eine eschatologische Rettungsfunktion zu verleihen.

Der Spuk von Stirners Gespenst, das – wie Schmitt – das Feuer gelegt hat, das heute brennt, der Prophet dieses Spektakels ist aber doch nur ein „Ich-Verrückter“, ein „Psychopath“, der da mit „lauter unangenehmer Stimme“ sein Credo „kräht“: „Ich bin Ich. Mir geht nichts über mich“.[71] Schmitt, indem er Stirners vertrautes Profil beschreibt, distanziert sich zugleich als Historiker und Analytiker von diesem unangenehmen Typen und seinem Höllenszenario, wenn er – unentschieden – dieses Trümmerfeld nur nüchtern und objektiv „betrachtet“, „analysiert“ und „anschaut“ und zuletzt die Sehnsucht ihres Propheten nach Erlösung in einem Paradies der Unschuld – einem „adamitischen Glück“ – als Phantasie eines „Ich-Verrückten“ karikiert.

„Seinen letzten Antrieb hat er in einem Brief ausgesprochen, in dem er sagt: Dann werden wir wieder wie die Tiere des Waldes und die Blumen des Feldes. Das ist die wahre Sehnsucht dieses Ich – Verrückten. Das ist das neue Paradies. Das ist die Natur und das Naturrecht, die Aufhebung der Selbstentfremdung und der Selbstentäußerung in einer problemlosen Leibhaftigkeit. Das adamitische Glück des Gartens der Lüste …“[72]

Aber dieses Paradies der tierischen Unschuld, der Unschuld des Unmenschen Nebukadnezar, der wie ein Tier nur noch Gras frisst, ist auch nur die letzte Konsequenz des souveränen Ichs, das sich mit der Emanzipation von der Theologie auch von seiner Schuld, seiner Sünde befreit hat, um diese dem Feind aufzubürden, der es wagt, sich dem eschatologischen Souverän entgegenzustellen. Es ist das Paradies des eschatologischen und ästhetischen Ichs, das sich wie bei Stirner so bei Schmitt, über Gesetz und Moral gestellt und das große Verbrechen geheiligt hat. Es ist das Paradies der Unschuld, mit dem dieses Ich sich mit dieser absoluten ästhetischen Subjektivität aber in Wahrheit selbst gefesselt und in die Gefangenschaft seines eigenen Selbst begeben hat, indem es diesem Selbst und seiner Abhängigkeit vom Feind verfallen ist. Dieses Selbst kann sich in seiner schuldlosen Selbstermächtigung nur über die Antithese gegen Gott und den Anderen – als seinem Feind erhalten und aufrechterhalten, wenn es sich je von Neuem nur über die Feindschaft definiert. In diesem Sinn muss Schmitt zuletzt seine politisch-theologische Logik auf die existenzielle Ebene, auf sein eigenes Selbst zurückführen. Wie bei Stirner Eschatologie und ästhetische Existenz notwendig ineinander übergehen und autobiographisch werden, so muss sich Schmitt fragen, wie seine eschatologische Konstruktion des Feindes das eigene existenzielle Verständnis des Selbst bestimmt. Die Frage nach dem Wer des Selbst enthält immer schon die Frage nach dem Feind: „Wen kann ich überhaupt als meinen Feind anerkennen? Offenbar nur den, der mich in Frage stellen kann. Indem ich ihn als Feind anerkenne, erkenne ich an, dass er mich in Frage stellen kann. Und wer kann mich wirklich in Frage stellen. Nur ich mich selbst. Oder mein Bruder. Das ist es. Der Andere ist mein Bruder. Der Andere erweist sich als mein Bruder, und der Bruder erweist sich als mein Feind."[73]

Wenn so der Andere und Bruder sich als der Feind erweisen muss, wird der Feind tatsächlich zu der „eigenen Frage als Gestalt". So verwundert es nicht, dass Schmitt als der Epimetheus, der unentschiedene Hamlet der politischen Theorie des souveränen Ichs als Führer, seine eigene – zynische – Haltung des Betrachters, der das eschatologische Trümmerfeld mit Hobbes Naturzustand für die Moderne vorhersagt, es als letzter Eschatologe beschwört und zugleich ästhetisch goutiert, auf seinen ultimativen Feind projiziert: nämlich die Juden, die den Leviathan des souveränen Selbst, den sterblichen Gott, vernichten wollen: „Die Juden aber stehen daneben und sehen zu, wie die Völker der Erde sich gegenseitig töten; für sie ist dieses gegenseitige ‚Schächten und Schlachten' gesetzmäßig und ‚koscher'. Daher essen sie das Fleisch der getöteten Völker und leben davon."[74] Der Jude ist der Andere, Fremde und Feind, den das souveräne Selbst vernichten will, um sich damit faktisch selbst zu vernichten. Nicht zufällig hat Schmitt Max Stirner und Bruno Bauer einmal als „Partisanen des Weltgeistes"[75] bezeichnet; der eine als ästhetischer Souverän und der andere als Theoretiker des jüdischen Feindes sind die junghegelianischen Archetypen seines eschatologischen Souveräns.

Schmitt hatte vorher noch – das gehört zur Weisheit der Zelle – zur Vorsicht vor dem Feind gewarnt. Er wendet sich jetzt ganz im Sinne dieser monologischen Dramaturgien mit dem Du an sich selbst, an sein Ich, belehrt sich selbst, spricht mit sich selbst als dem Anderen. Das Selbstgespräch ist fiktiver Dialog, der Dialog von Anfang an Gespräch mit sich selbst: „Vorsicht also, und sprich nicht leichtsinnig vom Feinde. Man klassifiziert sich durch seinen Feind. Man stuft sich ein durch das, was man als Feindschaft anerkennt. Schlimm sind freilich die Vernichter, die sich damit rechtfertigen, dass man die Vernichter vernichten müsse. Aber alle Vernichtung ist nur Selbstvernichtung."[76] So kann die Dämonologie über die Juden, die doch eindeutig zum Zweck ihrer Vernichtung formuliert ist, in letzter Instanz nur als ein solcher Akt der Selbstvernichtung verstanden werden: als letzte Konsequenz der eschatologischen und damit der existenziellen Selbstermächtigung über den Feind, die den permanenten Krieg bezeichnet, dessen letzter eschatologischer Sinn Vernichtung als Selbstvernichtung ist.

4 Jonas Flucht vor Gott – Die kritische Theologie der 20er Jahre im Gefolge Kierkegaards: Martin Buber und Karl Barth zwischen Eschatologie und Existenz

Tatsächlich erscheinen diese politisch-existenziellen Selbstprojektionen, -bespiegelungen und Maskeraden Schmitts zwischen Theologie und Ästhetik im Angesicht des Feindes wie eine anachronistische Neuauflage und Illustration zu Heines Portraitreihe der gottlosen Selbstgötter und eschatologischen

Übermenschen von Feuerbach bis Marx und Bruno Bauer bzw. zu Kierkegaards Theopsychologie der Selbst- und Gottesflucht von Nero und Don Juan. Wo Heine vor allem die eschatologische Dimension der Selbstermächtigung in ihrer theologischen Bedeutung herausarbeitet, meint er natürlich nicht nur den linken Revolutionär mit seinem utopischen Machtanspruch, sondern auch schon die eschatologische Endfigur, die sich über die kritische Realisierung der Idee der Utopie mit notwendiger Konsequenz im Souverän als Kontraktion aller Eschatologien herausbildet und explizit nur über ihren eschatologischen Feind konstituiert. Diese antithetische Identität von Souverän und Feind bezeichnet also schon bei Heine die Quintessenz des eschatologischen Revolutionärs überhaupt, der sich zum Gott erhebt und sein totalitäres Machtsystem als absolutes Recht bzw. absolutes Wissen mit absoluter Gewalt zuletzt gegen Freiheit und Menschlichkeit errichtet. Es ist nicht zufällig, dass Heine in einem früheren Entwurf zu den Geständnissen auch den Namen Stirners[77] in eine Reihe mit Feuerbach, Bauer und Marx stellt, um auch mit dessen Engführung von Eschatologie und Ästhetik des individuellen Selbst, des Eigners, die letzte existenzielle Konsequenz des Revolutionärs paradigmatisch zu portraitieren: als den sündigen Nebukadnezar des in der Herrschaft über die Anderen erstarrten Selbst, zu dessen Sünde Heine sich selbst bekennt.

Wie bei Stirner Eschatologie und Ästhetik ineinander aufgehen, und so den Kern der revolutionären Existenz auf den politisch theologischen Begriff von Souveränität und Feindschaft bringen, so konnte Schmitts politische Eschatologie immer schon auch als existenziell-dezisionistisches Modell für die Revolutionen der sogenannten Linksschmittianer von Walter Benjamin bis Herbert Marcuse, von Jacob Taubes bis Giorgio Agamben und der RAF dienen, wie Schmitt diese Affinität seit den frühen Ausführungen zu Bakunin[78] und dann vor allem in seinem Buch über den Partisanen[79] provoziert hat, das diese Fluktuation des Begriffs des Politischen zwischen radikal nationalistisch und radikal revolutionär, zwischen Clausewitz und

Che Guevara, OAS und Vietcong sozusagen auf ihren gemeinsamen politisch theologischen und existenziellen Nenner der revolutionären Dezision zurückführt.

Mit dem gefallenen Götzen des Gottmenschen, Nebukadnezar, als Abbreviatur für den eschatologischen Revolutionär, hat Heine nicht nur eine Metonymie für die politische Dialektik von Freiheit und Herrschaft, sondern für die diese bestimmende Dialektik von Theologie und Säkularisation zuletzt auf ihre ästhetische Formel gebracht, indem er sich selbst mit ihnen zugleich identifiziert und eben durch sein Sündenbekenntnis von ihnen radikal distanziert hat. Er hat damit nicht weniger als den existenziellen Kern der eschatologischen Logik der Sünde von Selbstermächtigung und Feindbestimmung freigelegt, um den existenziellen Ausweg „ex captivitate", den Auszug aus der selbstverschuldeten eschatologischen Gefangenschaft seiner Generation anzuzeigen. Wie wir gesehen haben, verweigert sich Schmitt diesem Ausweg nicht nur, sondern er durchschaut ihn gar nicht, wenn er sich mit jedem Schritt seiner Leugnung der eigenen Schuld immer tiefer in diese verstrickt, hat sich doch der falsche Gottmensch Nebukadnezar längst in den unschuldigen Unmenschen zurückgezogen, der mit Stirner vor den Konsequenzen des großen Verbrechens in sein vermeintliches Paradies der adamitischen Unschuld des eschatologischen Opfers flüchtet und seine Feindschaften konserviert.

Mit der Destruktion und Umkehr des Subjekts der Macht öffnet sich für Heine tatsächlich der Horizont auf eine neue korrelative Existenz zwischen Selbst und Gott, die ihren praktischen Ausdruck in der Beziehung zum Anderen erhält, und damit auf eine in der ursprünglichen eschatologischen Utopie der jungen Hegelianer angelegte Politik, eine soziale Demokratie jenseits einer jeden totalitären Dogmatik und autoritären Dynamik, die die Idee von Mensch und Menschheit in einer dialogisch verfassten Gesellschaft auf der Grundlage sozial ökonomischer Gerechtigkeit einzulösen vermag. Diese enteschatologisierte Beziehung zwischen Theologie und Philosophie ermöglicht nicht nur eine andere Beziehung zwischen Religion und Gesellschaft, sondern sie ist auch auf eine offene Dialogik zwischen Judentum und Christentum jenseits der klassischen eschatologischen Aufhebungen und der orthodox-gnostischen Rückzüge aus der Moderne und ihren Eschatologien hin angelegt.

Es war dabei der von Schmitt wiederholt berufene Kierkegaard, der den inneren Zusammenhang von Existenz und Theologie, den Heine vor allem aus der eschatologisch-politischen Perspektive beleuchtet, existenziell therapeutisch vertieft hat. In der Tat beschreibt die von Schmitt beschworene Gestalt des gescheiterten Propheten Jona ein unfreiwilliges Geständnis des eigentlichen Sinnes der politischen Selbstbeschreibungen als Gefangener des Leviathans. Jona im Walfisch befindet sich mit seiner Flucht vor der eigenen prophetischen Aufgabe im Sinne der therapeutischen Logik des Selbst bei Kierkegaard immer schon auf der Flucht vor Gott und damit vor sich selbst. Schmitt hat Kierkegaard als Gewährsmann seiner politischen Theologie der Ausnahme gerne bemüht, aber sich bei seiner politischen Negation der Theologie tatsächlich auf Kierkegaards Ästhetik des Genies bezogen, um mit ihr den Souverän gegen seinen Feind zu konstruieren. Das berühmte Zitat aus der *Politischen Theologie*, das Schmitt einem „protestantischen Theologen" zuschreibt: „Die Ausnahme erklärt das Allgemeine und sich selbst. Und wenn man das Allgemeine richtig studieren will, braucht man sich nur nach einer wirklichen Ausnahme umzusehen,"[80] stammt in der Tat von Kierkegaard, bezieht sich aber bei diesem nicht zufällig auf das ästhetische Subjekt des Dichters: „Solch eine Ausnahme ist ein Dichter, welcher den Übergang bildet zu den eigentlich aristokratischen Ausnahmen, den religiösen Ausnahmen."[81] Auch könnte man behaupten, dass Schmitt Kierkegaards Idee des Gottmenschen Christus als die vollendete Liebe, des „Gesetzes Erfüllung" und des Handelns ohne Aufschub, d.h. die Einheit von Sein und Erklärung als Liebe im Geist der junghegelianischen Transformationen benutzt und in die Figur des Führers als Souverän der absoluten Entscheidung über den Feind verkehrt und entstellt hat. Er hat also gerade die theologische Dimension des Gottmenschen bei Kierkegaard verleugnet und bewusst im Sinn der zwei Körper des politischen Subjekts als rassistische Einheit von Führer und Volk entstellt. „Ja, er war Liebe und seine Liebe war des Gesetzes Erfüllung. Niemand konnte ihn einer Sünde zeihen, auch das Gesetz nicht, welches im Verein mit dem Gewissen alles weiß; es war auch kein Betrug in seinem Munde, sondern alles war in ihm Wahrheit, es war in seiner Liebe nicht eines Augenblicks, eines Gefühls, eines Vorsatzes Abstand zwischen der Forderung des Gesetzes und deren Erfüllung."[82] Ganz ähnlich hat Schmitt dann Kierkegaards fundamentale Analyse der Krankheit des Selbst adoptiert, das an seinem Selbst verzweifelt, kein Selbst und ein anderer sein will und in den Imaginationen einer vermeintlichen souveränen Macht Zuflucht sucht, nur, um diesen Befund auf den Feind zu projizieren, um ihn damit bloßzustellen und als Maskenexistenz zu erledigen, niemals als Symptom der eigenen Problematik der Selbstflucht und der eigenen Sünde und Schuld. So stellt er von dem konvertierten jüdischen Verfassungsjuristen Stahl Jolson fest, dass „ihm […] das christliche Sakrament der Taufe nicht nur, wie dem jungen Heine, als Entrebillet […] in das Heiligtum eines noch sehr soliden deutschen Staates" diente, sondern, dass er mit seiner Idee des „Konstitutionalismus den preußischen Soldatenstaat" zu Fall gebracht habe. Damit aber habe er „hier in der Gesamtlinie seines Volkes" gearbeitet, nämlich „in dem Doppelwesen einer Maskenexistenz, die um so grauenhafter wird, je mehr er verzweifelt ein anderer sein will als er ist."[83] Das sich selbst verfallene Selbst bei Kierkegaard, das verzweifelt ein anderer sein will, wird im Sinne der politisch theologischen Logik der Selbstermächtigung gegen den Feind bei Schmitt in direkter Projektion des eigenen Selbst verkehrt und gegen den vermeintlichen Feind gewendet.

Aber gerade das von Schmitt in *Ex Captivitate Salus* beschworene Symbol des Jona bringt ihn nun selbst tatsächlich zu Fall, indem es den eigenen Fall in das Licht der doppelten Bewegung von Gottes- und Selbstflucht gegen die Inszenierung des eigenen ironischen Spiels mit den verschiedenen politischen Masken stellt und damit gegen sich selbst verkehrt. Wie Schmitt Hobbes' *Leviathan* im Horizont seiner von ihm selbst angeblich undurchschauten symbolischen Implikationen als Opfer der messianischen Politik der Juden liest, so wird das eigene symbolische Spiel mit dem Leviathan, in dessen Fängen er sich angeblich verstrickt, zum Symbol seiner unbedingten Selbstwiderlegung, wenn Schmitt es als Maske für seine vermeintliche Opferrolle einsetzt. Damit hat er selbst, wie er von Hobbes' Symbol feststellt, nur „für einen Augenblick ein Fenster" geöffnet, um es „aus Furcht vor dem Sturm rasch wieder zu schließen."[84]

Kierkegaard selbst hat das Symbol des Jona, soweit ich sehe, nicht verwendet, obwohl es vielleicht keine andere biblische Figur gibt, die seine eigene Theologie des Selbsts in ihrem innersten Zusammenhang zwischen Selbst- und Gottesflucht besser illustrieren könnte. Noch bevor Jona zum allegorischen Symbol für den Gottmenschen Christus wird, der sich wie Jona drei Tage und drei Nächte im „Schoß der Erde" und im Tod aufhält (Mt.12:40), bzw. mit der Hinwendung zu den Heiden von Ninive die eschatologische Einbeziehung, wenn nicht Bevorzugung der Heiden vor den Juden symbolisiert, steht Jona für die existenzielle Weigerung, Liebe und Gnade von Gott anzunehmen, von der er im Grunde weiß, dass auch die sündigen Heiden von Ninive auf sie hoffen dürfen. Statt Gottes Aufforderung Folge zu leisten und den Ninevianern das Gericht anzudrohen (das ihre Buße und damit Gottes Gnade ermöglicht), flieht Jona vor diesem Auftrag nach Tarsis und findet sich auf seiner Flucht zuletzt im Bauch des Walfischs, um erst nach seiner Rettung und Ausführung des prophetischen Auftrags vor Gott zu bekennen: „Ach Herr, das ists ja, was ich dachte, als ich noch in meinem Lande war. Deshalb wollte ich nach Tarsis fliehen, denn ich wusste, dass du gnädig, barmherzig und langmütig und von großer Güte bist und lässt dich des Übels gereuen. So nimm denn meine Seele von mir, denn ich möchte lieber tot sein, als leben." (Jona 4:2–4) Jona besteht auf dem Gott der Macht und des gnadenlosen Gerichts, vor allem aber sieht er diesen Gott im Sinne seines eigenen egoistischen Willens als Machtprinzip nur seiner eigenen Nation, die den anderen Nationen überlegen ist und den Anderen keinen Anteil an Gott vergönnen will. Nicht nur kann er den Gedanken nicht ertragen, dass Gott auch mit den anderen Völkern einen Bund eingeht, sondern dass er einem anderen Volk seine Gnade und Liebe erweisen könnte, ja dass Gott eben vor aller Macht sich auch als der Gott der Liebe und Vergebung für ihn selbst sich offenbaren kann, das widerspricht seiner „Theologie". Lieber stirbt er, als dass er erleben müsste, wie Gott die Ninevianer und – am Ende – ihn selbst begnadigt und aus den Fängen des Todes befreit.

Der Prophet Jona wird hier also zur unfreiwilligen Chiffre der eschatologisch-existenziellen Flucht des Revolutionärs Schmitt und damit zu einer ultimativ negativen Abbreviatur der Verdrängung der theologischen Voraussetzungen des revolutionären Selbst überhaupt, das sich über die absolute Selbstermächtigung gegenüber dem Anderen selbst bindet, fesselt und in die Gefangenschaft seines Selbst begibt, um damit die eschatologische Antithese Souverän contra Feind unendlich im Sinne einer ewigen Wiederkehr des Gleichen wiederholen zu müssen.

Kierkegaard hat diese Existenzflucht als konsequente Folge einer Verwechslung der Lebensgrundlage in der Liebe durch das Prinzip der souveränen Macht in immer neuen Variationen und nicht zuletzt für den eigenen Fall des souveränen und genialen Autors als des ästhetischen Ausnahmefalls diagnostiziert, der nur über ein Bekenntnis seiner Schuld und Sünde und d.h. praktisch: über eine *Kenosis* bzw. einen *Zimzum*, also den Akt einer Selbsteinschränkung und Aufopferung der eigenen Macht und einer reuigen Umkehr zu sich selbst und damit zu der Möglichkeit der Annahme und Liebe des eigenen Selbst zurückzufinden vermag.

Im Kern bedeutet dieser Akt, wie wir oben sahen, eine radikale Revision der eschatologischen Selbstermächtigung, eine Umkehr der *Kenosis*, mit der das politische Subjekt den göttlichen Grund in den Grund des Subjekts, mithin das Urprinzip der Liebe in das politische Prinzip seiner souveränen Freiheit und Machtverhältnisse umgeschrieben hat. Mit der Macht hat das existenzielle Subjekt sich aus Angst vor eben dieser Freiheit und der eigenen Verletzlichkeit vor dem eigenen Selbst durch objektive Konstellationen des Wissens, der Normen oder Konventionen – mithin in einer Form des Anderen Seins – abgesichert, um diese Absicherung in der Macht über seine menschliche Bedingtheit und Bedürftigkeit bis zu dem Grad so auszubilden, dass es niemandem etwas schuldig bleiben will, sein eigenes Sein als Eigentum sich „aneignet" und dieses Selbst als Grund seiner selbst in Besitz nimmt. Die politisch-therapeutische Gegenbewegung nimmt ihren Ausgang von den aus diesen Konstellationen entstehenden Pathologien der Herrschaft über den Anderen, mit denen sich das revolutionäre Selbst in eschatologische Gefangenschaft begibt und zuletzt an sich selbst leidet und potenziell zugrundegeht. Neben den Beispielen von Nebukadnezar, Nero und Don Juan, hat Kierkegaard diese Pathologie am romantischen Ironiker, also an sich selbst, ausgeführt, der, um sich als genialer Schriftsteller bewähren zu können, sich all der ironischen Masken und Pseudonyme der fiktiven Autoren und Helden bedienen bzw. bemächtigen muss, um sich im Sinne der Therapeutik in seine fiktiven Helden hineinversetzen zu können, die ihm aber – im genialen Rausch – zugleich auch immer schon den Zugang zu sich selbst verstellen, so dass er in der Sünde lebt, im Aufschub zu leben, „zu dichten" und nicht zu „sein".

Was Heine und Kierkegaard schon als Zeitgenossen der junghegelianischen Bewegung und ihrer eschatologischen Logik des Subjekts auf der Grundlage der Politik und der ästhetischen Existenz durchschaut haben, haben Martin Buber und Karl Barth im Rahmen einer kritischen Theologie für diese dritte Phase der durch Carl Schmitt bestimmten politischen Theologie als radikal theologische Widerlegung aller Formen der souveränen politischen Theologie, zumal der souveränen Existenz ausgeschrieben. Indem sie Heines Idee der Korrelation bzw. Kierkegaards Theologie der Differenz und Dialogik fortführten, suchten sie den kritischen Auszug aus der eschatologischen Gefangenschaft, die sie als „Gottesfinsternis"[85] bzw. als „Gottesferne"[86] und eschatologischen „Naturzustand" rekonstruierten, um über eine radikale Kritik der eschatologischen Idolatrie des Selbst Theologie und Philosophie, bzw. Judentum und Christentum zu entflechten und in eine dialogische Konstellation umzuschreiben. Mit dieser Theopolitik der dialogischen Differenz ging es ihnen tatsächlich um eine andere, demokratische Politik, die dialogisch angelegt, sozial gerecht ist, und dem Einzelnen gegen alle Subsumptionen zu seinem Recht verhilft – um damit tatsächlich Feuerbach, Marx/Engels und Stirner gegen ihre Reduktionen, Totalisierungen und Finalisierungen erst auf ihre real-humane Grundlage zu stellen.

In diesem Sinn haben die existenziellen Theologen Martin Buber[87] und Karl Barth[88], der jüdische Prophet des Dialogs und der protestantische Christologe, ihre jeweils radikale Theologie der dialogischen Existenz im Geiste Kierkegaards als letzte Konsequenz der modernen politischen Eschatologien und ihrer absolutistischen Säkularisationen in der Philosophie Hegels und seiner Nachfahren von Feuerbach, Stirner bis zu Carl Schmitts politischer Theologie und das heißt: als Folge der von dieser verdrängten Theologie aufgedeckt. Insofern diese Existenz als unmittelbare Resonanz aus diesen säkularistischen Eschatologien hervorgegangen ist, steht sie immer schon für eine radikale Krise dieser Existenz, die sich vor ihren ursprünglichen Beziehungen zu sich selbst, den Anderen und Gott als Eigner von Macht, Wissen und Recht losgelöst und „monologisch" ermächtigt und verschlossen hat, aber auch für die Möglichkeit einer Selbstbesinnung und Selbstbefreiung aus der eschatologischen Gefangenschaft über diese ursprünglichen Beziehungen. In dieser Negativität wird die Existenz bei beiden Theologen also zum Schauplatz einer Dramaturgie der Verdrängung, des Vergessens und der Verweigerung, die die Epoche der Moderne nach ihren säkularistischen Reduktionen als „Gottesfinsternis" bzw. „Gottesferne" charakterisiert, die aber gerade deswegen auch ihres Ausgangs aus der selbstverschuldeten monologischen Unmündigkeit und ihrer Befreiung durch eine dialogische Therapeutik harrt.

Gegen die eschatologischen Konstruktionen einer absoluten Identität des philosophischen Subjekts und die erotischen, ökonomischen und ästhetischen Idolatrien des Selbst bei Feuerbach, Marx und Stirner, das sich zuletzt über den Feind konstituieren muss, erkennen beide Dialogiker in der Theologie, d.h. in der Ich-Du-Beziehung zwischen Mensch und Gott die Voraussetzungen für eine kritische Theorie zur Destruktion dieses Subjekts.[89] Beiden geht es – ausgehend von Kierkegaards theologischem Axiom der unendlichen qualitativen Differenz zwischen Gott und Mensch – um den Sturz des „revolutionären Menschen", der identitären Philosophie und der politischen Theologie des souveränen Subjekts, wie für beide auch alle Versuche eines Rückzugs in eine vermeintliche Sicherheit des orthodoxen oder liberalen Glaubens verstellt sind. Die Krise der eschatologischen Existenz in ihrer monologischen Katastrophalität der Selbstermächtigung und -verkapselung zu Ende gedacht, bezeichnet für beide Krise, Wendepunkt und Befreiung des Selbst zu seiner wahren Freiheit und zu seinem eigentlichen Selbst, das immer schon im Zwischen von Ich und Du der korrelativen Beziehungen mit den Anderen steht und von hier aus zu einem ganz neuen Verständnis des sich offenbarenden Gottes – jenseits aller philosophischen bzw. traditionell orthodoxen Verdinglichungen in der Ich–Es- bzw. Subjekt–Objekt-Konstellation gelangt. Damit bezeichnet der Tod Gottes – von Feuerbach bis Stirner und Nietzsche – nur die letzte Konsequenz der metaphysischen Verdinglichung Gottes, die sich in den säkularen Transformationen Hegels und der Junghegelianer sedimentiert hat, aber gerade im Licht der radikalen Krise der Existenz die Perspektive auf einen Auszug aus der selbstverschuldeten monologischen Unmündigkeit ermöglicht, nämlich als Auszug aus der metaphysischen Substanztheologie und Entdeckung der wahren Theologie der dialogischen Beziehung und herrschaftskritischen Politik.[90] Die absolute Krise der Moderne – ihre Gottesfinsternis – ist für beide zunächst Folge der radikalen Religionskritik und der „Tötung Gottes" durch das monologische Subjekt, wie sie seit Hegel bis Nietzsche das philosophische Geschehen beherrscht. Aber tatsächlich betrifft dieser Tod nur das metaphysische Objekt Gottes – des Gottes als Seiendes und Grund des Seins – mithin den „Nichtgott" der Bedürfnisse, Projektionen und Vernunft des Subjekts. Die absolute Krise, die sich mit dem Nichts Gottes abzeichnet, bezeichnet so immer schon das Ereignis der nunmehr möglichen Offenbarung als das Du der dialogischen Urbeziehung.

Beide, Buber und Barth, nehmen damit nicht nur Heines politische Kritik[91] und Kierkegaards existenzielle Kritik an der politischen Eschatologik des Subjekts in ihrer aktuellen Fassung von Schmitts politischer Theologie auf, sondern sie erkennen in dem parallel sich entwickelnden Existenzialismus bei Heidegger und Sartre dieselbe theologische Problematik. Wo Schmitt die Theologie zuletzt auf ihren säkularen politischen Begriff von Souveränität und Feindschaft zurückführt, fordern Heidegger und Sartre eine radikale Säkularisierung von Kierkegaards Existenzphilosophie bzw. ihrer revolutionären Begrifflichkeit von Existenz, Freiheit, Angst und Entscheidung.

Mit dieser Forderung nach einem radikalen methodischen Anfang und einer quasi-cartesischen Neubegründung der Phänomenologie der Existenz haben beide – ähnlich wie Schmitt – gerade das theologische Problem der potenziellen Selbstermächtigung ausgeblendet, das Kierkegaards Denken als unmittelbare Vorgeschichte, aber auch Bubers und Barths dialogische Theologie der Existenz bestimmt. Wo Kierkegaards theologisch bestimmtes Existenzdenken also Ende und Umbruch einer einseitigen säkularen Bewegung der Selbstverschließung darstellt, setzen Heidegger und Sartre einen rein säkularen Anfang in der Phänomenologie, mit dem die Existenz allerdings wieder in der Gefahr steht, die verschiedenen souveränen, revolutionären bis nihilistischen Metamorphosen zu wiederholen und neu aufzulegen.

Heideggers *Sein und Zeit* versteht sich als rigorose Säkularisierung von Kierkegaards Existenzbegriff auf der Grundlage eine Ontologie der Temporalität, die damit, ohne dies zu erwähnen, an die radikalen religionskritischen Entwürfe der Junghegelianer anknüpft. Nicht zufällig erkämpft sich das Dasein im Angesicht des Nichts seine eigentliche Souveränität der Entschlossenheit, die ihn – mit Stirners Eigner – auch schon gegen/über die uneigentliche Gesellschaft stellt.[92] Ähnlich gilt für Sartres Apriori vom Primat der Existenz gegenüber der Essenz als Folge der radikalen Negation aller Theologie, dass der Mensch sich nunmehr aus dem Nichts erzeugen muss,[93] oder später für Michel Foucaults „Subjekt", das in einer Art permanenter Selbstrevolution gegen alle Begriffe, Formen und Wesen den Menschen als letzte Konsequenz des Todes Gottes beseitigen wird.[94] In den Worten eines berufenen Historikers der Philosophiegeschichte:

> „Die Möglichkeit der Existenzphilosophie hat zu tun mit dem Ende Gottes. […] Indem der aus der Bibel stammende Gott seine absolute Allmacht durch das sacrificium essentiae der Kreaturen durchsetzt, indem er so (nominalistisch) die Wesensbegriffe verabschiedet, schafft er die Möglichkeit dafür, daß schließlich Philosophien auftreten, die speziell den Menschen nicht mehr durch sein Wesen definieren können, und die ihn schließlich dann dadurch definieren müssen, was nach der Abdankung der Wesensbegriff übrigbleibt: nämlich seine Existenz."[95]

Buber und Barth waren davon überzeugt, dass auf der Grundlage der radikalen Negation nicht nur die andere junghegelianische Vorgeschichte des Existenzbegriffs bei Kierkegaard und damit seine Genese aus dem eschatologischen Problem bzw. der Negation der Theologie ausgeblendet wird, sondern die eigentlich dialogisch-theologische Dimension der Existenz im Ganzen verfehlt werden muss. Wenn sie zwischen einem monologischen „Ich bin“ (bzw. einer Ich–Es-Beziehung) und einer dialogischen Ich–Du-Grundhaltung unterschieden, dann verkannten sie in den verschiedenen junghegelianischen Strategien der erotischen, ökonomischen oder ästhetischen Reduktion der Theologie auf die Anthropologie zwar nicht die Anfänge einer Reflexion auf die Freiheit der Existenz, aber sie suchten die hier entstehenden Konstellationen einer souveränen Selbstermächtigung des Subjekts, das als „Eigner“ die Theologie ent-/aneignet, durch ihr dialogisches Denken von dieser Idolatrie bzw. Apotheose zu befreien. Gegen die in der politischen Theologie und in der Existenzphilosophie der Souveränität immer schon geltende „ökonomische“ Logik der Ent-/Aneignung, handelten Buber und Barth also als „Expropriateure dieser Expropriateure“, als „Enteigner dieser Enteigner“, um die Idee der Freiheit von ihren erotischen, ökonomischen und ästhetischen Selbstverschließungen des Subjekts zu befreien. Wenn sie dabei (neben anderen Theoretikern) auch auf Feuerbachs Dialogik zurückgriffen, dann um in diesem Sinn gerade deren radikalen Atheismus bzw. deren implizite Idolatrie dialogisch zu dekonstruieren und auf die Korrelation Mensch–Gott zurückzuführen.[96]

Wo der radikale Existenzialismus zwischen säkularer Eigentlichkeit und (theologischer – metaphysischer – sozialer) Uneigentlichkeit des seiner selbst mächtigen Selbst unterscheidet, steht die Existenz bei Buber und Barth für eine Entscheidung zwischen dieser souveränen Selbstmacht mit ihren Versionen der politischen Theologie einerseits und einem Leben aus der Beziehung zum Du, das als Vorlage einer, wie Buber es nennt: kritischen Theopolitik der dialogischen Gemeinschaft dient. Beide Theologen verstehen die Krise der Existenz also nicht nur auf dem Hintergrund ihrer historischen Genese in der radikalen politischen Eschatologie, sondern hoffen mit der Theologie auf die therapeutische Korrektur und Rettung ihrer ursprünglichen Intentionen des Selbst bzw. der Existenz als Grundlage für die Rettung der Idee von

Freiheit, Gemeinschaft und Demokratie jenseits der eschatologischen Totalitarismen, Konfrontationen und Feindschaften.

Buber hat diese grundsätzliche Entscheidung als *Schibboleth* des Ichs beschrieben, in dem die Beziehung des Einzelnen zur Menschheit sich bestimmt: „Nach seinem Ich sagen – danach, was er meint, wenn er Ich sagt – entscheidet sich, wohin ein Mensch gehört und wohin seine Fahrt geht. Das Wort Ich ist das wahre Schibboleth der Menschheit."[97] Für Buber entscheidet sich diese Fahrt tatsächlich immer an dem Du, das mir begegnet und auf das ich mich einlasse oder nicht. „Aber ich trete in unmittelbare Beziehung zu ihm. [...] Ich werde am Du, ich werdend spreche ich Du."[98] Ähnlich erklärt Barth: „Ich bin, indem ich dem Anderen begegne, der in entsprechender Weise, wie ich selbst bin, auch ist."[99] Da die durch keine Theorie der Kommunikation einzuholende Situation von Begegnung und Gespräch stets ein einmaliges temporales Ereignis bleibt – Buber spricht vom „Analphabetismus"[100] der dialogischen Kommunikation –, muss es sich in der Antizipation oder Erinnerung aber auch immer schon in ein Ich–Es-Verhältnis verwandeln, eine Verwandlung, die durch das Bedürfnis nach Verstehen und Selbstreflexion, aber auch nach Selbstschutz, Selbstbehauptung und vor allem durch gesellschaftlich ökonomische Zwänge und Notwendigkeiten verstärkt und systematisch funktionalisiert wird.[101] Damit droht sich die Dialogik, die immer schon eine Beziehung gleichberechtigter Personen voraussetzt, schnell in ein System des funktionell organisierten Nebeneinanders bzw. auch schon in eine Konstellation der Herrschaft zu verkehren, und sich dementsprechend gegen die möglichen dialogischen Interventionen durch ontologische, normative und politische Regelungen und Maßnahmen absichert. Barth beschreibt diese Verkehrung in ihren ethischen Konsequenzen rigoros als „Rückzug in die Inhumanität eines Seins ohne das Sein des Anderen in das ‚Ich bin' eines leeren Subjekts."[102]

Mit diesem Rückzug in die Ich–Es- bzw. „Ich bin"-Sphäre droht das Selbst sich in einem Panzer einzurichten, der ihm zur Gewohnheit wird und als solcher nicht mehr wahrgenommen wird, womit die Selbstverschließung praktisch hermetisch wird. „Jeder von uns steckt in einem Panzer, dessen Aufgabe ist, die Zeichen abzuwehren. Zeichen geschehen uns unablässig, leben heißt angeredet werden, wir brauchten nur uns zu stellen, nur zu vernehmen. Aber das Wagnis ist gefährlich, die lautlosen Donner scheinen uns mit Vernichtung zu bedrohen, und wir vervollkommnen von Geschlecht zu Geschlecht den Schutzapparat.[…] Jeder von uns steckt in einem Panzer, den wir bald vor Gewöhnung nicht mehr spüren."[103] Da der Dialog immer schon unabschließbar den Horizont eines demokratisch-solidarischen und „unendlichen Gesprächs" bezeichnet und sich damit für Buber immer schon im Angesicht des unendlichen Du ereignet,[104] finden die beiden Konstellationen der Beziehung des Ichs tatsächlich ihren letzten politisch-theologischen Ausdruck entweder in dieser Beziehung zu Gott als dem unendlichen Du, also in einer unmittelbar-offenen Beziehung oder in der verdinglichten Beziehung zu Gott als Es (Substanz, Subjekt, Sein, Prinzip) bzw. als souveräne Macht des Gebots und Befehls, in der das monologische Ich selbst schon die Regie übernommen hat. Ähnlich fasst Barth seine Überlegungen zur christologisch fundierten Humanität zusammen:

> „Der wirkliche Mensch, wie Gott ihn geschaffen hat, ist nicht in der Wüste dieser Einsamkeit [des Abfalls von Gott und von sich in der souveränen Selbstermächtigung]; […] er braucht nicht erst aus jener Wüste herauszutreten, um dann erst nachträglich (und dann gewiß nicht in letztem Ernst) auch noch mit den andern zusammen zu sein. Seine Freiheit besteht vielmehr von Haus darin, diesen Andern zu meinen und zu suchen: nicht um sein Sklave oder sein Tyrann, wohl aber sein Gefährte, sein Geselle, sein Kamerad, sein Genosse, sein Gehilfe zu sein, und damit der Andere ihm dasselbe wieder sei."[105]

Ganz im Sinne dieser Dichotomie ernennt Buber Napoleon zum Inbegriff der Selbstermächtigung und -verkapselung: „In der Tat, der Herr des Zeitalters kannte offenbar die Dimension des Du nicht. [...] Er war das dämonische Du der Millionen, das nicht antwortende, das auf Du mit Es antwortende, das im Persönlichen fiktiv antwortende, das nur in seiner Sphäre, der seiner Sache, nur mit Taten antwortende."[106] Barth erkennt dagegen in Nietzsche den epochalen Archetyp einer solchen Selbstverschließung im Namen der absoluten Macht:

> „Das Neue bei Nietzsche war eben wirklich dies, dass die Entwicklung der Humanität ohne den Mitmenschen – die heimlich schon die Humanität des Olympiers Goethe, auch die Humanität der anderen Klassiker und dann auch die jener Mittelmäßigen gewesen war – bei ihm in ein ungleich fortgeschritteneres, reizbareres, gefährlicheres und doch auch gefährdetes – sollen wir sagen: in ihr letztes? – Stadium getreten war. Das Neue bei Nietzsche war der Mensch der ‚azurnen Einsamkeit', sechstausend Fuß über der Zeit und den Menschen, der Mensch, dem die an derselben Quelle trinkende menschliche Mitkreatur einfach peinlich, einfach schrecklich, der für die Mitkreatur einfach unerreichbar geworden ist."[107]

Die Grund-Entscheidung zwischen der Ich–Du-Beziehung zum Anderen aus dem göttlichen Du bzw. der Ich–Es-Beziehung, die den Anderen und Gott objektiviert, um sich über diese Distanzierung potenziell von sich selbst und dem anderen zu distanzieren und sich so als Herrschaft über die Anderen zu erheben, führt Buber an anderer Stelle direkt auf die eschatologische Antithese der junghegelianischen Philosophen Stirner – Kierkegaard zurück.[108] Beide sind zwar Resultat der existenziellen Kritik an Hegels absolutem System des Subjekts und weisen also auf den notwendigen Auszug der Existenz aus dem System, unterscheiden sich aber radikal im Licht dieser Urentscheidung: Während Kierkegaards Einzelner sich aus seiner Beziehung zu Gott als endliches und mögliches Selbst in seinen Beziehungen zu Gott und dem Anderen neu entdeckt, ist „der Eigene [Stirners] […] ursprünglich frei, weil er nichts als sich anerkennt und wahr ist, was Mein ist."[109] Wenn Buber hier – wie übrigens auch Barth – zunächst an der primären Orientierung Kierkegaards am Einzelnen in seiner Beziehung zu Gott eine potenzielle Vernachlässigung der ethischen Beziehung des Ich und Du befürchtet, wird dieser Einzelne doch spätestens in Kierkegaards „Werken der Liebe", also dem Werk, das er nicht mehr mit einem Pseudonym, sondern mit seinem eigenen Namen zeichnet, zum Ausgangspunkt für einen biblischen Existenzialismus, der mit dem ursprünglichen Aufruf Gottes an Abraham die Umkehr von der Idolatrie zur wahrhaften und unmittelbaren Beziehung zwischen Ich und Du eröffnet und damit doch zum Urbild der prophetischen Ethik und Theopolitik wird.[110]

An Stirners Prinzip der existenziellen Selbstermächtigung erkennt Buber dann nicht nur den Archetyp der Selbstermächtigung als Selbstverschließung, sondern auch die spezifische Konstellation von Carl Schmitts souveräner politischer Theologie, Mussolinis Faschismus und Hitlers Führerideologie. Stirners Buch *Der Einzige und sein Eigentum* sei für Mussolini „das Evangelium des Individualismus und die größte Dichtung, die je zur Verherrlichung des gottgewordenen Menschen gesungen worden ist. Als Diktator bekommt er die Möglichkeit, die Rolle eines gottgewordenen Menschen zu spielen."[111] In direkter Linie von Stirners Überwindung des Konzepts vom „Verbrecher" zitiert Buber in diesem Zusammenhang Hitlers Führerverständnis, um zugleich auf den Zusammenhang von souveräner Selbstermächtigung und dem faschistischen Heilsversprechen zu verweisen: der Befreiung von der Freiheit. „Der Ausdruck Verbrecher […] stammt noch aus einer überwundenen Welt. Die Vorsehung hat mich zu dem größten Befreier der Menschheit vorbestimmt, Ich befreie den Menschen von der schmutzigen und erniedrigenden Selbstpeinigung einer Gewissen und Moral genannten Chimäre und von den Ansprüchen einer Freiheit und persönlichen Selbständigkeit, denen immer nur ganz wenige gewachsen sein können."[112]

Karl Barth hat die beiden Seinsweisen der dialogischen Existenz im Römerbrief primär aus den beiden Grundformen der Liebe, von *Eros* und *Agape*, der Intentionalität der Liebe als Begehren und Nächstenliebe, rekonstruiert; indem er seinerseits an Feuerbachs anthropologische und Kierkegaards theologische Rekonstruktion der Liebe anknüpft, zeigt er, wie der Eros als „die Gestalt dieser Welt" den Einzelnen immer schon als Begehren des Anderen bestimmt, der in solchem Begehren des Anderen immer auch schon des Anderen „habhaft" werden, ihn oder sie instrumentalisieren und beherrschen will und damit den Anderen, aber auch sich selbst in seiner ursprünglichen Intention auf Liebe verfehlt und aufgibt.[113] Aber an eben dieser Verfehlung, mit der die ursprüngliche Intention auf Liebe, Beziehung und Anerkennung sich in den Eigenwillen des „Ich bin", Konfrontation, Streit und zuletzt Krieg verkehrt, so dass die Liebenden sich nur als Feinde begegnen können, erkennt sich das Selbst als Feind potenziell auch schon in seiner eigenen Verfehlung und Verkehrung dieser seiner ursprünglichen Intention auf Liebe und damit die eigentlich intendierte dialogische Tiefendimension der Liebe, wie sie Kierkegaard in den Werken der Liebe als *Agape* beschrieben hat.

Auch bei Barth wird diese Alternative zum Urmodell von zwei verschiedenen Formen der politischen Theologie, wenn er das Selbst als „erotischer Souverän" zunächst zum Archetyp des eschatologischen Subjekts ernennt, wie es sich in dem aktuellen links- bzw. rechtsradikalen „Idealmenschen nach dem Schema Ludendorff – Lenin"[114] darstellt. Dieser Idealmensch, Titan und Tyrann „tritt Recht habend andern Menschen gegenüber. Auch er usurpiert eine Stellung, die ihm nicht zukommt, eine Legalität, die in ihrer Wurzel illegal ist, eine Autorität, die, wir haben es am Bolschewismus schaudernd erlebt, [...] nicht lange säumen wird, ihren wahren Charakter der Tyrannei zu enthüllen."[115]

Mit diesen jeweils unterschiedlichen Akzenten setzen beide kritischen religiösen Sozialisten also nicht nur auf eine Kritik und Therapeutik der Idolatrie des Selbst und seiner Pathologien, sondern auch auf eine Destruktion der politischen und religiösen Institutionen, mit denen sich der Einzelne über den Anderen ermächtigt, und d.h. auf eine konsequente Politik der Demokratie jenseits dieser Idolatrien des eschatologischen Subjekts.

Buber hat in expliziter Umkehrung von Carl Schmitts politischer Theologie des souveränen Subjekts sein dialogisches Projekt als Theopolitik[116] bezeichnet, die sich jedem Diktat der instrumentellen Herrschaft entgegenstellt. Während er dabei diese Theopolitik mit der biblischen Tradition und konkret: mit dem berühmten Wort des Richters Gideon an die Israeliten: „Nicht ich werde über euch herrschen, und nicht mein Sohn, sondern Gott nur soll euer König sein"[117] anheben lässt, das dann von den Propheten gegen die davidische Monarchie gewendet wird und in Jesus' Urgemeinde als vorbildliche Realisierung dieser Theopolitik gipfelt, denkt Barth die existenziell-politische Kritik des souveränen Subjekts mit dem Apostel Paulus aus der Perspektive der ultimativen Krise des Menschen, wie sie sich in Tod und Auferstehung von Christus darstellt: als Drama des Todes des „alten Menschen" und seiner Verwandlung in den Leib Christi als neuer Mensch. Wenn bei dieser Orientierung an Jesus bzw. an Christus für Buber und Barth das biblische Urgesetz des dreifachen Liebesgebots der Nächsten-, Selbst- und Gottesliebe als Urgesetz der wahren menschlichen Gemeinschaft gilt, vertieft sich über diese Unterscheidung zwischen dem jüdischen Menschen und Propheten Jesus einerseits und dem von Paulus aus gedachten dogmatischen Christus von Tod und Auferstehung andererseits allerdings auch der Unterschied zwischen beiden Theologen in ihrer jeweils verschiedenen messianischen Perspektive, die sich aus den unterschiedlichen religiösen Traditionen von Judentum und Christentum herschreibt. Buber bringt sie auf den einfachen Begriff des Glaubens „von" dem jüdischen Propheten Jesus und dem paulinischen Glauben „an" Christus als den Erlöser.[118]

Mit der Trennung zwischen Theologie und Philosophie vertiefen sich indes folgerichtig auch die verschiedenen religiös-eschatologischen Perspektiven, um damit – wie wir sehen werden – auch die eigentliche Dialogik dieser Theologien in ihrer ganzen postsäkularen bzw. postkanonischen Dimension einzufordern.[119] Bubers biblische Theopolitik ist vom Ursprung aus gedacht Vorbild für die messianische Intervention, sie geht dabei zugleich von einem das Abendland im Ganzen betreffenden Prozess der Trennungen zwischen der Idee der ursprünglichen Theokratie und der davidisch- salomonischen Monarchie aus, der mit Paulus' Christologie zur Loslösung von der dialogischen Urgemeinde um den jüdischen Propheten Jesus führt und die Trennung von Religion und Staat besiegelt, die ihren prägnanten Ausdruck zuletzt in der politischen Theologie des souveränen Imperators des Römischen Reiches erhält. Den Höhepunkt dieses Prozesses der Trennung erkennt Buber in der Gnosis des Markion, der auf der Grundlage von Paulus' Christologie zu einer radikalen Trennung von irdischer und himmlischer Gottheit übergeht und über diesen Dualismus der Gottheiten das Judentum und das Alte Testament im Ganzen als Zeugnis eines dämonischen Gottes verwirft.[120] Kaum zu übersehen ist hier die Aktualität dieser Rekonstruktion im Licht der Entwicklungsphasen der protestantischen Theologie zu Beginn des zwanzigsten Jahrhundert. Buber selbst hat gemeinsam mit Leon Ragaz eine jüdisch-christliche Theopolitik des religiösen Sozialismus verfochten, die sich an der Idee der christlichen Urgemeinde orientiert. Mit Barth und den dialektischen Theologen kommt es im Gegenschlag gegen die liberale Theologie des historischen Jesus zu der Reorientierung an der Christologie des Paulus, und durch Adolph von Harnack schließlich zu der gnostischen Kehre mit Markion und der kanonischen Entkoppelung des Neuen vom Alten Testament, eine Trennung, die nicht nur Buber als Vorzeichen der antijüdischen Staatspolitik im Dritten Reich gedeutet hat.[121] Bubers aktuelle Theopolitik war dabei bekanntlich nicht nur gegen diese Tendenzen der deutsch-protestantischen Theologie, sondern auch schon gegen eine politische Theologie der souveränen zionistischen Politik gerichtet, die sich im Gegenzug zur prophetischen Politik einer binationalen jüdisch-arabischen Koalition – zumal in der Politik des Staatsgründers Ben Gurions – vor allem auf die biblische Idee der davidisch-salomonischen Monarchie als Modell für den jüdischen Staat berief.[122]

Aber mit seiner Rekonstruktion der aktuellen Bedeutung der Trennungen innerhalb des Protestantismus der 20er Jahre hat sich Buber auch eindeutig gegen die durch Paulus geprägte Theologie Karl Barths positioniert, wie dieser in seiner Attacke gegen Leon Ragaz' religiösen Sozialismus als einer Version des vermeintlichen Einvernehmens des menschlichen mit dem göttlichen Willen sich auch schon von Bubers Position einer immanenten messianischen Politik distanziert hat.

Trotz dieser aufbrechenden Fronten erscheint Barths kritische Theologie nicht nur als eine Analogie zu Bubers dialogischer Theopolitik – Barth versteht sich wie Buber durchaus als Sozialist – sondern auch als eine Radikalisierung der Krise der Existenz und damit als Voraussetzung für eine Therapeutik im Geist des Paulus, die – anders als die klassische liberal-protestantische Theologie – sich gerade von ihrem tendenziellen Antijudaismus löst und eine neue dialogische Beziehung zum Judentum anstrebt, die sich nicht zuletzt in Barths eindeutigem Widerstand gegen den NS-Staat als einem neuen totalitären Ausdruck der vermeintlichen eschatologischen Übereinstimmung zwischen Gott und Führer dokumentiert, wie sie von den „deutschen Christen" vertreten wurde.

Wenn Barth das Problem der Existenz im Römerbrief vor allem aus dem Horizont der Liebe als Eros und Libido konstruiert, die die „Gestalt dieser Welt" bestimmt, verschärft er aus der paulinischen bzw. christologischen Perspektive auch immer schon die radikale eschatologische Krise des Subjekts in ihrer letzten katastrophalen Konsequenz, um aus dieser Krise die eigentliche Möglichkeit der Kehre zum Liebesgesetz umso dramatischer zu beschreiben. Wie schon oben kurz skizziert, stellt sich der Eros in diesem Sinn als das menschlich-allzumenschliche Begehren nach Befriedigung, Selbstbestätigung, Lust, Macht etc. dar, das den Anderen gerade dann oder eigentlich erst dann wirklich als Anderen wahrnimmt, wenn dieser sich den Projektionen, Vorstellungen und Wünschen des begehrenden Selbst entgegenstellt. Damit sucht das Begehren, in nunmehr umgekehrter Projektion des Anderen als Gegner, am ehesten für seinen Eigenwillen den Ausweg, sich im Streit zu entlasten, bzw. es eröffnet potenziell schon den Krieg gegen den Anderen, der damit auf die Totalität seines vermeintlich unveränderlich-widerständigen „Seins" als Gegner festgelegt und zuletzt als Feind bekämpft wird. „Die Regel unserer Beziehung zum Anderen, auch wenn diese Beziehung Liebe heißt, daß wir Böses mit Bösem vergelten, d.h. dass wir im Anderen den Einen [den Guten], der er nicht ist, nicht sehen, sondern ihn darauf behaften, der er ‚ist'."[123] Mit dieser „ontologischen" Festlegung, die immer schon auf Konflikt und Krieg hin angelegt ist, verstellt das Selbst nicht nur dem Anderen, sondern gerade sich selbst die Möglichkeit eines Andersseins bzw. eines anderen Verhaltens, sondern zielt vielmehr auf eine Eskalation, die den Anderen bekämpft, „loswerden" will und zuletzt zu vernichten droht. Mit dieser tendenziell liquidatorischen Eskalation meldet sich immer schon das unausweichliche Bewusstsein, dass der Mensch, wie Nietzsche feststellt, ein zu überwindendes Wesen sei, eine Feststellung, die bei Barth aber zum Indiz einer dringenden ethischen Umorientierung und Umkehr sich wendet, da der konkrete Mensch als Feind, also der Mensch in seiner rätselhaften Menschheit und Menschlichkeit gar „nicht sterben" kann. „Der stirbt nicht, auch wenn wir den Streit mit dem zufälligen Mitmenschen bis zu dessen Vernichtung fortführten."[124]

An dieser aus dem zur Aggression verkehrten Eros sich entfaltenden Konfrontation und Eskalation zwischen Ich und Du wird für Barth jetzt das Problem des Gottmenschen in seiner ganzen existenziellen und eschatologischen Bedeutung ex negativo aus der theologischen Perspektive neu entfaltet. An dem vergeblichen Versuch des „erotischen Souveräns“[125] bzw. des eschatologischen Subjekts, das den Anderen nur noch als ultimative Störung und Feind auslöschen will, demonstriert Barth nicht nur die katastrophale Eschatologik dieses Subjekts, mit der die Idee der Freiheit immer schon in Herrschaft und Gewalt umschlägt, weil der Mensch die Menschheit so radikal revolutionieren will, dass er den menschlich-allzumenschlichen Menschen tatsächlich abschaffen will. An der totalen Gewalt dieses totalisierenden Subjekts bricht also für Barth das Problem des Gottmenschen in seiner ganzen ontologisch – ethischen – religiösen Bedeutung wieder auf, indem die absolute Negativität dieses Kriegszustands den Horizont auf einen anderen Eros – die *Agape* – eröffnet. Das souveräne Ich ist als absoluter Grund des Seins und „Nichtgott“, der sich gegen den Anderen erhebt, unterbrochen und gestört, es findet sich durch den Anderen in Frage gestellt, um so in seiner Feindschaft zuletzt die negative Spiegelprojektion seiner selbst in ihrer eigenen Unmöglichkeit, Umkehr- und Erlösungsbedürftigkeit zu erkennen, d.h. es erkennt sich in seiner Sünde und d.h. die ursprüngliche Intention der Liebe vor ihrer Verkehrung und Entstellung als souveräne Macht.

„Der Krieg ist das natürliche Tun des Menschen, der, seinen Aspekt vom Mitmenschen verabsolutierend, sein will wie Gott.“[126] Wenn er so nach dem „Szepter Gottes“ greift, muss der Andere einerseits zum absoluten Feind dämonisiert werden, andererseits aber wird er in dieser absoluten Feindschaft potenziell zum Ereignis der möglichen Einsicht in das Wesen des Feindes als Projektion der eigenen Feindschaft: „Unheimlich nahe liegt hier offenbar die letzte Versuchung des Titanismus, die Versuchung, mir selbst Recht zu verschaffen, den Kampf ums Recht aufzunehmen [...], mich an die Stelle des unsichtbaren Gottes zu stellen und dem Feinde der Feind, dem Titanen ein Titan zu werden.“[127] Damit aber erfüllt sich die eschatologische Subjektivität in ihrer letzten negativen Intention für

Barth als Wiederholung des Naturzustands, als „der alte Urstand der Natur“, als die vorläufig letzte Wahrheit über das Verhältnis von Mensch zu Mensch und damit zu dem unsichtbaren Gott: als Feind des Feindes, „ob er nun der persönliche, der nationale, der Gesinnungs- oder der Klassenfeind“ ist – wie Barth noch einmal den inneren Zusammenhang zwischen der existenziellen und der eschatologischen Existenz bestätigt.

Die Eschatologik der Freiheit und des Eros, indem sie die „Gestalt dieser Welt“ stets von Neuem aktualisiert, wird nicht nur potenziell immer schon in die Unfreiheit und die Gewalt verkehrt, wie es die politische und existenzielle Logik je von Neuem demonstriert, sondern sie wird – theologisch – zum Gericht über den Feind des Feindes, wenn das Selbst sich mit seinem absoluten Anspruch auf Recht und Macht faktisch selbst in Gefangenschaft setzt und nur noch in den Bahnen der Macht und Gewalt reagieren kann. Der Versuch, den Anderen zu vernichten, eröffnet damit – aus der Perspektive der absoluten Negativität dieser totalen und finalen Subjektivität – den Horizont auf den „Einen Menschen“, der in den eschatologischen Totalisierungen immer schon gemeint, durch die Gewalt und Zerstörung des souveränen Selbst nicht sich vernichten lässt und an die unbedingte Erlösungsbedürftigkeit des Menschen erinnert. „Krieg ist der Ausdruck dafür, daß wir den Menschen, wie er ist, in seiner Unmöglichkeit erkannt haben, loswerden möchten, daß wir ihn irgendwie im kritischen Licht des Einen, der er nicht ist, sehen.“[128] Damit bezeichnet der sichtbare Feind die reale Störung, in der sich die absolute Störung und Unterbrechung der Logik der Welt durch den unsichtbaren Gott in der Gestalt der immer schon gemeinten, aber verfehlten Überwindung des Gottmenschen ankündigt: „Der Feind ist der, der mir die Augen öffnet für das, was mich am Mitmenschen immer heimlich reizt. Er zeigt sich mir als das Böse. Er zeigt mir, wie das Böse das Letzte und Eigentliche ist an dem bekannten Menschen. Er zeigt mir, dass es ohne Einschränkung, ohne Hemmung, ohne Widerspruch, ohne ein Hindernis von innen oder außen, einfach seinen Lauf nimmt."[129] Wenn die Eschatologie so zum Gericht über den Menschen wird, offenbart sie in der vollendet immanenten Szene der erotischen bzw. revolutionären Existenz des Souveräns immer schon – ex negativo – die in dieser Existenz wirksame Transzendenz, die am Gericht über die eschatologische Ermächtigung ihre ursprüngliche Gnade der Erneuerung einer durch die Liebe erhellten Menschheit des Selbst stiftet. Noch in der Katastrophe der Gottesfinsternis und des eschatologischen Naturzustands bewährt sich für Barth – wie für Buber – die immer schon in der intersubjektiven Beziehung wirksame Beziehung des Selbst zu Gott: sie „offenbart" sich in der „Besinnung" auf eine andere Haltung des Selbst, des „Nicht-vergeltens, Nicht-behaftens, Nicht-widerstehens" – also in der Umkehr, die mit dem Anderen sich selbst auf den Anderen in seiner göttlichen Ebenbildlichkeit, dem unsichtbaren Urbild des Gottmenschen als dem Urbild des Anderen und seiner Selbst einlässt. „Sofern nun diese kritische Besinnung sich mehr oder weniger veranschaulichen wird in einem Nichtvergelten, Nicht-Behaften, Nicht-Widerstehen, durch eine anschaulicherweise nur als Schwäche zu deutenden Haltung der Unwissenheit gegenüber dem Bösen des Anderen, mag (als seltsame Störung in der geraden Linie menschlichen Handelns) das Unanschauliche, der Eine im Anderen, der auch in mir ist, das göttliche Nicht Anrechnen der Sünde – in der Anschaulichkeit wenigsten markiert werden."[130]

Mit dieser Kehre vom Eros zur Agape, vom Feind zum Nächsten, von der Macht zur Liebe beruft sich Barth tatsächlich – gegen Kierkegaards Betonung des Einzelnen und seiner Ausnahmeexistenz – auf Kants Ethik: „Soll eine Handlung wirklich und echt die Störung des Menschen durch Gott und nicht bloß die willkürliche Störung der Menschen durch unbefugte Mitmenschen bedeuten, so darf sie sich dem Kriterium der Allgemeingültigkeit nicht entziehen. [...] Hier ist Kierkegaard gelegentlich durch Kant zurecht zu stellen."[131] Bezeichnet die Existenz die Schwelle vom System des Subjekts zur

Freiheit des Einzelnen, wird sie – bei Barth wie bei Buber – nicht nur bei Stirner zum Inbegriff der neuen Gefahr, zumal Kierkegaard den Einzelnen in seinen früheren Texten über die *Akeda* im Horizont einer „teleologischen Suspension des Ethischen" primär aus seiner Beziehung zu Gott erfasst. Barth erkennt hier den epochalen Zusammenhang zwischen diesem Einzelnen Kierkegaards und dem aktuellen Kult des souveränen Genies, Übermenschen und Führers, wie sich ja auch Carl Schmitts Souveränität auf Kierkegaards Lehre vom genialen Ausnahmemenschen berufen hat. „Die [Allgemeingültigkeit] ist das Kriterium, an dem alles anschaulich irreguläre Tun zu messen ist, zu dem Helden, Führer, Verkünder neuer Tafeln, Asketen, Pietisten sich verpflichtet und Übermenschen, Künstler, Persönlichkeiten und Genialische aller Art sich berechtigt fühlen […] Es gibt keine besondere Moral für Besondere."[132]

Beide, Buber und Barth, bekennen sich also zu Kierkegaards Theopsychologie der Existenz, sehen im Einzelnen den Ausgangspunkt für die Freiheit des Glaubens, aber beide befürchten – zumindest, was den frühen Kierkegaard und seine Untersuchung zu Abrahams Glauben betrifft, die Gefahr einer theologisch motivierten Vernachlässigung der allgemeingültigen Ethik, eine Befürchtung, die sich freilich spätestens mit Kierkegaards „Werken der Liebe" als unbegründet erweisen sollte. Aber vermutlich haben beide vor allem die Effekte der um 1910 einsetzenden Kierkegaard-Rezeption im Blick, die zum Angriff auf die durch Kants Ethik weitestgehend bestimmte protestantische Theologie, aber gerade auch in Schmitts politischer Theologie der durch den Feind bestimmten Ausnahme gegen die Idee von Gesetz und allgemeingültiger Verfassung eingesetzt werden sollte. Dabei hat Barth mit Kierkegaard die Problematik der Existenz ganz aus der paulinischen Perspektive der Sünde thematisiert, um von ihr aus die Umkehr und d.h. die Möglichkeit einer Befreiung aus der eschatologischen Gefangenschaft als eine Befreiung zur Freiheit zu skizzieren.

Buber hat sich vorsichtiger und mit einem gewissen Vorbehalt dem Begriff des Bösen und der Sünde angenähert, vermutlich, weil er sich von eben der paulinischen Logik zu distanzieren versuchte, die mit der Ausblendung des irdisch-jüdischen Menschen Jesus zugunsten von Christi Tod und Auferstehung die alltäglich dialogische Praxis der Existenz mit ihrer Ausrichtung am Anderen und der Gemeinschaft „hier und jetzt" in Gefahr ist, die Idee der Freiheit nur noch über die Logik der radikalen Sünde und dementsprechend nur über den dogmatischen Christus als Gottmenschen therapeutisch behandeln zu können. Wenn beide Theologen sich ethisch an dem biblischen Urgesetz der dreidimensionalen Liebe, als Nächsten-, Selbst- und Gottesliebe orientieren und diese Ethik im Sinne eines Sozialismus der Freiheit und Gemeinschaft interpretieren, bezeichnen sie also mit ihrem jeweils unterschiedlichen Zugang immer schon die entscheidende messianische Differenz zwischen Jesus, dem Menschen, Juden und Propheten, und Christus, dem Gottmenschen, dem Erlöser und Urbild des unsichtbaren Gottes, d.h. zwischen einer messianisch noch offenen und einer christologisch entschiedenen Geschichte.

Gerade in dieser messianischen Differenz mit ihrer paulinischen Kritik des jüdisch-halachischen Gesetzes musste Buber den eigentlichen Ursprung des christlichen, zumal des protestantischen Antijudaismus erkennen, der mit dieser Gesetzeskritik tatsächlich auch schon Ablehnung und Feindschaft zum Judentum begründen konnte. An diesen entscheidenden Kreuzungen – Sünde, Gesetz, Kreuz, Erlösung – erscheinen die beiden Theologien also auch schon in ihrer radikalen Gegenläufigkeit, die aber für beide nicht nur zu einer Revision der kanonischen Beziehungen zwischen Judentum und Christentum, sondern tatsächlich zu einer Vertiefung der für beide zentralen Idee der Dialogik führt, wie sie beide in ihrem kritischen Verhältnis zur Philosophie und im Geist der Kierkegaardschen Differenz immer schon praktizieren.

Buber fragt sich in den späteren Texten zur Dialogik spezifisch nach der Stellung des Gegners bzw. des Feindes. Unüberhörbar ist der Bezug zu Carl Schmitts Begriff des Politischen, wenn Buber „den Anderen, der nie die Wirklichkeit weiß, auf die ich […] hinweise, den hostis oder adversarius, der diese Wirklichkeit leugnet und darum mich bekämpft“,[133] benennt. In diesem Sinn erfährt der Mensch sich vom Menschen nicht bloß begrenzt, auf die eigene Endlichkeit, Partikularität, Ergänzungsbedürftigkeit hingewiesen, sondern das eigene Verhältnis zur Wahrheit wird ihm durch des Anderen individuationsmäßig verschiedenes Verhältnis zur Wahrheit erhellt. „Jeder der beiden muss sich real, in seiner menschhaft unvermeidlichen Einseitigkeit, restlos exponieren und sich eben dadurch real als von dem anderen begrenzt erfahren, so daß beide gemeinsam das Schicksal unserer Bedingtheit erleiden und einander in ihm begegnen.“[134] Diese sich nun abzeichnende Alterität verwandelt sich mit der entstehenden Grenze in das Zwischen-sein von Ich und Du und damit in eine mögliche Feindschaft,[135] führt also zur Konfrontation bzw. zum Abbruch der Kommunikation, um zugleich aber auch über diese Markierung der Unterschiede und Differenzen als eine eigentümliche Vertiefung der eigenen Individualität wahrgenommen zu werden: Je fremder und entfernter der Andere in dieser Situation erscheint, desto näher tritt er zugleich dem Ich, das sich durch diese Distanzierung selbst in seinen Haltungen eigentlich erst kennenlernt. Damit liegt in der Feindschaft, die Buber hier als Extrem- und Ausnahmefall der dialogischen Situation konstruiert, immer schon die paradoxe Möglichkeit, diese Feindschaft auch als „Gabe“ und „Geschenk“ zu erfahren, mit der die eigentliche Herausforderung der Dialogik erst ansetzt, indem sie im Sinne der Beziehung beide Seiten potenziell radikal zu verändern verlangt. Auf diese Weise eröffnet sich auch an dieser ganz innerweltlich konzipierten Konfliktsituation – durchaus ähnlich wie bei Barth – immer schon die verborgene Dimension des unendlichen Du, mit dem die Grenze, wie Buber notiert, die Urdistanz[136] als einen „unbegrenzten Inhalt“ offenbart. „Freilich muss man, um zum Anderen ausgehen zu können, den Ausgangsort innehaben, man muss bei sich gewesen sein, bei sich sein. Zwiesprache zwischen bloßen Individuen ist nur ein Entwurf, erst in der zwischen Personen ist er ausgeführt. Aber woran könnte ein Mensch so wesenhaft aus einem Individuum zur Person werden wie an den strengen und holden Erfahrungen der Zwiesprache, die ihn den grenzenlosen Gehalt der Grenze lehren."[137]

Bei Buber tritt mir in der sich zuspitzenden Konfrontation der Andere als Feind gegenüber, an dem das Ich zwar seiner selbst erst eigentlich (in) seiner eigenen Haltung bewusst wird, aber ohne dass dieses Ich sich selbst – wie bei Barth – notwendig selbst als Feind erkennen würde. Dennoch führt die Konfrontation bei beiden zu der „revolutionären", d.h. hier der theologischen Einsicht in die beide gegensätzlichen Dispositionen der Existenz umfassende und unerreichbare Einheit, für die das göttliche Du als Ziel aller Hoffnung steht, eine Hoffnung, die Buber mit der jüdischen Tradition nicht an den Gottmenschen Christus, sondern an den Gott des unaussprechbaren Namens, des JHWH knüpft. Mit diesem existenziell-theologischen Vorbehalt ist nicht etwa behauptet, nur der Andere könne zum Feind und Sünder werden, implizit wird auch das Ich selbst in der Konfrontation zum Feind des Anderen, aber Buber verweigert sich der paulinischen Situation, die alle messianische Hoffnung an ein totales Scheitern des Menschen bindet. Bubers Messianismus setzt auf die innergeschichtliche Möglichkeit von Befreiung und Erlösung im dialogischen Einvernehmen mit dem Anderen im Angesicht Gottes und zwar als jüdisch christliche Theopolitik im Geist des biblisch-jesuanischen Humanismus. Sein Begriff der messianischen Geschichte als Geschichte der immer noch möglichen Möglichkeit verhält sich deswegen kritisch gegenüber dem paulinischen Ende der nur noch negativen und sündigen Geschichte, die erst durch die Offenbarung des Gottmenschen Christus umgeschrieben werden kann.[138]

Damit aber bewähren sich diese beiden Theologien nicht nur in ihrer kritischen Ausgangsstellung gegen ihre traditional liberalen und orthodoxen Versionen und gegen die politische Theologie des souveränen Subjekts, sondern sie begegnen sich wieder in eben diesem fundamentalen messianischen Dissens, mit dem beider Theologien des Dialogs auf die eigentliche eschatologische Bewährungsprobe gestellt werden. Denn erst im Licht des unsichtbaren und unwissbaren Gottes, des sich offenbarenden und verbergenden Gottes, des JHWH, der „sein wird, der er sein wird" (Ehje Ascher Ehje = אהיה אשר אהיה)[139] und der doch zugleich in solcher Ur-Distanz dem menschlichen Unternehmen näher ist als der Mensch sich selbst, offenbart sich diese messianische Differenz als das Geschenk des Anderen an „meinen" Glauben, als Herausforderung, Rätsel und unüberwindliche Schwierigkeit des Anderen, mit dem mein eigener Glaube immer schon die Verführung zur absoluten Feindschaft überwunden haben wird. Insofern bestätigt die messianische Differenz für Barth und für Buber nur noch einmal die eigentliche dialogische Herausforderung und das eigentliche Ereignis der Umkehr aller politischen Theologie der Souveränität des Selbst, das nur über den Feind sich konstituieren kann und damit immer schon die Theologie durch die Politik verraten hat, das Ereignis der Befreiung aus der eschatologischen Gefangenschaft der Existenz, die Befreiung zur Freiheit. Es ist kein Zufall, dass sich diese messianische Differenz tatsächlich für diese beide Theologen am Gottmenschen erweist, nämlich an dem Gottmenschen als Zeichen für die fundamentale messianische Antithese gegensätzlicher theologischer Glaubensweisen, die die beiden Körper Christi – den menschlichen und den göttlichen Körper – betreffen. Gründen beider Glauben in der Existenz, bezieht sich der jüdische Glaube, die *Emuna*, auf den Glauben des jüdischen Menschen und Propheten Jesus, der in der paulinischen Christologie von Kreuz und Auferstehung untergegangen ist und den irdischen Jesus praktisch gänzlich ausblendet. Als Zeichen einer radikalen Antithese des Glaubens wird der Gottmensch zu der Herausforderung, die diesen Gegensatz als Ausgangspunkt der eigentlichen Dialogik begreift, mit der zuerst die klassisch christliche Eschatologie der Aufhebung des Judentums zu einer dialogischen Beziehung findet und damit den

Horizont freigibt für eine jüdische Antwort. Der Theologe des paulinischen Gottmenschen tritt dem jüdischen Menschen Jesus so in dem Bewusstsein gegenüber, dass er mit diesem Menschen Jesus auch das Judentum eigentlich immer schon verkannt, dass sein theologischer „Geist" immer schon „Buchstaben", „Fleisch" und reales Leben" der Existenz von Jesus verdrängt hat, und dass das real existierende Judentum – post Christum – eine Erinnerung nicht nur an den real historischen Ursprung von Jesus, sondern an die real weltliche und körperliche und politische Existenz eines jeden Christen bleibt.

Zuletzt eröffnet sich also an dieser theologischen Kreuzung der Horizont für eine andere kanonische Beziehung zwischen Judentum und Christentum, die die klassische Konstellation der eschatologischen Aufhebung, bzw. ihre Erst- oder Erfüllungsansprüche in einer Art dialogischen Konkurrenz umgestaltet, ohne dass Judentum oder Christentum auf ihren absoluten eschatologischen Anspruch verzichten würden. Beide – Bubers messianische Theopolitik und Barths christologische Kritik des revolutionären Subjekts – verstehen sich als Orientierungen an einer ultimativen Wahrheit, wissen aber von der Relativität, Brüchigkeit bzw. Sündhaftigkeit des jeweiligen menschlichen Handelns, dessen Annäherung an die Wahrheit sich morgen als Irrtum und Irrweg erweist, weil sie der absoluten Wahrheit unter den gegebenen zeitlich-geschichtlichen Bedingungen nie habhaft werden kann. Die Eschatologie verweist so über ihre eigene Offenheit und Unerfüllbarkeit immer schon auf die Wahrheit des Anderen, der menschliche Jesus mit seiner Urgemeinschaft der Freunde auf den idealen Leib Christi als Gottmenschen und umgekehrt, für beide Theologen die Realisierung der biblischen Verfassung des dreifachen Liebesgesetzes der Gottes-, Nächsten- und Selbstliebe als Grundformel aller Dialogizität. Für beide steht diese Verfassung – und hier begegnen sie sich immer wieder – für die Idee einer wahren Gemeinde im Angesicht Gottes und der Verantwortung für eine demokratisch und sozial verfasste Gesellschaft freier Bürger, d.h. als einer real-idealen Verkörperung der

Theologie in der Verkörperung der Menschheit, d.h. als dialogische Vermittlung der beiden Körper des Einzelnen und der Gemeinschaft und als Vermittlung zwischen dem jüdischen und dem christlichen Messianismus aus ihrem radikalen Gegensatz – als offene Identität in der Antithese.

Für Buber ist dieser Grundgedanke durch die ursprüngliche Einheit der dialogischen jüdisch-christlichen Gemeinschaft mit der Vorlage der jesuanischen Urgemeinde immer schon als Möglichkeit messianischen Handelns aus dem dialogischen Geist des Judentums vorgegeben. Tatsächlich erinnert Bubers radikal halachakritische Ethik selbst unmissverständlich und unbedingt an die paulinische Gesetzeskritik[140], aber er verweigert sich der Auflösung dieser Kritik durch das Drama von Kreuz und Auferstehung bzw. das christologische Dogma vom Gottmenschen, in dem er gegen dessen Prätension gerade die Grundlagen für die Trennung von Politik und Religion, aber auch zwischen Judentum und Christentum erkennt. Buber richtet die Aufmerksamkeit ganz auf den real irdischen und jüdischen Jesus als Vorbild dialogisch-messianischen Handelns hier und jetzt.

Für Barth kristallisiert sich die Beziehung der Kirche zu Israel seit dem Römerbrief über eine anfängliche Gleichstellung, mit der Erwählung und Verwerfung immer schon beide Gemeinschaften betreffen, womit Barth betont, dass der Verlust Israels „Voraussetzung wie Folge eines sich selbst verlierenden […] theologischen Denkens“[141] ist. Diese Beziehung wird spätestens in seiner bedeutenden Adventspredigt[142] von 1933 im Licht der nationalsozialistischen Machtergreifung eindeutig „dechiffriert“, wenn auch ihre eigentliche dogmatische Ausarbeitung später erfolgen wird. Aber hier versucht Barth eine erste Klärung des Verhältnisses zwischen Juden und Heiden, sowohl „ante Christum“ als auch „post Christum“. „Christus gehörte zum Volk Israel. Dieses Volkes Blut war in seinen Augen das Blut des Sohnes Gottes. Dieses Volkes Art hat er angenommen, indem er das Menschsein annahm, nicht um dieses Volkes, nicht um des Vorzugs des Blutes und seiner Rasse willen, sondern um der Wahrheit, d.h. um des Erweises der Wahrhaftigkeit, der Treue Gottes willen."[143] Mit dieser geschickten Umkehrung des von der deutschen Kirche praktizierten rassischen Antijudaismus versteht Barth die Aufnahme der Heiden durch Israel zunächst als eine unverdiente Gnade, sei doch Jesus ausdrücklich „zu den verlorenen Schafen aus dem Hause Israels" gesandt worden. Bedeutet Israel so für die, „die wir nicht Israel sind, eine verschlossene Türe," so wurden die Heiden trotzdem wie Bettler aufgenommen bzw. wie Waisen angenommen. An diese Grundsituation, folgert Barth, „erinnert uns die Existenz des jüdischen Volkes bis auf diesen Tag," um hier die Antwort des Leibarztes von Friedrich dem Großen auf die Frage, „ob er ihm einen einzigen, ganz sicheren Beweis für das Dasein Gottes nennen könne", zu zitieren: „Eure Majestät, die Juden."[144] So ist „der Jude in seiner so rätselhaft fremdartigen und ebenso rätselhaft unzerstörbaren Existenz mitten unter den anderen Völkern der lebendige Beweis dafür, daß Gott frei ist zu erwählen, wen er will, daß er uns keineswegs schuldig ist, uns auch zu erwählen, daß es Gnade ist, wenn er uns auch erwählt."[145]

Damit geht es Barth nicht zuletzt um eine radikale Korrektur und eine „christliche Schulderkenntnis", die die klassisch antijüdische Haltung der „Beschuldigung Israels"[146] im Ganzen revidiert, in der Hoffnung, die mit dem biblischen Kanon indizierte Grundlage des Glaubens gegen ihre klassische Eschatologik in einer Dialogik zu überholen und zu rechtfertigen. „Im Logos, der zu ihm spricht, spricht der dabar Israels ihn mit an. Beide Worte vernimmt er, auf beide antwortet er, er ‚ist' von Hause aus dia-logisch."[147] Wie auch immer diese Dialogik im Einzelnen bei Barth begründet wird, so bezeichnet sie doch den eindeutigen Versuch, die klassisch christliche Logik der eschatologischen Aufhebung, der *supersessio*, in einer dialogischen Konstellation zu durchbrechen und damit die in der Idee des Gottmenschen gegebene Spannung und Antithese zwischen Mensch und Gott – nach Kierkegaard: das Absurde schlechthin – als Zeichen und Aufruf zu einem offenen Bund der Solidarität zu verstehen.

Immerhin wird damit für beide, trotz der „konfessionellen" Unterschiede, die Figur des Jesus zum Vorbild der dialogischen Humanität. Buber meint das durch Jesaja begründete Königtum Gottes in seiner Aktualisierung durch Jesus als Modell für seine Theopolitik. „Das Wort Jesajas und das Wort Jesu fordern gleicherweise nicht einen Glauben „an Gott", welchen Glauben die Hörer des einen und des anderen als etwas Eingeborenes und Selbstverständliches besaßen, sondern dessen Verwirklichung in der Ganzheit des Lebens, und besonders dann, wenn mitten in der Katastrophe die Verheißung aufbricht, also spezifisch auf das Nahen des Gottesreiches hin. Nur daß Jesaja zu ihm als zu einer noch unbestimmten Zukunft hinblickt, Jesus als zur Gegenwart."[148] So steht Jesus bei Buber für die einmalige Realisierung der dialogischen Theopolitik und damit für die Idee einer „unbedingten Beziehung": „Und um vorwegnehmend aus dem Reich der unbedingten Beziehung ein Bild herzustellen: wie gewaltig, bis zur Überwältigung, ist das Ichsagen Jesu, und wie rechtmäßig, bis zur Selbstverständlichkeit! Denn es ist das Ich der unbedingten Beziehung, darin der Mensch sein Du so Vater nennt, daß er selbst nur noch Sohn und nichts anderes mehr als Sohn ist. Wann immer er Ich sagt, er kann nur das Ich des heiligen Grundworts meinen, das sich ihm ins Unbedingte hob."[149]

Wenn damit Jesus einerseits zu dem Ur- und Vorbild der unbedingten Beziehung wird, die damit allerdings auch schon weit über das gewöhnliche Miteinander zwischen Mensch und Mitmensch hinausgeht, so grenzt Buber diesen unbedingten Menschen doch von dem christlichen Gottmenschen auch wieder entschieden ab: „Jesus habe ich von Jugend auf als meinen großen Bruder empfunden. Daß die Christenheit ihn als Gott und Erlöser angesehen hat und ansieht, ist mir immer als eine Tatsache von höchstem Ernst erschienen, die ich um seinet- und meinetwillen zu begreifen suchen muß."[150]

Zugleich stellt dieser Jesus des Dialogs nicht nur eine zentrale Voraussetzung für die Dialogik zwischen Judentum und Christentum dar, wie sie Barth mit Christus für den Christen ausschreibt. Sie ergibt sich hier aus den beiden Körpern des Gottmenschen, die in den beiden religiösen Körpern aus der theologischen Antithese trotzdem dialogisch aufeinander bezogen sind, zumal der unbedingte jüdische dialogische Jesus und der christliche Gottmensch jeder auf seine Weise für beide Vorbild der genuinen dialogischen Humanität zwischen Mensch und Mitmensch und damit auch schon immer für die ideale, immer noch herzustellende Einheit der beiden Körper von Mensch und Menschheit steht.

Beide, Buber und Barth, erkennen also in dieser antithetischen Einheit von Jesus Christus das wahre Vorbild für die Idee der Humanität der Menschheit als Einheit der beiden Körper. Dabei – das ist das zweite Paradox dieser Identität in der Antithese – hält Buber mit dem dialogischen Theopolitiker Jesus an der historischen Möglichkeit dieser idealen Einheit von Mensch und Menschheit, Existenz und Gemeinschaft fest, während nunmehr Barth im Sinne der qualitativen Differenz von Mensch und Gott die Differenz zwischen Christologie und Anthropologie betont:

„Christologie ist nicht Anthropologie. Wir dürfen also nicht erwarten, die Menschlichkeit Jesu und also seine Mitmenschlichkeit, sein Sein für den Menschen, und also auch jene letzte und höchste Bestimmung: das Bild Gottes in diesem anderen Menschen direkt wiederzufinden. Jesus ist in einem Sinn der Mensch für den Mitmenschen und also das Bild Gottes, wie es der andere Mensch in keiner Annäherung sein kann, wie ja auch kein anderer Mensch, so, im gleichen Sinn, wie er, für Gott ist. Er allein ist Gottes Sohn, und so kann auch nur seine Humanität beschrieben werden als das Sein eines Ichs, das ganz vom mitmenschlichen Du her, ganz zu ihm hin und gerade so echteste Ichhaftigkeit besitzt."[151]

Barths Axiom „Christologie ist nicht Anthropologie" fasst die kritische Theopolitik von christlicher Seite zusammen, sie wendet sich gegen die verschiedenen erotischen, ökonomischen und ästhetischen Transformationen der Theologie in der revolutionären Eschatologie und Anthropologie bei Feuerbach, Marx, Engels und Stirner, indem sie den „Unterschied zwischen Jesus und uns" als einen „unaufhebbaren" bestimmt.

> „Denn das ist sicher, daß kein anderer Mensch von Haus aus und kraft seiner Existenz für den Mitmenschen ist. Kein anderer ist Gottes Wort an den Menschen, und darum ist auch kein anderer von dessen Dasein direkt und unmittelbar, in seinem Innersten betroffen, keiner dazu gesandt, beauftragt und befähigt, an Stelle, in Vertretung eines jeden Anderen zu sein und zu handeln, sich selbst für alle Anderen einzusetzen und dahinzugeben, in und mit seinem Leben ihr Leben möglich und wirklich zu machen und also in diesem radikalen und universalen Sinne für sie ihr Bürge zu sein. Das Alles kann in der Anthropologie keine Wiederholung finden. Man hat sich noch immer in idealistischen Illusionen bewegt, wenn man die Humanität des Menschen überhaupt und im Allgemeinen mit Zügen ausgestattet hat, die der Humanität des Menschen Jesus nun einmal ausschließlich eigentümlich sind. Der Mensch überhaupt und im Allgemeinen ist – mag er seinem Mitmenschen auch viel, sehr viel bedeuten und geben, weder sein Erretter und Heiland, noch auch nur eines einzigen Wesens seinesgleichen."[152]

Gerade der Unterschied, der Theologie und Philosophie bzw. Anthropologie voneinander trennt, bezeichnet zugleich das Ende der eschatologischen Idolatrien der Selbstermächtigungen wie die Rettung der in diesen intendierten Freiheit und konkreten Humanität für eine posteschatologische Theologie, wie sie Buber und Barth mit der dialogischen Ethik auch im Anschluss an Feuerbachs Erotik, Marx' Ökonomie und Stirners Ästhetik der individuellen Existenz verwirklichen wollen: beiden geht es um eine radikale Praxis, die die Freiheit zu sich selbst und mit der Theologie als kritische Instanz je von Neuem aus ihrer Neurose der Selbstermächtigung und -verschließung befreit.

> „Der Weg der Humanität und als der Weg der Realisierung des in der menschlichen Freiheit begründeten, in dieser Freiheit notwendigen Miteinanders von Mensch und Mensch führt nicht in der Mitte zwischen diesen beiden Mißverständnissen hindurch [sich an den Anderen verlieren oder den Anderen nur als erweitertes Ich betrachten], sondern in der Höhe über sie hinweg. In dem gerne, in der Freiheit bejahten Miteinander ist der Mensch weder Tyrann noch Sklave und ist auch der Mitmensch weder Tyrann noch Sklave, sind sie vielmehr Gefährten, Gesellen, Kameraden, Genossen, Gehilfen.“[153]

Barth und Buber übersetzen die radikale Idee der herrschaftslosen Freiheit, die sich bei Feuerbach und Marx von ihren theologischen Voraussetzungen emanzipiert hat, zurück in einen biblischen bzw. christologischen Humanismus, den Buber mit dem Begriff der Theopolitik mit Moses, dem Richter Gideon und den Propheten Samuel, Jesaja und Jesus als direkte dialogische Gottesherrschaft bzw. göttliches Königtum erfasst:

> „Die Kritik und Forderung [des Propheten] geht eben deshalb auf die Gesellschaft, das Miteinanderleben der Menschen. Ein Volk, das Gott selbst im Ernst seinen König nennt, muß zum wahrhaften Volk, zur Gemeinschaft erwachsen, in der zwischen all ihren Gliedern Rechtlichkeit ohne Zwang, Wohlwollen ohne Schein, die Brüderlichkeit der begeistert einem Herrn folgenden Schar waltet. Wo die soziale Ungleichheit, die Scheidung in Freie und Unfreie, die Gemeinschaft zersprengt und Abgründe zwischen Volksgenosse und Volksgenosse aufreißt, da gibt es nicht wahres Volk, da ist das Volk ‚Gottes Volk‘ nicht mehr.“[154]

Auch in dem Augenblick der absoluten Krise und Machtlosigkeit, Buber spricht hier 1938 vor einem jüdischen Publikum in Deutschland, hofft der Glauben Jesajas und Jesus auf die Verwirklichung des Reiches Gottes „in der Ganzheit des Lebens“ als historische Realität. Damit erinnert Buber an die messianische Kontinuität der jüdischen Geschichte, die sich für ihn je von Neuem nur in der dialogischen Praxis – als Glauben von Jesus –, nicht in Kult, Liturgie und Gebet um Erlösung des „Glaubens an Christus“ erfüllen kann.

Wenn also die politische Eschatologie Hegels und seiner Nachfolger hier durch die kritische Theologie destruiert wird, dann wird diese Eschatologie über die radikale Idee der Humanität auch wieder in ihre theopolitischen Rechte eingesetzt bzw. rekonstruiert: als ihre realpolitische Rettung durch das dialogische Handeln. Damit aber verwandelt sich die Kritik an der Eschatologie und ihrer totalitären und finalistischen Politik des Subjekts für beide Theologen in den offenen Horizont einer anderen Eschatologie der Humanität als das immer schon mögliche Ereignis und als Einbruch einer anderen Geschichte, die in jedem Augenblick initiiert werden, deren Revolution sich selbst als dialogische Handlung vollziehen kann. Zumindest aus der Perspektive des neuen eschatologischen Ideals der Humanität der Einheit von Mensch und Menschheit „jenseits von Herrschaft“ erscheinen die beiden messianischen Traditionen, der reale und der ideale Jesus, Mensch und Gottmensch, wie die Korrelate einer sich nunmehr ergänzenden kanonischen Theologie, in der das Alte und das Neue Testament sich dialogisch zueinander verhalten und auf das je neue Ereignis der politischen Dialogik einspielen. Für beide steht Jesus, eine letzte intime oder ironische Korrelation sozusagen, für ein einmalig dialogisch qualifiziertes Ich, nur dass sie diese „Ichhaftigkeit“ spiegelbildlich gleichsam aus der Perspektive des Anderen bestimmen. Tatsächlich spricht Buber von dem gewaltig überwältigenden „Ichsagen“, das er schon fast christologisch ganz aus dem Du des Vaters herleitet, während Barth die „echteste Ichhaftigkeit“ von Jesus geradezu in Bubers messianischer Sprache und theopolitisch „ganz aus dem menschlichen Du“ bestimmt.

Indem Buber und Barth das Erbe der kritischen Theologie wieder aufgenommen haben, wie es von Heine und Kierkegaard gegen die junghegelianischen Eschatologien in ihren politischen und existenziellen Grundlagen zum ersten Mal formuliert worden ist, haben sie eine dialogische Praxis ausgeführt, die in der Sorge um eine solidarische Humanität gegen alle Neuauflagen einer totalitären Eschatologie, einer orthodox fundamentalistischen Theologie oder gegen einen hermetischen Säkularismus der Philosophie an der Differenz zwischen Theologie und Philosophie, und der messianischen Differenz zwischen Judentum und Christentum auf der Grundlage einer posteschatologischen, postkanonischen und postsäkularen Dialogik festhält.

Anmerkungen

Einleitung

1 William Brazill: *The Young Hegelians*, Yale University Press, 1970, S. 97. Den Hinweis Brazills auf die Bedeutung der Christologie, den der Historiker selbst nicht weiterverfolgt, möchte ich in diesem Essay aufgreifen und an dieser die Problematik der junghegelianischen Versionen der politischen Theologie entfalten, die durch Hegels „Frage der Religion und […] der Politik" vorgegeben ist. Dabei beziehe ich mich u.a. auf Karl Löwith: *Von Hegel zu Nietzsche. Der revolutionäre Bruch im Denken des 19. Jahrhunderts*, Felix Meiner, Hamburg 1995, D. McLellan: *The Young Hegelians and Karl Marx*, Frederick Praeger, London 1969, Josef Rattner/Gerhard Danzer: *Die Junghegelianer. Portrait einer progressiven Intellektuellengruppe*, Königshausen und Neumann, Würzburg 2005. Antonia Bretschinger: *Vom Himmel auf die Erde. Die Erneuerung der Philosophie durch die Junghegelianer*, PDF, Doktorat, Basel 2003. Karl Löwith verwirft die junghegelianischen Philosophen im Ganzen, „weil sie mit dürftigen Mittel maßlose Ansprüche stellen und Hegels begriffliche Dialektik zu einem rhetorischen Stilmittel breitreten" (S. 79), aber er erkennt in ihrem Denken die Wurzel der politischen Katastrophen des 20. Jahrhunderts: „Erst das 20. Jahrhundert hat das eigentliche Geschehen des 19. Jahrhunderts deutlich und deutbar gemacht. Dabei erleichtert die tödliche Konsequenz in der philosophischen Entwicklung nach Hegel das Verfolgen der aufeinander folgenden Schritte, deren Resultat die Verstiegenheit ist." (S. 7) Die anderen Autoren erkennen in ihnen eine „progressive Intellektuellengruppe" oder eine Philosophie der „Erneuerung" und positiven Befreiung von aller Religion. Besondere Anregungen verdanke ich Wolfgang Essbach: *Religionssoziologie I. Glaubenskrieg und Revolution als Wiege neuer Religionen*, Fink, Paderborn 2014, v.a. dem Kapitel über Hegel und Söhne, S. 661–742. Michael Quante/Amir Mohseni (Hrsg.): *Die Linken Hegelianer. Studien zum Verhältnis von Religion und Politik im Vormärz*, Fink, Paderborn 2015. Mit Jürgen Habermas: *Der philosophische Diskurs der Moderne, Zwölf Vorlesungen*, Suhrkamp, Frankfurt/Main 1985, S. 67, gilt auf alle Fälle: „die Themen, die in den dreißiger und der ersten Hälfte der vierziger Jahre des 19. Jahrhunderts im Kontext der Hegelschule verhandelt werden, sind an unsere heutigen Fragen im Kontext der Sozial- und politischen Philosophie oder im Kontext der Religionsphilosophie direkt anschlußfähig." Diese erste Skizze

versucht an zentralen junghegelianischen Entwürfen der Politisierung der Theologie die für die Moderne im Ganzen zentrale Dialektik der Aufklärung als eine Dialektik zwischen Theologie und Säkularisation auszuarbeiten, die beim späten Heinrich Heine und Sören Kierkegaard ihre paradigmatische Kritik findet.

2 Nach den bedeutenden Untersuchungen zum Zusammenhang zwischen Eschatologie und Geschichtsphilosophie von Karl Löwith: *Weltgeschichte und Heilsgeschehen. Die theologischen Voraussetzungen der Geschichtsphilosophie*, in ders.: *Sämtliche Schriften II*, Stuttgart 1983, Erik Voegelin: *The New Science of Politics*, Chicago 1952, und Henri de Lubac: *Die Tragödie des Humanismus ohne Gott: Feuerbach – Nietzsche – Comte* und *Dostojewskij als Prophet*, Otto Müller, Salzburg 1950. Das Thema der Eschatologie spielt zunächst bei Ernst Bloch: *Das Prinzip Hoffnung I – III*, Frankfurt/Main 1974, eine zentrale Rolle, die ihre Effekte während der deutschen Studentenrevolte 1967/68 zeitigte. Aber sie feiert längst auch eine überraschende Wiederkehr im post-postmodernen Kontext. So etwa versteht sich Jacques Derridas Dekonstruktion in *Marx' Gespenster. Der Staat der Schuld, die Trauerarbeit und die neue Internationale*, Frankfurt/Main 1993, als „Messianisches ohne Messianismus" (S. 110), das gegen die Festschreibungen der verschiedenen Ontotheologien, die die Geschichtlichkeit als mögliches Ereignis versperren, den „Geist" bzw. das anwesend/abwesende „Gespenst" von Marx' Geschichtsdenken in eine andere Eschatologie als „eine gewisse emanzipatorische und messianische Affirmation, als eine bestimmte Erfahrung des Versprechens" (S. 145) hinüberretten will. Vgl. auch Giorgio Agamben: *Herrschaft und Herrlichkeit. Zur theologischen Genealogie von Ökonomie und Regierung*, Frankfurt/Main 2010, der gegen die Konfigurationen des *Katechons* bei Carl Schmitt und Erik Peterson „das eschatologische Büro" wieder eröffnen will.

3 David Friedrich Strauß: *Das Leben Jesu*, Emil Strauß, Bonn 1891, 6. Auflage, S. 383.

4 Vgl. Friedrich Julius Stahl: *Die Philosophie des Rechts*, Mohr, Heidelberg 1830 und 1833. Ders.: *Das monarchische Prinzip* (1845). Vandenhoek Ruprecht, Göttingen 1998. Zu Stahl vgl.: Dieter Grosser: *Grundlagen und Struktur der Staatslehre Friedrich Julius Stahls*, Verlag für Sozialwissenschaften, Köln 1963. Der Kirchenhistoriker August Neander hat hier eine eher populäre Version dieser politischen Theologie formuliert, die in leicht verständlichen Manifesten wie *Das Reich Christi der wahren Freiheit und Gleichheit*, Trowitzsch, Berlin 1849, ihr Publikum erreichen sollten. Friedrich Engels: *Schelling und die Offenbarung. Kritik des neuesten Reaktionsversuchs gegen die freie Philosophie*, Leipzig 1842, in: Marx/Engels *Ergänzungsband Teil II*, Marx Engels Verlag, Berlin 1967, S. 171–221, erläutert die Bedeutung der Berufung Schellings durch den König Friedrich Wilhelm IV. als

gescheiterten Versuch, den Hegelianismus zu liquidieren: „Proklamierte man nicht schon den bis zu Ostern 1842 erwarteten Sturz des Hegelianismus, den Tod aller Atheisten und Unchristen? Alles ist anders gekommen. Die Hegelsche Philosophie lebt nach wie vor auf dem Katheder, in der Literatur, in der Jugend, sie weiß, daß alle bis jetzt gegen sie geführten Streiche ihr nichts anhaben konnten, und geht ruhig ihren Entwicklungsgang fort." (S. 174) Tatsächlich waren die jungen Hegelianer, darunter Engels und Bakunin, zu Schellings Antrittsvorlesung in Berlin zusammengekommen, um sich ein Urteil vor Ort zu bilden. David Friedrich Strauß selbst hat die politisch theologische Reaktion von König Friedrich Wilhelm IV. in seinem Traktat: *Der Romantiker auf dem Thron der Cäsaren oder Julian der Abtrünnige*, Friedrich Bassermann, Mannheim 1847, ironisch karikiert, indem er den preußischen König mit dem römischen Kaiser Julian (360–363 n.Chr.) vergleicht, der nach der Einführung des Christentums den Versuch unternahm, zur altrömischen Religion zurückzukehren.

5 Drastisch hat Max Stirner diesen Zusammenhang in *Der Einzige und sein Eigentum*, Area, Hamburg 2005, S. 163, in der Frage ausgesprochen: „Wie mögt ihr glauben, daß der Gottmensch gestorben sei, ehe an ihm außer dem Gott auch der Mensch gestorben ist?" In diesem Sinn wird Michel Foucault: *Die Ordnung der Dinge. Eine Archäologie der Humanwissenschaften*, Suhrkamp, Frankfurt/Main 1974, S. 460, von der Korrelation zwischen dem Tod Gottes und der Tötung des Menschen sprechen: „So ist der letzte Mensch gleichzeitig jünger und älter als der Tod Gottes; da er Gott getötet hat, ist er selbst für seine Endlichkeit verantwortlich. Da er aber im Tod Gottes spricht, denkt und existiert, ist seine Tötung selbst dem Tod geweiht." Der Tod Gottes bezeichnet so die Tötung „des Menschen" und die „absolute Zerstreuung des Menschen".

6 Ernst H. Kantorowicz: *Die zwei Körper des Königs. Eine Studie zur politischen Theologie des Mittelalters,* (Englisch 1957), dtv, München 1994. Die These dieses Buches, dass die politische Theologie der elisabethanischen Monarchie auf der Analogisierung zwischen den beiden Körpern Christi und den beiden Körpern des Königs beruhte, die zuletzt in einem Prozess der Dissoziation bzw. Antithese dieser beiden Körper, des endlichen gegen den ewigen, zu Ende kommt, dient diesem Essay als ein assoziatives Modell zu der von Löwith angebotenen christologischen Perspektive auf die junghegelianische Philosophie.

7 Ludwig Feuerbach. *Das Wesen des Christentums*, Reclam, Stuttgart 2005. Ders.: *Grundsätze zu einer Philosophie der Zukunft*, Stuttgart 1922.

8 Karl Marx: *Die Frühschriften*, Alfred Kröner, Stuttgart 1953.

9 Stirner: *Der Einzige und sein Eigentum.*

10 Ebd. S. 163.
11 „Ich ruhe nicht eher, bis ich alle theologischen Fakultäten in die Luft gesprengt […] habe.“ Bruno Bauer in einem Brief an Arnold Ruge vom 1.3.1842, zitiert nach Josef Rattner/Gerhard Danzer: *Die Junghegelianer*, S. 64.
12 Vgl. Heinrich Heine im zweiten Vorwort *Zur Geschichte von Religion und Philosophie in Deutschland*, in: ders.: *Sämtliche Schriften III*, Hanser, München 1996, S. 510 ff, ders.: *Romanzero, Nachwort*, in: *Sämtliche Schriften VI, 1*, S. 180 ff. Ders.: *Geständnisse*. Ebd., S. 445–501.
13 Um hier nur einige zentrale Werke Sören Kierkegaards zu nennen: *Furcht und Zittern*, Europäische Verlagsanstalt, Frankfurt/Main 1998. Ders.: *Die Krankheit zum Tode*, Europäische Verlagsanstalt, Frankfurt/Main 1984, Ders.: *Werke der Liebe I und II*, Gütersloher Verlagshaus, Frankfurt/Main 1998. Ders.: *Stadien auf des Lebens Weg*, Gütersloher Verlagshaus, Frankfurt/Main 1994.
14 Jürgen Habermas/Josef Ratzinger: *Vorpolitische moralische Grundlegungen eines freiheitlichen Staates*, in: *Zur Debatte – Themen der katholischen Akademie in Bayern 34,* 2004. Jürgen Habermas: *Auch eine Geschichte der Philosophie, Band 1: Die okzidentale Konstellation von Glauben und Wissen, Band 2: Vernünftige Freiheit. Spuren des Diskurses über Glauben und Wissen*, Frankfurt/Main 2022. Über den Zusammenhang zwischen der postsäkularen Relation und einer posteschatologischen bzw. postkanonischen Beziehung zwischen Judentum und Christentum vgl. Christoph Schmidt: *Rethinking the Modern Canon of Judaism – Christianity – Modernity in Light of the Post-secular Relation*, in: Emmanuel Nathan/Anya Topolski (Hrsg.): *Is there a Jewish Christian Tradition? A European Perspective*, Berlin, De Gruyter 2016, S. 165–184. Es geht hier um den Zusammenhang zwischen einer Enteschatologisierung der Philosophie, die mit der Idee der Freiheit meinte, die religiösen Traditionen von Judentum und Christentum „aufzuheben“, und die nunmehr anfällige Enteschatologisierung des Verhältnisses von Judentum und Christentum. Wie die Moderne meinte, das Christentum durch die Philosophie der Freiheit ersetzen und d.h. das Christentum verwirklichen zu können, so meinte das Christentum das Judentum durch die Idee der Liebe zu erfüllen. Mit der postsäkularen Trennung von Theologie und Philosophie wird die Notwendigkeit erkennbar, auch das Judentum von diesem eschatologischen Anspruch des Christentums zu befreien.
15 Max Horkheimer/Theodor W. Adorno: *Dialektik der Aufklärung*, Querido, Amsterdam 1947. Die eigentlich theologische Perspektive dieser Dialektik wird offenbar erst durch die radikale Krise der Moderne unter dem Eindruck von Auschwitz in einer Art gnostischen Theologie wieder thematisch, die den Weltgeist als bösen Demiurgen nunmehr einem ganz anderen Gott entgegenstellt. Vgl. T.W. Adorno: *Minima Moralia. Reflexionen aus dem beschädigten Leben*, Frankfurt/

Main 1964, mit dem berühmten Schlusswort *Zum Ende*: „Philosophie, wie sie im Angesicht der Verzweiflung einzig noch zu verantworten ist, wäre der Versuch, alle Dinge so zu betrachten, wie sie vom Standpunkt der Erlösung sich darstellten. Erkenntnis hat kein Licht, als das von der Erlösung her auf die Welt scheint." Ders.: *Negative Dialektik*, Suhrkamp, Frankfurt/Main 1980: „Was einmal der Geist als seinesgleichen zu bestimmen oder zu konstruieren sich rühmte, bewegt auf das sich hin, was dem Geist nicht gleicht; was seiner Herrschaft sich entzieht und woran sie doch als Böses offenbar wird." (S. 358) „Die Theologie der Krise registrierte, wogegen sie abstrakt und darum vergebens aufbegehrte: daß Metaphysik fusioniert ist mit Kultur. Die Absolutheit des Geistes, Aureole der Kultur, war dasselbe Prinzip, das unermüdlich dem Gewalt antat, was es auszudrücken vortäuschte." (S. 360). Vgl. auch Max Horkheimer: *Die Sehnsucht nach dem ganz Anderen*, in ders.: *Gesammelte Schriften VII*, Frankfurt/Main 1985, S. 385–404.

16 Paulus: *2. Brief an die Thessaloniker* 2:5–7. Vor allem seit Carl Schmitt: *Der Nomos im Völkerrecht des Jus Publicum Europaeum*, Duncker & Humblot, Berlin 1974, Kap. 3b: *Das christliche Reich als Aufhalter* (S. 28–32) spielt der *Katechon* eine esoterische Rolle in den Debatten über die Möglichkeit der politischen Theologie. Zuletzt bei Agamben: *Herrschaft und Herrlichkeit*, wo der Autor die Eschatologie gegen die beiden Katechonten Carl Schmitt und Erik Peterson erneuern will.

17 Ganz in diesem Sinn lautet ein Buchtitel von Moses Hess: *Philosophie der Tat*, in Georg Herwegh: *Einundzwanzig Bogen aus der Schweiz*, Zürich und Winterthur 1843.

18 Insofern entspricht diese Eschato–Logik der von René Girard beschriebenen archaisch mythologischen Gewalt, die sich aus dem mimetischen Begehren entwickelt. Das Begehren, das sich auf die Frau, den Besitz etc. des Anderen richtet, mutiert von der Bewunderung des Anderen zu einer Konkurrenz mit diesem, um von hier aus in einen Kampf zu eskalieren, mit dem sich das Begehren an die Stelle des Anderen setzen und diesen also beseitigen will. Wenn die Gesellschaft so im Ganzen in der Gefahr ist, durch diese mimetischen Kämpfe in den archaischen Stand eines Krieges aller gegen alle zurückzufallen, gelingt es dem Haupt, König bzw. Führer diese allgemeine Gewalt durch die Auswahl eines für schuldig befundenen Feindes und Opfers – des Sündenbocks – in eine Gewalt aller gegen Einen zu kanalisieren. Mit der Tötung dieses schuldigen Sündenbocks sind Ruhe, Frieden und „Unschuld" bis zur nächsten Krise hergestellt, wobei Girard die Funktion des Souveräns nicht nur auf den krisenhaften Zyklus der sozialen Gewalt zurückführt, sondern mit der theologischen Figur des Satans identifiziert, dessen Logik einer solchen Selbstaustreibung entspricht: Der Teufel treibt den Belzebub aus. „Der Satan, der austreibt, ist derselbe Brutkasten, der nun jenen

Hitzegrad [der mimetischen Konkurrenz] erreicht hat, bei dem der Opfermechanismus ausgelöst wird: Um die Zerstörung seines Reiches zu verhindern, macht Satan aus seinem Chaos selbst, auf dessen Höhepunkt, ein Instrument der Selbstausstoßung." (vgl. R. Girard: *Ich sah den Satan vom Himmel fallen wie einen Blitz. Eine kritische Apologie des Christentums*, Hanser, München 2002, S. 53) Wenn die Eschatologik auf der Dichotomie von unschuldigem Subjekt und schuldigem Feind konstruiert wird, tritt in der eschatologischen Krise und der endzeitlichen Konfrontation der Souverän gegen diesen Feind an, um seine spezifische Souveränität auch über der revolutionären Gesellschaft zu behaupten. Der in der Eschatologik angelegte absolute Ausnahmezustand kann so als Wiederkehr der verdrängten archaischen Urszene mimetischer Gewalt erscheinen, er kann aber auch als Ausgangspunkt der Idee der politischen Gewalt aufgefasst werden, so dass die archaische Gewalt „nur" eine Rückprojektion des eschatologischen Ausnahmezustands darstellt.

19 Vgl. Giorgio Agamben: *Homo Sacer. Die souveräne Macht und das nackte Leben*, Frankfurt/Main 2002, S. 184: „Die Geburt des Lagers in unserer Zeit erscheint aus dieser Sicht wie ein Ereignis, das den politischen Raum der Moderne als solchen in entscheidender Weise prägt." Agamben meint den Ursprung des Lagers in dem, was er die „Ordnung ohne Ortung" nennt, zu erkennen, die „zunehmende Entkoppelung von Geburt (nacktem Leben) und Nationalstaat." (S. 185), um es zuletzt sogar als „de[n] neue[n] biopolitische[n] nomos des Planeten" zu definieren (S. 186).

20 Diesen Zusammenhang hat vor allem Erik Peterson: *Der Monotheismus als politisches Problem* (1935), in ders.: *Theologische Traktate, I*, Echter, Würzburg 1994, S. 23–82, hervorgehoben, als er Carl Schmitts politische Theologie in die eschatologische Tradition vor Augustinus einreiht, der die eusebische Gleichung von Kirche und Reich mit Hilfe der Trinität sozusagen „dekonstruiert". Vgl. ebd. S. 81: „Der Begriff der politischen Theologie ist m.W. von Carl Schmitt, Politische Theologie, München 1922, in die Literatur eingeführt worden. Seine damaligen kurzen Ausführungen waren nicht systematisch gehalten. Wir haben hier den Versuch gemacht, an einem konkreten Beispiel die theologische Unmöglichkeit einer „politischen Theologie" zu erweisen." Es ist hier nicht der Ort, auf Carl Schmitt: *Politische Theologie II. Die Legende von der Erledigung jeder Politischen Theologie*, Duncker & Humblot, Berlin 1996, noch die vielen Debatten über diese Schmitt-Peterson-Debatte von Taubes (Hrsg.): *Der Fürst dieser Welt. Carl Schmitt und die Folgen*, Fink, München 1983, bis Agamben: *Herrschaft und Herrlichkeit* einzugehen. Die Einordnung sowohl der links- wie radikal rechtspolitischen Ideologien in die Tradition der modernen Eschatologie haben vor allem Karl Löwith:

Weltgeschichte und Heilsgeschehen und Erik Voegelin: *The New Science of Politics* analysiert.

21 Bruno Bauer: *Die gute Sache der Freiheit und meine eigene Angelegenheit*, Verlag des literarischen Comptoirs, Zürich 1842, S. 185. Vgl. Godwin Lämmermann: *Kritische Theologie und Theologiekritik. Die Genese der Religions- und Selbstbewußtseinstheorie Bruno Bauers*, Kaiser, München 1979.

22 Ebd. S. 188.

23 Friedrich Engels: *Ludwig Feuerbach und der Ausgang der klassischen deutschen Philosophie* (1888), Stuttgart 1922, S. 9, fasst die damalige geistig-politische Situation noch einmal im Rückblick so zusammen: „Der Kampf wurde noch mit philosophischen Waffen geführt, aber nicht mehr um abstrakt-philosophische Ziele; es handelte sich direkt um Vernichtung der überlieferten Religion und des bestehenden Staates."

24 Insofern gilt die Feststellung von dem „strukturellen Antisemitismus" nicht nur von der idealistischen Philosophie Kants bis Hegels, sondern erst recht von den junghegelianischen Revolutionären. Vgl. Amit Kravitz/Jörg Noller (Hrsg.): *Der Begriff des Judentums in der klassischen deutschen Philosophie*, Mohr Siebeck, Tübingen 2018. Dabei wird von den kritischen Analysen, die sich der Sache entsprechend, auf das negative Verhältnis gegenüber dem Judentum konzentrieren, schnell übersehen, dass das „Judentum" zum Inbegriff der überhaupt zu überwindenden Religion, also gerade auch des zu überwindenden Christentums wird. Eben das von Judentum und Christentum übernommene Prinzip der Eschatologie, das gegen die traditionelle Religion adoptiert wird, fungiert hier als Prinzip der Aufhebung der Religion und damit als Prinzip der Negativierung und potenziell der Dämonisierung, das zuletzt gegen das nicht säkularisierungsfähige Judentum gewendet wird. Vgl. Micha Brumlik: *Gottesbezug als Heteronomie. Das Judentum als Herausforderung des deutschen Idealismus*, S. 11–24, Myriam Bienenstock: *Hegel über das jüdische Volk*: „eine bewunderungswürdige Festigkeit […] ein Fanatismus der Hartnäckigkeit", S. 117–134. Tatsächlich wird diese Tendenz der politischen Eschatologie des Idealismus durch die junghegelianische Philosophie auch hinsichtlich des Feindprinzips noch einmal radikalisiert, womit das Judentum dann potenziell zum ultimativen Feind aufsteigt. Problematisch erscheint dabei der Versuch von Paul Franks: *Struktureller Antisemitismus oder kabbalistisches Erbe? Das Verhältnis des deutschen Idealismus zum Judentum*, ebenfalls in: Kravitz/Noller, S. 147–176, den Idealismus als An- bzw. Enteignung der Kabbala zu beschreiben und diese als Modell für eine pluralistische Metaphysik zu präsentieren, bedenkt man das absolut negative Verhältnis der Kabbala zum Nichtjuden, wie zuletzt von Elliot Wolfson: *Venturing beyond. Law and Morality in Kabbalistic Mysticism*, Oxford University

Press 2006, detailliert dokumentiert. Abgesehen davon, ist die von Franks hervorgehobene Rolle des kabbalistischen *Zimzum*, der göttlichen Kontraktion, vermutlich eine Analogie zu der paulinischen *Kenosis* und Selbstentleerung Gottes, so dass die Rhetorik der Aneignung hier eine jüdisch-christliche Affinität einfach übersieht.

25 Bruno Bauer: *Das Judentum in der Fremde*, Heinicke, Berlin 1863. Moses Hess: *Rom und Jerusalem*, Leipzig 1862 ist tatsächlich schon eine Reaktion auf Bauers Angriff und erweitert das Projekt der sozialistischen Revolution nun für die jüdische Nationalitätsfrage. Damit initiiert er gegen Marx' und Bauers Antisemitismus die Gründung der zionistischen Bewegung. Vgl.: E. Silberer: *Moses Hess. Geschichte seines Lebens*, Leiden, Brill 1966. V. Weiß: *Moses Hess. Rheinischer Jude, Revolutionär, früher Zionist*, Köln 2015.

Die Christologie und die zwei Körper des Subjekts II

1 Kantorowicz: *Die Zwei Körper des Königs*. In dieser Zeit von Corona kann man das Kapitel über die „Krone als Fiktion" und die „Corona visibilis und invisibilis" (S. 338 ff), an denen der Autor eine der Versionen der beiden Körper des Königs illustriert, nicht ohne aktuelle politische Assoziationen lesen. Zumindest stellt sich von hier aus zum ersten Mal wieder die Frage nach dem inneren Zusammenhang von unsichtbarer Epidemie und politischer Souveränität.

2 Ebd. S. 47 ff: Kapitel 2: *Shakespeares König Richard II.*

3 Ebd. S. 61.

4 Ebd. S. 117.

5 Ebd. S. 457.

6 Ebd. S. 456.

7 Ebd. S. 444.

8 Ebd. S. 457.

9 Ebd. S. 459. Vgl. hierzu die Überlegung von Alain Boureau zum Verhältnis von Kantorowicz' und Carl Schmitts politischer Theologie, Alain Boureau: *Kantorowicz – Stories of a Historian*, Johns Hopkins University Press 1990, S. 106: „In fact, Kantorowicz inverted Schmitt's understanding of political theology. Political theology did not furnish an authoritarian arm to secular sovereigns because they possessed it already. It compelled them to operate according to the model of the Incarnation (the copresence of the immortal and the mortal) in order to endow their power with intellectual form. Political theology used the moment of the Incarnation as the model of a liberating fiction that affirmed the inalienable and sacred office of man above and beyond his natural existence. Late medieval jurists had displaced the operation of the religious fiction to the secular realm. In this sense, the ultimate outcome of this process is already inscribed in Dante's humanism."

10 Kantorowicz: *Die Zwei Körper des Königs*, S. 226: Es handelt sich hier um ein Zitat von Lucas de Penna, das hier stellvertretend die Idee des politischen Körpers des Staates als Einheit von König und Volk darstellt, die die Epoche der Monarchie mit ihren verschieden möglichen Metamorphosen bestimmt.

11 Martin Heidegger: *Sein und Zeit (1927)*, Niemeyer, Tübingen 1984, entfaltet in §40 *Die Grundbefindlichkeit der Angst als eine ausgezeichnete Erschlossenheit des Daseins*, die dieses mit der Unheimlichkeit des Seins auf seine fundamentale Einsamkeit und Nichtigkeit als „solus ipse" einstimmt, die den endgültigen Abschied von aller Wesenhaftigkeit des Subjekts vorbereitet. In den Paragraphen 72–77 zur Geschichtlichkeit wird dieses „solus ipse" auch auf der politischen Ebene gegen das Subjekt ausgespielt. In vielerlei Hinsicht stellt Heideggers Phänomenologie eine Art Rekapitulation der junghegelianischen Dialektik der zwei Körper dar, die dann in seinem Engagement für den NS-Staat ideologisch explizit wird.

12 Vgl. Martin Heidegger: *Logik. Die Frage nach dem Wesen der Sprache. Vorlesung 1934*, *Gesamtausgabe 38*, Klostermann, Frankfurt/Main 1998, S. 161 ff, wo Heidegger die menschliche Sorge als „Freiheit des geschichtlichen Selbstseins" politisch gegen das Subjekt des Liberalismus, wörtlich: zur „Sprengung aller Subjektivität" (S. 163) einsetzt. Heideggers Denken erscheint, wie gesagt, aus dieser Perspektive als eine Rekapitulation der junghegelianischen Eschatologie, ohne auf diese eigens zu reflektieren, d.h. er verdrängt mit seiner phänomenologischen Reduktion auf die Geschichtlichkeit des Daseins gerade diese spezifische Dimension der Zeit, um so den souveränen Coup des Führers gegen die liberale Seinsordnung als genuin phänomenologische Entscheidung zu drapieren.

13 Georg Wilhelm Friedrich Hegel: *Vorlesungen über die Philosophie der Religion II*, in: *Werke 17*, Suhrkamp, Frankfurt/Main 1969, S. 280.

14 Ebd.

15 Ebd. S. 298.

16 Ebd. S. 300.

17 Ebd. S. 298.

18 Paulus: *Brief an die Philipper 2:5–8*: „Er, der in göttlicher Gestalt war, hielt es nicht für einen Raub, Gott gleich zu sein, sondern entäußerte sich selbst und nahm Knechtsgestalt an, ward den Menschen gleich und der Erscheinung nach als Mensch erkannt. Er erniedrigte sich selbst und ward gehorsam bis zum Tode, ja zum Tod am Kreuze." In der Tat hat Luther den Begriff der *Kenosis* hier mit dem göttlichen Handeln der Entäußerung übersetzt, mit dem Hegel dann die Handlung des Geistes und des Selbstbewusstseins beschreibt. Vgl. Georg Wilhelm Friedrich Hegel: *Phänomenologie des Geistes*, in ders.: *Werke 3*, Suhrkamp, Frankfurt/Main 1976, S. 588: „Weder hat Ich sich in der *Form* des *Selbstbewußtseins* gegen die Form der Substanzialität

und Gegenständlichkeit festzuhalten, als ob es Angst vor seiner Entäußerung hätte – die Kraft des Geistes ist vielmehr, in seiner Entäußerung sich selbst gleich zu bleiben und als das Anundfürsichseiende das *Fürsichsein* ebensosehr als Moment zu setzen wie das Ansichsein". Ob die *Kenosis* in dieser philosophischen Konstellation wirklich so verschieden von dem neuerdings im philosophischen Kontext des Idealismus diskutierten *Tsimtsum* der lurianischen Kabbala ist, scheint mir fraglich, sie ist vor allem chronologisch sehr viel älter, so dass die Vermutung naheliegt, dass der Tsimtsum eine Art kosmologische Variation der *Kenosis* darstellt, zumal auch er in Gott den Raum freilegt für das Auftreten des Adam Kadmon, des ersten Menschen. Vgl. Agata Bielik Robson, in Agata Bielik Robson/Daniel Weil: *Tsimtsum and Modernity. Lurianic Heritage in Modern Philosophy and Theology*, Berlin/Boston, De Gruyter 2021, S. 29: „In this end the Lurianic tsimtsum is not the same as the Christian kenosis: it is not God's self sacrifice which encumbers the world with the sense of a terrible guilt and scandalous loss. Even if it is a ‚death of God' as the sovereign Infinite, it is also God's survival, his only mode of ‚living on' in and with the world." Vor allem die Adoption der lurianischen Metapher für eine Theologie nach dem Holocaust scheint es zu gebieten, hier drastische Unterschiede zu statuieren. Vgl. Christoph Schulte: *Tsimtsum. Gott und Weltursprung*, Frankfurt/Main, Suhrkamp 2014. In diesem Kontext besonders interessant: Hans Urs von Balthasar: *Theologie der drei Tage*, Johannes, Freiburg 1990, S. 27–41, der die *Kenosis* geradezu als Urgeschehen in der trinitarischen Gottheit auffasst und das Heraustreten des Logos in der Schöpfung bis zur Offenbarung Christi als Mensch als *Kenosis* erfasst.

19 Gotthold Ephraim Lessing: *Die Erziehung des Menschengeschlechts,* in: ders.: *Werke Band VIII*, Hanser, München 1980. Zu dem Zusammenhang von Weltgeschichte und Eschatologie vgl. Karl Löwith: *Weltgeschichte und Heilsgeschehen*. Jacob Taubes: *Abendländische Eschatologie*, A. Francke, Bern 1947, Erik Voegelin: *The New Science of Politics*. Chicago University Press 1952. Henri de Lubac: *La Posterité spirituelle de Joachim de Fiore,* erster Teil: *De Joachim à Schelling*, Cerf, Paris 1979, zweiter Teil: *De Saint Simon à nos jours*, 1981. Hierzu Wilhelm Schmidt-Biggemann: *Philosophia perennis. Philosophische Umrisse abendländischer Spiritualität in Antike, Mittelalter und früher Neuzeit*, Frankfurt/Main, Suhrkamp 1998, S. 603: „Joachim ist DAS Exempel politischer Theologie. An seinen Ideen zeigt sich, dass eine theologische Leit- und Wunschvorstellung, nämlich des virtuellen Reiches, nicht am politischen Realismus gemessen wird, […] Das Maß der politischen Theologie ist die Wünschbarkeit. Der Ort dieses Wunsches ist phantastische Innerlichkeit: Die Erlösung, die innerlich für die Erleuchteten vollzogen und sichtbar ist, drängt zur politischen Verwirklichung."

20 Hegel: *Vorlesungen über die Philosophie der Religion II*, S. 332 ff.
21 Georg Wilhelm Friedrich Hegel: *Vorlesungen über die Philosophie der Geschichte*, in *Werke 12*, Suhrkamp, Frankfurt/Main 1970, S. 32.
22 Hegel: *Vorlesungen über die Philosophie der Religion II*, S. 333.
23 Georg Wilhelm Friedrich Hegel: *Grundlinien der Philosophie des Rechts oder Naturrecht und Staatswissenschaft im Grundrisse*, in: *Werke 7*, Suhrkamp, Frankfurt/Main 1970, §279, S. 444.
24 Ebd., §243, S. 389.
25 Ebd. §244, S. 389.
26 David Friedrich Strauß: *Leben Jesu II. Kritisch bearbeitet*, Osiander, Tübingen 1936, S. 686.
27 Ebd. S. 744.
28 Strauß: *Leben Jesu*, S. XXV.
29 Ebd. S. XX.
30 Ebd. S. XXII.
31 David Friedrich Strauß: *Leben Jesu I*, Tübingen, Osiander 1935, S. 73.
32 Strauß: Leben Jesu, S. XXVI.
33 Ebd. XXVIII.
34 Strauß, *Leben Jesu I*, S. 729.
35 Strauß: *Leben Jesu*, S. XXVIII.
36 Ebd. S. XXIX.
37 Strauß: *Der Romantiker auf dem Throne.*
38 Vgl. A. Mohseni: *Gott geizt nicht. Bemerkungen zur Religionsphilosophie von D. F. Strauß*, in: M. Quante/A. Mohseni: *Die Linken Hegelianer*, S. 57–60, rekonstruiert die für Strauß konstitutive Problematik der Übersetzung der Glaubensbotschaft in ihren philosophischen Gehalt als inhärente Spannung zwischen dem Theologen und der Gemeinde, die diesen Inhalt nicht zu fassen bereit sei, um von hier aus die politische Dimension von Strauß' Theologie in der Entlassung und dann des sogenannten „Straußenhandels" nach der Berufung nach Zürich zu referieren. Sein Ergebnis läuft auf den Befund heraus, dass Strauß selbst nur eine soziale Veränderung im Auge haben konnte, mit der die Gemeinde für die Idee zugänglich werden könnte.
39 Strauß hat sich in seinen *Sechs theologisch politischen Reden*, Stuttgart 1848, in die öffentliche Diskussion zurückgemeldet, um im Sinne der demokratischen Revolution für eine von der Glaubenszugehörigkeit unabhängige Gleichstellung aller Bürger, d.h. eine eindeutige Trennung von Kirche und Staat, aber auch eine gerechte Sozialgesetzgebung einzutreten. So forderte der von den öffentlichen Autoritäten als „Antichrist" verschriene Theologe, dass „die Kirche […] vom Staate freigegeben werden [muss]. Die bürgerlichen Rechte dürfen an kein Glaubensbekenntnis mehr gebunden werden." (S. 27) Karl Barth: *Die protestantische Theologie im 19. Jahrhundert*, Theologischer Verlag, Zürich 1952, hält Strauß mit Nietzsche für einen ahnungslosen Bourgeois „in [seiner] spezifisch deutsch nationalen Gestalt" und

„Bildungsphilister", für den der Titel Antichrist vollkommen verfehlt ist: „Nein, sagt man sich, wenn man das gelesen hat: der Antichrist war Strauß auf keinen Fall. Und das ist das Vorletzte, was in bezug auf die mitleiderregende Untragik seiner Gesamthaltung zu sagen ist: daß er eben nicht einmal zu einem rechten Ketzer das Zeug und das Format hatte…"

40 Der Begriff des „Katechon" erscheint bei Paulus, 2. Brief an die Thessaloniker, 2:5–7, und bezeichnet, den oder das, der oder das ihn (den Widersacher, den Antichrist) „aufhält". Als solcher wurde er bei den Patristikern schon zum Prinzip des römischen Staates, der damit jegliche eschatologische Funktion als Reich Gottes verlor. Vor allem Carl Schmitt: *Der Nomos im Völkerrecht des Jus Publicum Europaeum*, im Kapitel 3b: *Das christliche Reich als Aufhalter* (S. 28–32), hat diesen Begriff „ausgegraben", der seitdem eine erstaunliche Karriere gemacht hat, vor allem bei Jacob Taubes und in seinem Gefolge bei Giorgio Agamben: *Herrschaft und Herrlichkeit*. Er bezeichnet seitdem auch retroaktiv den Gegensatz zu jeder eschatologischen Politik und damit der politischen Reaktion.

41 Ludwig Feuerbach, zitiert nach K. Löwith: *Von Hegel zu Nietzsche*, S. 85f. Löwith zitiert Feuerbach aus der Perspektive seiner extrem negativen Beurteilung der junghegelianischen Bewegung im Ganzen mit der erschlagenden Selbstaussage: „Je mehr man aus mir macht, desto weniger bin ich und umgekehrt: Ich bin überhaupt […] nur so lange etwas, so lange ich nichts bin." (zit. nach S. 81)

42 Bruno Bauer: *Die gute Sache der Freiheit und meine eigene Angelegenheit*, S. 200.

43 Ebd. S. 198.

44 Ebd. S. 219.

45 Karl Marx/Friedrich Engels: *Die deutsche Ideologie*, in: Marx/Engels *Gesamtausgabe, Erste Abteilung V*, Marx Engels Verlag, Berlin 1932, S. 8.

46 Feuerbach: *Das Wesen des Christentums*. Vgl. auch Ludwig Feuerbach: *Vorläufige Thesen zur Reform der Philosophie*, in: ders.: *Kleine philosophische Schriften*, Meiner, Leipzig 1950, S. 55: „Das Geheimnis der Theologie ist die Anthropologie, das Geheimnis aber der spekulativen Philosophie die Theologie – die spekulative Theologie, welche sich dadurch von der gemeinen unterscheidet, dass sie das von dieser aus Furcht und Unverstand in das Jenseits entfernte göttliche Wesen ins Diesseits versetzt."

47 Ebd. S. 10.

48 Feuerbach: *Vorläufige Thesen*, S. 59: „Der ‚absolute Geist' ist der ‚abgeschiedene Geist' der Theologie, welcher in der Hegelschen Philosophie noch als Gespenst umgeht. Die Theologie ist Gespensterglaube."

49 Ebd. S. 58: „Die Metaphysik oder Logik ist nur dann eine reelle immanente Wissenschaft, wenn sie nicht vom sogenannten subjekti-

von Geiste abgetrennt wird. Die Metaphysik ist die esoterische Psychologie." Damit zielt Feuerbach auf eine Reduktion der Theologie auf psychologische Mechanismen, und präludiert damit natürlich Sigmund Freud: *Die Zukunft einer Illusion*, in ders.: *Fragen der Gesellschaft. Ursprünge der Religion*, *Studienausgabe IX*, Fischer, Frankfurt/Main 1974, S. 177: „Die Religion wäre die allgemein menschliche Zwangsneurose, wie die des Kindes stammte sie aus dem Ödipuskomplex, der Vaterbeziehung. Nach dieser Auffassung wäre vorauszusehen, dass sich die Abwendung von der Religion mit der schicksalsmäßigen Unerbittlichkeit eines Wachstumsprozesses vollziehen muß und daß wir uns gerade mitten in dieser Entwicklung befinden."

50 Feuerbach: *Vorläufige Thesen*, S. 8. Die Vorstellung, dass die dogmatisch konstituierte Religion in sich dramatisch ist, spielt später in der Theologie von Hans Urs von Balthasar eine zentrale Rolle. Balthasar hat von Feuerbach aus seine Theodramaturgie konsequent mit der Idee der göttlichen *Kenosis* entfaltet, um von dort aus die säkulare Kultur mit ihrer Abwendung von Gott theologisch aufzufangen. Vgl.: Hans Urs von Balthasar: *Theodramaturgie I – IV*, Johannes Verlag, Einsiedeln 1973–1983.

51 Feuerbach: *Vorläufige Thesen*, S. 22.

52 Vgl. hierzu v.a. die Phänomenologie des Idols bei Jean-Luc Marion: *God without Being*, Chicago University Press 1991, S. 7–17 und ders.: *The Idol and Distance*, Fordham University Press 2001. Das Idol entspricht zunächst dem Akt einer Verehrung und Vergöttlichung des Liebesobjekts, einer Projektion der eigenen Sehnsucht also, die aber über die nähere Kenntnisnahme des Idols in ihrer Spiegelfunktion durchschaubar wird und zu einer Destruktion des Idols führt.

53 Feuerbach: *Vorläufige Thesen*, S. 106.

54 Ebd. S. 64.

55 Feuerbach: *Wesen des Christentums*, S. 106.

56 Ebd. S. 107.

57 Feuerbach: *Vorläufige Thesen*, S. 70.

58 Ebd. S. 125 f.

59 Feuerbach: *Das Wesen des Christentums*, S. 124.

60 Zur Genese des Dialogismus in der Sprachphilosophie, Wilhelm von Humboldt: *Über den Dualis*, Berlin 1828. Vgl. hierzu: Jürgen Habermas: *Auch eine Geschichte der Philosophie II*, S. 451 ff., der die dialogische Intersubjektivität hier auch im Kontext der nachmetaphysischen Konstellation von Religion und Philosophie bei Feuerbach zu analysieren sucht.

61 Feuerbach: *Grundsätze zu einer Philosophie der Zukunft*, §§ 61–63, S. 91 ff.

62 Feuerbach: *Vorläufige Thesen*, S. 78.

63 Feuerbach: *Das Wesen des Christentums*, S. 98 f.

64 Es war vor allem Sigmund Freud, der die anthropologische Reduktion der Liebe gegen ihre utopischen Surrogate bei Feuerbach bis zu ihrer vollkommenen Naturalisierung vorangetrieben hat. Ödipus, der seinen Vater tötet, weil er seine Mutter sexuell begehrt, ist ganz einfach das Negativ des Sohnes in der trinitarischen Ordnung. Gegen den Vater, der den Sohn für die Liebe zur Menschheit opfert, opfert der Sohn Ödipus den Vater, um seine erotische Lust zu realisieren. Mit dieser zu Ende geführten Reduktion vollstreckt Freud die Eschatologie Feuerbachs, um damit ihre letzte Dimension in der erotischen Aggression und Gewalt in der Figur des Urvaters freizulegen und von ihr aus ihre politischen Konsequenzen zu erschließen. Vgl. hierzu Christoph Schmidt: *Das ist mein lieber Sohn. Freud und Paulus als therapeutische Konstellation*, in: Sabine Biebl/ Clemens Pornschlegel: *Pauluslektüren*, München, Fink 2013, S. 167–186.

65 Marx/Engels: *Die deutsche Ideologie*, S. 8. Immerhin war es David Friedrich Strauß, der in den Augen von Friedrich Engels das Tor zum Atheismus aufgeschlossen hat: „Ja [...] jacta est alea., ich bin Straußianer, ich, ein armseliger Poet, verkrieche mich unter die Fittiche des genialen David Friedrich Strauß. Hör, einmal, was das für ein Kerl ist! Da liegen die vier Evangelien, kraus und bunt wie das Chaos; die Mystik liegt davor und betet's an – siehe, da tritt David Friedrich Strauß ein, wie ein junger Gott, trägt das Chaos heraus ans Tageslicht und – Adios Glauben!" (in: *Schriften und Briefe*, in: Marx/ Engels Werke, Berlin, Dietz 1967, S. 419.)

66 Ebd.

67 Derrida: *Marx' Gespenster*. Derrida versucht Marx' politisch-ökonomisches Projekt vor der liberalen Eschatologie Fukuyamas vom Ende der Geschichte mit einer Art Meta-Eschatologie zu retten, und das heißt über eine Dekonstruktion der von Marx bekämpften Gespenster der bürgerlichen Politik bei ihm selbst und vor allem bei Max Stirner. Gegen die „Aneignung von Jerusalem" (S. 99) als eschatologische Konstellation der Festschreibungen versucht er die Dekonstruktion hier für eine Politik des „Messianischen ohne Messianismus" umzuformulieren, eine neue Internationale der Gerechtigkeit.

68 Vgl. Hierzu etwa: Karl Vorländer: *Kant und Marx. Ein Beitrag zur Philosophie des Sozialismus*, Mohr Siebeck, Tübingen 1926, S. 62 ff.: *Marx über die philosophische Methode des Kapitals*. „Die Mystifikation, welche die Dialektik in Hegels Händen untergeht, verhindert in keiner Weise, daß er ihre allgemeinen Bewegungsformen zuerst in umfassender und bewußter Weise dargestellt hat." Allein „sie steht bei ihm auf dem Kopf. Man muss sie umstülpen, um den rationellen Kern in der mystischen Hülle zu entdecken." (S. 62)

69 Ebd. S. 15.

70 Karl Marx: *Vorwort zur Kritik von Hegels Rechtsphilosophie*, in: *Marx/ Engels Werke I*, Berlin 1976, S. 379.

71 Karl Marx: *Die Heilige Familie*, in: *Die Frühschriften*, S. 317. Wolfgang Essbach: *Religionssoziologie I*, liefert eine schlüssige Interpretation des Zusammenhang zwischen der theologischen Selbstentfremdung des Menschen bei Feuerbach und vor allem Bruno Bauer, und der ökonomischen Selbstentfremdung bei Marx, die den Übergang von der politischen Theologie zur politischen Ökonomie vorbereitet: „Marx greift in den ökonomisch-philosophischen Manuskripten aber auch die Religionskritik Bruno Bauers auf und wendet sie kritisch auf das Wissensgebiet der politischen Ökonomie an. Marx schreibt: ‚Der Gegenstand, den die Arbeit produziert, ihr Produkt, tritt ihr als ein fremdes Wesen, als eine vom Produzenten unabhängige Macht gegenüber. Das Produkt der Arbeit ist die Arbeit, die sich in einem Gegenstand fixiert, sachlich gemacht hat, es ist die Vergegenständlichung der Arbeit. Die Verwirklichung der Arbeit ist ihre Vergegenständlichung.' Dies ist in Analogie zur Produktionslogik des menschlichen Selbstbewusstseins modelliert, wie sie Bruno Bauer formuliert hat. Wenn Bruno Bauer in den Evangelisten den Produzenten des Christentums entdeckt und die gesamte religiöse Sphäre als eine von menschlichen Selbstbewußtsein produzierte begreift, – nicht wie bei Feuerbach eine projizierte, sondern eine produzierte – so transformiert Marx diesen Gedanken, indem er die geschichtliche Substanz als Werk des arbeitenden Menschen begreift." (S. 700)

72 Marx/Engels: *Werke I/3*, S. 206.

73 Ebd., S. 116.

74 Marx: *Vorwort zur Kritik von Hegels Rechtsphilosophie*, S. 385. Vgl. auch Marx/Engels: *Die deutsche Ideologie*, zu Kants bürgerlichem Hintergrund, S. 175. „Kant beruhigte sich bei dem bloßen ‚guten Willen', selbst wenn er ohne alles Resultat bleibt, und setzte die Verwirklichung dieses guten Willens, die Harmonie zwischen ihm und den Bedürfnissen und Trieben der Individuen, ins Jenseits. Dieser gute Wille Kants entspricht vollständig der Ohnmacht, Gedrücktheit und Misere der deutschen Bürger, deren kleinliche Interessen nie fähig waren, sich zu gemeinschaftlichen, nationalen Interessen einer Klasse zu entwickeln, und die deshalb fortwährend von den Bourgeois aller anderen Nationen exploitiert wurden."

75 Hegel: *Grundlinien der Philosophie des Rechts*, §243, S. 389.

76 Ebd. §244.

77 Vgl. Samuel Hirsch: *Das Judenthum, der christliche Staat und die moderne Kritik. Briefe zur Beleuchtung der Judenfrage von Bruno Bauer*, Heinrich Hunger, Berlin 1843. Der Rabbiner setzt sich mit Bauers Thesen zum Judentum im Einzelnen auseinander, um dessen Antijudaismus hinter der humanitären Fassade offenzulegen. Vgl. hierzu: Gershon Greenberg: *Samuel Hirsch in Dessau (June 1838–June 1843). Freedom, Emancipation and the Christian State*, in: Judith Frishman and Thorsten Fuchshuber (Hrsg): *Samuel Hirsch – Philoso-*

pher of Religion, Advocate of Emancipation and Radical Reformer, De Gruyter, Berlin Boston 2022, S. 67–84. Vgl. hierzu auch Karl Grün: *Die Judenfrage*, Darmstadt, Leske 1844, S. 14, wo der Autor nach dem Resümee der protestantischen Haltungen gegen die Judenemanzipation Bauers Buch als Höhepunkt dieser antisemitischen Tendenz im Geiste der neuen säkularen Befreiungsideologie zusammenfasst: „Das Christentum ist vernichtet, aber das Judentum muss es auch werden, die letzte tötende Kritik, welche den christlichen Glauben aus der Welt schaffte, muss auch an das Judentum gelegt werden. Wir Christen haben dem positiven Glauben Valet gesagt, die Juden wollen es nicht: tun wir es für sie!“

78 Karl Marx: *Zur Judenfrage*, in: *Die Frühschriften*, S. 190.

79 Ebd. S. 198.

80 Ebd. S. 199.

81 Ebd. S. 204.

82 Ebd. S. 205.

83 Ebd.

84 Ebd. S. 207.

85 Karl Marx: *Das Kommunistische Manifest*, ebd., S. 532.

86 Marx: *Die Heilige Familie*, S. 318.

87 Ebd., S. 319. Damit ist freilich die Frage nach dem handelnden Subjekt neu gestellt. Statt des individuellen Proletariers, der sich diese Situation vorstellt und in seiner Not gegen sie empört, kommt das revolutionäre Subjekt ins Spiel, das die Bedingungen des Seins des Proletariers in ihrer ökonomischen Logik entschlüsselt hat und dementsprechend in Regie nimmt. Damit verschärft sich der Bruch in Marx' Denken zwischen dem ethisch-humanistischen Ansatz und der strukturalistischen Wissenschaft nunmehr als neue Differenz zwischen der leidenden Existenz und dem sich als Revolutionär in den Dienst dieser Logik stellenden Subjekt. Peter Sloterdijk: *Kritik der zynischen Vernunft I*, Frankfurt/Main 1983, S. 187, hat diese Spannung im Anschluss an Louis Althussers Unterscheidung zwischen einer ideologischen und einer wissenschaftlichen Phase in Marx' Denken als eine Spannung zwischen „einer kynisch-offensiven, humanistischen, emanzipatorischen Reflexion und einer objektivistischen herrenzynischen Reflexion, die das Freiheitsstreben anderer im Stil einer funktionalistischen Ideologiekritik verhöhnt,“ beschrieben und auf dessen Auseinandersetzung mit Max Stirner zurückgeführt: „Wo Stirner sein revoltisch-auftrumpfendes Ich in die öffentliche Arena führte, produzierte der Marxismus einen Revolutionär, der mit dem Gefühl höchster Schlauheit und raffinierter Realistik sich selbst als Mittel im historischen Prozeß benutzt.“ (S. 195)

88 Marx: *Die Heilige Familie*, S. 318 f.

89 Marx/Engels: *Die deutsche Ideologie*, S. 45.

90 Karl Marx: *Nationalökonomie und Philosophie*, in: *Die Früh-*

schriften, S. 235.
91 Zitiert nach Vorländer: *Kant und Marx*, S. 63.
92 Marx: *Das Kommunistische Manifest*, S. 539.
93 Adam Smith: *An Inquiry into the Nature and Causes of the Wealth of Nations*, Modern Library, New York 1937, S. 423.
94 Stirner: *Der Einzige und sein Eigentum*, S. 163. In der ersten Ausgabe seines Buches hat Stirner folgendes Motto an seinen Anfang gestellt: „Der Mensch ist dem Menschen das höchste Wesen, sagt Feuerbach. Der Mensch ist nun erst gefunden, sagt Bruno Bauer. Sehen wir uns denn dieses höchste Wesen und diesen Fund genauer an." (Vgl. Ludwig Feuerbach: *Kleine Philosophische Schriften*, hrsg. M.G. Lange, Meiner, Leipzig 1950, S. 173.)
95 Ebd. S. 163.
96 Ebd. S. 42.
97 Ebd. S. 104.
98 Ebd. S. 125. Marx und Engels haben in *Die deutsche Ideologie* den Thesen Stirners eine ausführliche Kritik gewidmet. Sie werfen ihm vor „die Geschichte […] zu einer bloßen Geschichte der vorgeblichen Ideen, zu einer Geister- und Gespenstergeschichte" zu verwandeln, und „die wirkliche, empirische Geschichte, die Grundlage dieser Gespenstergeschichte wird nur exploitiert, um die Leiber für die Gespenster herzugeben." (S. 110) Der Kern ihrer Kritik bezieht sich auf die Frage nach den göttlichen Prädikaten, die Feuerbach von ihrem Subjekt trennt, um sie auf den Menschen zu übertragen. „Wenn Stirner Feuerbach vorwirft, er komme zu Nichts, weil er das Prädikat zum Subjekt mache und umgekehrt., so kann er nur noch zu viel weniger kommen, weil er diese Feuerbachschen, zu Subjekten gemachten Prädikate als wirkliche, die Welt beherrschende Persönlichkeiten, diese Phrasen über die Verhältnisse treulichst akzeptiert, ihnen das Prädikat heilig beilegt, dies Prädikat in ein Subjekt, das Heilige verwandelt, also ganz dasselbe tut, was er Feuerbach zum Vorwurf macht." (S. 216) Vgl. hierzu J. Derrida: *Marx' Gespenster*, S. 207 ff., wo Marx' und Engels' Warnung vor dem Gespenst des Kommunismus zum Indiz für die permanente Angst vor den Gespenstern der alten und neuen Mächte zumal bei Stirner mutiert, gegen die die Ideologiekritik antritt.
99 Stirner: *Der Einzige und sein Eigentum*, S. 105.
100 Ebd. S. 193 f.
101 Ebd. S. 184.
102 Ebd. S. 55.
103 Ebd. S. 194.
104 Ebd. S. 174.
105 Feodor Dostojewski: *Raskolnikow*, übersetzt: Wilhelm Henckel, 3 Bände, Friedrich Wilhelm Verlag, Leipzig 1887. Vgl. Jean-Paul Sartre: *Der Existenzialismus ist ein Humanismus*, Ullstein, Frankfurt/

Main 1989, S. 24, erhebt den Tod Gottes im Sinne Stirners geradezu zu der Bedingung der Möglichkeit der wesenlosen Existenz, wie er den eigenen Atheismus hier formalontologisch mit Heidegger als die Existenz begreift, die sich selbst als Freiheit ihr Wesen erst je von Neuem entwirft. Vgl. Hierzu: Odo Marquard. *Der Einzelne. Vorlesungen zur Existenzphilosophie*, Reclam, Stuttgart 2013, der den Existenzialismus aus der Krise der Theologie und dem aus dieser hervorgehenden Nominalismus begreift: als notwendigen Primat der Existenz vor der Essenz. Die Vorlesungen versuchen Hans Blumenbergs Legitimation der Neuzeit mit Heideggers Projekt der Existenzialontologie in einem geistesgeschichtlichen Horizont zusammenzustellen.

106 Stirner: *Der Einzige und sein Eigentum*, S. 357.

107 Ebd. S. 173. Vgl. L. Feuerbach: *Über das ‚Wesen des Christentums' in Beziehung auf den ‚Einzigen und sein Eigentum'*, in: *Kleine Philosophische Schriften*, S. 186 ff. Hier stellt Stirner den dialogischen Menschen als Ausdruck des Wesens gegen den Einzigen: „Folge den Sinnen! Du bist durch und durch Mann – das Ich, das Du in Gedanken von Deinem sinnlichen, männlichen Wesen absonderst, ist ein Produkt der Abstraktion, das eben so viel oder so wenig Realität hat als die platonische Tischheit im Unterschiede von den wirklichen Tischen. Aber als Mann beziehst Du Dich wesentlich, notwendig auf ein anderes Ich oder Wesen – auf das Weib. Wenn ich also Dich als Individuum anerkennen will, so muß ich meine Anerkennung nicht nur auf Dich allein beschränken, sondern zugleich über Dich hinaus auf Dein Weib ausdehnen. […] Eines will überhaupt nur der Egoismus, aber vieles die Liebe." Feuerbach will also die göttlichen Prädikate auf die menschlichen Beziehungen, die Religion Gottes zu der Religion des dialogischen Menschen umformen: „Und diese Religion ist die allein bleibende, wenigstens so lange, als nicht ein ‚einziger' Mensch nur auf Erden ist; denn so, wie wir nur zwei Menschen, wie Mann und Weib haben, so haben wir auch schon Religion. Zwei, Unterschied ist der Ursprung der Religion – das Du der Gott des Ich, denn Ich bin nicht ohne Dich; Ich hänge vom Du ab; kein Du – kein Ich."

108 Stirner: *Der Einzige und sein Eigentum*, S. 193.

109 Ebd. S. 389.

110 Ebd. S. 355.

111 Ebd. S. 194. Dieser Antinomismus, der den christlichen Text gegen sich selbst wendet, bestimmt schon die gesamte Literatur der radikalen Hegelianer und findet später ihren Ausdruck in der jüdischen Auseinandersetzung mit der modernen antitheologischen Kultur und ihre Ursprüngen in der sogenannten häretischen Kabbala. Vgl. v. a. Gershom Scholem: *Die Krise der Tradition im jüdischen Messianismus*, in: ders.: *Judaica III*, Suhrkamp, Frankfurt/

Main 1973, S. 152–196. Auch ders.: *Mizwa HaBa BeAwera* (hebr.), in: *Mechkarim WeMekorot BeToldot HaShabtaut WeGilguleiha*, Mossad Bialik, Jerusalem 1974, S. 141–216.

112 Stirner: *Der Einzige und sein Eigentum*, S. 400. Hierzu kommentiert Feuerbach: *Über das ‚Wesen des Christentums' in Beziehung auf den ‚Einzigen und sein Eigentum'*, S. 179: „‚Ich hab mein Sach auf nichts gestellt', singt der Einzige. Aber ist denn nicht auch das Nichts ein Prädikat Gottes, nicht auch der Satz: Gott ist nichts, ein Ausspruch des religiösen Bewußtseins? So hat also der ‚Egoist' doch auch noch seine Sache auf Gott gestellt! So gehört also auch er noch zu den frommen Atheisten!" Martin Buber: *Volk und Führer*, in: ders.: *Hinweise. Gesammelte Essays*, Menasse, Zürich 1953, S. 298 berichtet von Mussolinis Lektüre Stirners: Mit 27 Jahren schreibt er über Stirners Buch „Der Einzige und sein Eigentum, es sei ‚das Evangelium des Individualismus und die größte Dichtung, die je zur Verherrlichung des gottgewordenen Menschen gesungen worden ist'" Noch interessanter sind hier Hitlers Ausführungen zum Verbrechen, die Buber in demselben Essay (S. 302) zitiert: „Der Ausdruck Verbrechen, sagt er, stammt noch aus einer überwundenen Welt. Die Vorsehung hat mich zu dem größten Befreier der Menschheit vorbestimmt. Ich befreie den Menschen von der schmutzigen und erniedrigenden Selbstpeinigung einer Gewissen und Moral genannten Chimäre und von den Ansprüchen einer Freiheit und persönlichen Selbstständigkeit." Diese Ausführungen könnten so wörtlich bei Stirner stehen, wenn vielleicht auch ohne das soteriologische Pathos.

113 Stirner: *Der Einzige und sein Eigentum*, S. 224.

114 Ebd. S. 236.

115 Ebd. S. 241.

116 Ebd. S. 241.

117 Ebd. S. 250.

118 Ebd. S. 259.

119 Ebd. S. 261.

120 Ebd. S. 276.

121 Ebd.

122 Ebd. S. 275.

123 Ebd. S. 276.

124 Ebd. S. 279.

125 Arnold Ruge: *Unsere letzten zehn Jahre – Über die neue deutsche Philosophie, an einen Franzosen*, in: ders.: *Sämmtliche Werke VI*, Grohe Verlag, Mannheim 1848, S. 120.

126 Stirner: *Der Einzige und sein Eigentum*, S. 338.

127 Ebd. S. 340.

128 Ebd. S. 248.

129 Ebd. S. 342.

130 Ebd. S. 344.
131 Ebd. S. 343.
132 Ebd. S. 345.
133 Ebd. S. 191 f.
134 Arnold Ruge: *Unsere letzten zehn Jahre*, S. 105 f. Vgl. hierzu die Analyse von Bruno Bauers *Charakteristik Ludwig Feuerbachs*, in: *Wigands Vierteljahreszeitschrift III* 1845, S. 86–146. Mit der Typologie der Nachfolge Hegels, die die Spinozisten von den Fichteanern unterscheidet, ordnet er Strauß, Feuerbach und Stirner den Spinozisten zu, während er sich selbst als Fichteaner versteht. Die Spinozisten setzen eine vorgängige Substanz, die Gemeinde, die Natur, während die Fichteaner den Willen als alleiniges Prinzip des freiheitlichen Handelns postulieren. Hierzu: D. Moggach: *Subject of Substance. The Meta-ethics of the Hegelian School*, in: M. Quante/A. Mohseni: *Die Linken Hegelianer*, S. 177–198.
135 Thomas Hobbes: *Leviathan* (1651), London, Penguin, 1981, S. 189 f. Vgl. Leo Strauß: *Hobbes' politische Wissenschaft in ihrer Genesis*, (1935) Neuwied 1965, S. 180 ff.: „Weil also die Vernunft wesentlich ohnmächtig ist, darum genügt die Auskunft nicht, daß der Ursprung und Sitz der Herrschaft die Vernunft sei, darum wird es von Grund auf fraglich, welche von den untereinander gleichen Menschen über die anderen herrschen können und dürfen, und unter welchen Bedingungen und innerhalb welcher Grenzen sie einen Anspruch auf Herrschaft haben, darum kommt es zu einem Problem der Souveränität. Weil alle Menschen gleich ‚vernünftig' sind, darum muß willkürlich, als künstlicher Ersatz für die fehlende natürliche Vernunft – Überlegenheit eines oder mehrerer beliebigen Individuen zur maßgebenden Vernunft gemacht werden […] Aus demselben Grund, aus dem die Ersetzung der Vernunft ohnmächtig ist – verliert nun aber auch das vernünftige ‚Law of Nature' seine Dignität, tritt an seine Stelle das zwar vernunftgemäße, aber nicht eigentlich von der Vernunft, sondern von der Todesfurcht diktierte ‚Right of Nature'. Der Bruch mit dem Rationalismus ist also die entschiedene Voraussetzung sowohl des Souveränitätsbegriffs als auch der Verdrängung des Gesetzes durch das ‚Recht' […] Der Bruch mit dem Rationalismus, der demnach die Möglichkeitsbedingung aller spezifisch modernen Politik ist, findet bei Hobbes seinen schärfsten Ausdruck darin, daß er die souveräne Gewalt, welche die von der Natur fehlende allgemeine Vernunft ersetzt, nicht als Vernunft, sondern als Willen auffaßt." Während Hobbes hier für die Moderne den Konflikt zwischen Willen und Vernunft konstruiert, mit dem der Naturzustand wieder ausbricht, ergibt sich dieser aus der junghegelianischen Perspektive als letzte Konsequenz der negativen Eschatologie, mit der die Idee des Subjekts durch den souveränen Willen gesprengt wird. An die Stelle des religiösen Bürgerkriegs tritt

der Bürgerkrieg der radikalen politischen Eschatologien. Hannah Arendt: *Über den Imperialismus*, in: *Sechs Essays*, Heidelberg 1948, S.19 ff., hat Hobbes' politische Philosophie als den direktesten und zugleich brutalsten Ausdruck der bürgerlichen Revolution vor allem aus der kapitalistischen Logik der bürgerlichen Gesellschaft abgeleitet, die in der Phase des Imperialismus das Bündnis mit dem Mob durch die Ideologie des Antisemitismus gründet, das zur totalitären Politik führt. Insofern ist Arendts Theorie des Totalitarismus trotz des ökonomisch soziologischen Ansatzes durchaus anschlussfähig an die politisch theologische Dialektik der vorliegenden Überlegungen, auch insofern sie die Logik des jüdischen Parias als letzten Zielpunkt der katastrophalen Organisation des Politischen voraussetzt. Freud hat auf der Grundlage des Eros, der Sexualität und Aggression eine radikale Reduktion der Idee der Liebe in ihrer christlichen Konstellation und ihren eschatologischen Transformationen bei Feuerbach vorgenommen, um für die Kultur eine radikale Krise und einen Rückfall in die Barbarei vorauszusagen, die sich mit dem Unbehagen in der Kultur abzeichnet. Ironisch hat er dabei die „eschatologische" Hoffnung auf eine totale Befreiung des anarchisch – totalitären Eros in der Gestalt des Übermenschen auf die Urgeschichte der Menschheit zurückprojiziert: Vgl. Sigmund Freud: *Massenpsychologie und Ich-Analyse*, in: *Studienausgabe IX*, Fischer, Frankfurt/Main 1974, S. 115: „Zu Eingang der Menschheitsgeschichte war er [der Urvater der Urhorde] der Übermensch, den Nietzsche erst von der Zukunft erwartete."

136 Schmitt: *Der Begriff des Politischen* (1927/1932), Duncker & Humblot, Berlin 1996, S. 26: „Die spezifisch politische Unterscheidung, auf welche sich die politischen Handlungen und Motive zurückführen lassen, ist die Unterscheidung von Freund und Feind." Diese Unterscheidung setzt das souveräne Subjekt voraus, das sie politisch wirksam zu treffen vermag. Insofern ist sie der formalisierte Begriff von Stirners Antithese. Vgl. Hierzu Heinrich Meier: *Carl Schmitt, Leo Strauß und der Begriff des Politischen. Zu einem Dialog unter Abwesenden*, Metzler, Stuttgart 2013, sowie Jacques Derrida: *Politik der Freundschaft*, Suhrkamp, Frankfurt/Main 2002.

137 Zu dieser Logik des absoluten Konfliktes der Mächte bei dem Martin Heidegger nach der Kehre: *Das Wesen der Macht* in ders.: *Die Geschichte des Seyns*, *Gesamtausgabe Band 69*, Klostermann, Frankfurt/Main 1998, S. 71: „Die Macht. Indem sie alles Sein des Seienden bestimmt, verwehrt sie dem Menschentum jede Möglichkeit zu sich selbst zu kommen, will sagen, überhaupt noch das Selbstsein als möglichen Grund der Wahrheit zu erfahren. Die Macht duldet keine Ausgleiche. Sie stellt alles auf das Entweder – Oder des Bestehens oder Nichtbestehens, auch dort, wo sie scheinbar, nämlich

aus weitreichender Berechnung ein Bestehendes noch zeitweilig auf sich beruhen läßt. Die Macht geht auf das äußerste Entweder – Oder, und nur aus Machtgründen versteckt die Macht, daß ihr Wesen den Kampf auf Leben und Tod fordert und diesem zutreibt. Der Eine muß den Anderen vernichten."

138 Michael Bakunin: *Gott und der Staat*, Hirschfeld, Leipzig 1919, S. 28.

139 Ebd.

140 Ebd. S. 57.

141 Ebd. S. 15.

142 Erik Voegelin: *Die Krise. Zur Pathologie des modernen Geistes*, Wilhelm Fink, München 2008, S. 296. Vgl. hierzu den revolutionären Katechismus von Bakunins anarchistischem Genossen und Schüler Sergei Netschajev: „Der Revolutionär weiß, daß er in der Tiefe seines Wesens, nicht nur in Worten, sondern auch in Taten, alle Bande zerrissen hat, die ihn an die gesellschaftliche Ordnung und die zivilisierte Welt mit allen ihren Gesetzen, ihren moralischen Auffassungen und Gewohnheiten und mit allen ihren allgemein anerkannten Konventionen fesseln. Er ist ihr unversöhnlicher Feind, und wenn er weiterhin mit ihnen zusammenlebt, so nur deshalb, um sie schneller zu vernichten."

143 Bakunin: *Gott und der Staat*, S. 315: „Der einzige Unterschied zwischen (revolutionär) diktatorischer und monarchischer Gewalt würde die Tendenz der ersten sein, sich durch Volkserziehung so schnell wie möglich überflüssig zu machen, während die monarchische ihre Existenz zu perpetuieren sucht, indem sie das Volk in unveränderlicher Kindheit erhält." Mit diesen Sätzen reproduziert Bakunin das von ihm an Marx kritisierte Paradox der unumgänglichen Diktatur der Befreiung, die sich natürlich selbst überflüssig machen soll, am Ende aber ihre eigene Existenz damit perpetuiert, dass sie sich mit der Feindschaft des Konterrevolutionärs begründet.

144 Ebd. S. 336.

145 Ebd. S. 336.

146 Stirner: *Der Einzige und sein Eigentum*, S. 49.

147 Ebd. S. 72.

148 Ebd. S. 194.

149 Bruno Bauer: *Die gute Sache der Freiheit und meine eigene Angelegenheit*, S. 185.

150 Ebd. S. 198.

151 Bruno Bauer: *Die Judenfrage*, Friedrich Otto, Braunschweig 1843.

152 Ebd. S. 11.

153 Ebd. S. 14.

154 Karl Marx: *Zur Judenfrage*, S. 205.

155 Ebd. S. 204

156 Ebd. S. 207.

157 Bakunin: *Gott und der Staat*, S. 72.
158 Vgl. Hans Leisegang: *Die Gnosis*, Stuttgart 1955, Hans Jonas: *Die Botschaft des fremden Gottes*, Verlag der Weltreligionen, Frankfurt/Main 2008. Es war Erik Voegelin: *The New Science of Politics*, der das Thema der Gnosis für den Kontext der modernen Politik und ihrer Pathologien thematisiert hat. Hierzu ebenso: Jacob Taubes (Hrsg.): *Gnosis und Politik*, Fink, Paderborn 1984.
159 Bruno Bauer: *Das Judentum in der Fremde*.
160 Ebd. S. 3.
161 Ebd. S. 5.
162 Ebd. S. 2.
163 Ebd. S. 28.
164 Ebd. S. 47 f.
165 Carl Schmitt: *Politische Theologie. Vier Kapitel zur Lehre von der Souveränität* (1922), Duncker & Humblot, Berlin 1996, Joseph W. Bendersky: *Carl Schmitt. Theorist for the Reich*, Princeton University Press 1983, Reinhard Mehring: *Carl Schmitt – Aufstieg und Fall. Eine Biographie*, Beck, München 2009. Mit zum Besten nach wie vor gehören die Beiträge in Jacob Taubes (Hrsg.): *Der Fürst dieser Welt. Carl Schmitt und die Folgen*.
166 Carl Schmitt: *Der Begriff des Politischen*.
167 Carl Schmitt: *Der Leviathan in der Staatslehre des Thomas Hobbes. Sinn und Fehlschlag eines politischen Symbols* (1938), Klett Cotta, Stuttgart 1995.

Die Daniel-Apokalypse als Katharsis der Moderne

1 Heine: *Zur Geschichte der Religion und Philosophie in Deutschland*. Im Folgenden zitiere ich aus den sämtlichen Schriften mit Angabe der römischen Bandnummer und der arabischen Seitenzahl. Zur Orientierung seien folgende Schriften erwähnt: Jörg Aufenanger: *Heinrich Heine in Paris*, dtv, München 2005. Regina Grundmann: *Rabbi Faibisch. Was auf Hochdeutsch heißt Apollo. Judentum, Dichtertum, Schlemihltum in Heinrich Heines Werk*, Metzler, Stuttgart Weimar 2008. Jost Hermand: *Heinrich Heine. Kritisch, solidarisch, umstritten*, Böhlau, Köln Weimar Wien 2007. Jacob Hessing: *Der Traum und der Tod, Heinrich Heines Poetik des Scheiterns*, Wallstein, Göttingen 2005. Fritz J. Raddatz: *Heine. Ein deutsches Märchen, Essay*, Hoffmann und Campe, Hamburg 1977. Dolf Sternberger: *Heinrich Heine und die Abschaffung der Sünde*, Claassen, Hamburg 1972. Christoph Schmidt: *Daniels Traum. Heinrich Heines poetische Vision der Moderne als transkanonische Beziehung von Revolution und Religion*, in: Michael Fisch/Amir Engel (Hrsg.): *Transkulturelle Hermeneutik II*, Weidler, Berlin 2021, S. 9–52.

2 In der *Romantischen Schule* von 1835 hatte Heine noch den Begriff der Sünde ganz im Sinn der radikalen Junghegelianer als Instrument der Herrschaft und der Unterdrückung von Eros und Sinnlichkeit beschrieben, und in diesem Begriff das Insignium der Epoche gesehen: „Ich spreche von jener Religion in deren ersten Dogmen eine Verdammnis des Fleisches enthalten ist, und die dem Geiste nicht bloß eine Ohnmacht über das Fleisch zugesteht, sondern auch dieses abtöten will um den Geist zu verherrlichen; ich spreche von jener Religion durch deren unnatürliche Aufgabe ganz eigentlich die Sünde und die Hypokrisie in die Welt gekommen […] ich spreche von jener Religion, die ebenfalls durch die Lehre von der Verwerflichkeit aller Güter, von der auferlegten Hundedemut und Engelsgeduld, die erprobteste Stütze des Despotismus geworden." (III/362)

3 Sören Kierkegaard: *Philosophische Brocken. Abschließende unwissenschaftliche Nachschrift, Erster Teil*, Eugen Diederichs, Jena 1925, S. 150. Zu den folgenden Überlegungen auch: Hermann Diem: *Sören Kierkegaard – Spion im Dienste Gottes*, Fischer, Frankfurt/Main 1957. Walter Rehm: *Kierkegaard und der Verführer*, Rinn, München 1949. Mark C. Taylor: *Journey to Selfhood. Hegel and Kierkegaard*, Fordham University Press, New York 2000. Merold Westphal: *Becoming a Self: A Reading of Kierkegaard`s Concluding Unscientific Postscript*. Purdue University Press 1996. Jacob Howland: *Kierkegaard and Socrates: A Study in Philosophy and Faith*, Cambridge University Press 2006. George Pattison: *Kierkegaard and the Theology of the Nineteenth Century: The Paradox and the Points of Contact*, Cambridge University Press 2012

4 Sören Kierkegaard: *Entweder Oder. Ein Lebensfragment. Herausgegeben von Viktor Eremita, 2. Teil,* Eugen Diederichs, Jena 1925, S. 179.

5 In der Phänomenologie von Jean Luc Marion: *The Erotic Phenomenon*, University of Chicago Press 2007, S. 20, wird dieser Zusammenhang zur Vorlage für eine alternative cartesianische Methodik, die den Primat der Gewissheit des Seins durch die Liebe überwinden soll: „In my case, in my case alone, assurance demands much more than an existence that is certain, or indeed, a certainty in general. It asks that I might consider myself, in this existence, as freed from vanity, released from the suspicion of inanity, indemnified against the question ‚What is the use?' In order to confront the demand it is no longer a question of obtaining certainty of being, but instead the response to another question – ‚Does anybody love me?'"

6 Kierkegaard: *Entweder Oder*, S. 156 f.

7 Sören Kierkegaard: *Stadien auf des Lebens Weg II*, Eugen Diederichs, München 1994, S. 382.

8 Kierkegaard: *Die Krankheit zum Tode*, S. 70.

9 Ebd. S. 81. Jean-Luc Marion hat diesen Aspekt der *Kenosis* bei Kierkegaard seit seinen Anfängen in einer Sprache der Phänomenologie als Exzess, Überfluss bzw. als *surcroit* zu beschreiben versucht, der die Intentionen – Anschauung und Verstand des Menschen übersteigen, durchbrechen. Vgl. Ders.: *God without Being*, S. 47: „Love does not suffer from the unthinkable or from the absence of conditions, but is reinforced by them. For what is peculiar to love consists in the fact that it gives itself. Now, to give itself the gift does not require that an interlocutor receive it, or that an abode accommodate it, or that a condition assure it or confirm it. This means that as love, God can at once transgress idolatrous constraints." Ders.: *The Saturated Phenomenon*, in: *Philosopshy Today 40: 1*, Spring 1996, S. 101–124, nimmt der Autor eine erste systematische Typologie exzessiver Erfahrungen vor (wie das ästhetisch Erhabene bei Kant), die er als saturierte Phänomene beschreibt, mithin als Phänomene, die den Horizont der subjektiven Intentionen übersteigen.

10 Sören Kierkegaard: *Der Gesichtspunkt für meine Wirksamkeit als Schriftsteller. Eine unmittelbare Mitteilung. Meldung an die Geschichte*, Kopenhagen 1859, in ders.: *Schriften über sich selbst*, in: *Gesammelte Werke 33* (hrsg. E. Hirsch/H. Gardes) Gütersloher Verlagshaus, 1998, S. 38, erläutert den Sinn dieser ironischen Strategie der Verstellung, die sich in des Anderen ästhetische Lebenshaltung hineinversetzt, die sich einbildet, christlich zu sein, und als Maske einnimmt: „Das ist das Geheimnis in aller Helfekunst. Jeder, der das nicht kann, er ist selbst in einer Einbildung befangen, wenn er meint, einem anderen helfen zu können. Um in Wahrheit einem andern helfen zu können, muß ich mehr als er verstehen – zu allererst aber doch wohl verstehen, was er versteht. Tu ich das nicht, so hilft mein größeres Verständnis ihm gar nichts. Will ich gleichwohl mein größeres Verständnis geltend machen, weil ich eitel bin oder stolz, so daß ich im Grunde anstatt ihm zu nützen, eigentlich von ihm bewundert werden will. Alles wahre Helfen jedoch beginnt mit einer Demütigung: der Helfer muß sich zuerst unter den demütigen, dem er helfen will und daran verstehen, daß helfen nicht herrschen heißt, sondern dienen."

11 Kierkegaards Einfluss auf die jüdische Renaissance und jüdische Theologie nach 1900 kann gar nicht überschätzt werden. Vgl. Gershom Scholem: *Tagebücher 1913–1917*, Suhrkamp, Frankfurt/Main 1990, S. 108, wo der junge Scholem sich zu dem Ausruf hinreißen lässt: „Kierkegaard ist ein Jude". Max Brod: *Heidentum – Christentum – Judentum. Ein Bekenntnisbuch. Band I,* München 1912, S. 284: „Nirgend ist der Kern des jüdischen Weltgefühls [...] so klar, so erlebt formuliert wie in Furcht und Zittern". David Groiser: *Repetition and Renewal. Kierkegaard, Rosenzweig and the German Jewish Renaissance*, in: Julia Matveev/Ashraf Noor (Hrsg.): *Die Gegenwärtigkeit deutsch jüdischen Denkens, Festschrift für Paul Mendes*

Flohr, München, Fink 2011, S. 265–301. Schmuel Hugo Bergmann: *Dialogical Philosophy from Kierkegaard to Buber*, Jerusalem 1974. Jacob Golomb: *Kierkegaard in Zion*, in: *Kierkegaardiana 19*, 1998, S. 130–137. Michael Wyschogrod: *The Body of Faith. God in the People of Israel*, Jason Aronson, New Jersey 1996, pp. 112ff. Hierzu auch: Joanna Nowotny: *Kierkegaard und das jüdische Denken. Die Rezeption Kierkegaards in der jüdischen Moderne im Kontext des Orientalismus*, in: *Kierkegaard Yearbook*, De Gruyter 2016, S. 235–256

12 Kierkegaard: *Furcht und Zittern*, S. 57.

13 Sören Kierkegaard: *Einübung im Christentum*, Diederichs, Jena 1933, S. 108. Der Autor hat diesen Text unter dem Pseudonym Anticlimacus veröffentlicht, aber mit der nunmehr vollzogenen Konversion vom Ästhetischen zum christlichen Glauben, sich selbst allerdings im Geist der romantischen Ironie als Autor in einer Fußnote zu der auf die Überlegungen zum Gottmenschen als Zeichen folgenden Predigt mit den Worten eingeführt: „Diese Rede ist von Mag. Kierkegaard Freitag den 1. September 1848 in der Frauenkirche gehalten worden. Da sie mir eigentlich die Idee zu dem Titel gegeben hat, habe ich sie mit seiner Erlaubnis abgedruckt." (S. 130)

14 Sören Kierkegaard: *Der Liebe Tun I. Etliche christliche Erwägungen in Form von Reden,* Gütersloher Verlagshaus 1998, S. 111.

15 Ebd. S. 113.

16 Ebd.

17 Ebd. S. 178.

18 Ebd. S. 180.

19 Zitiert nach Johannes Hohlenberg: *Sören Kierkegaard. Eine Biographie*, Schwabe, Basel 2011, S. 369.

20 Ebd. S. 368.

21 Sören Kierkegaard: *Der Liebe Tun II*, Gütersloher Verlagshaus 1998, S. 411.

22 Sören Kierkegaard: *Philosophische Brocken*, S. 183.

23 Gotthold Ephraim Lessing: *Theologiekritische Schriften III*, *Werke Band VIII*, Hanser, München 1980, S. 13.

24 Barth: *Die protestantische Theologie im 19. Jahrhundert*, S. 219, erläutert diese Position folgendermaßen: „Das also waren die Gründe, die Lessing hatte, nicht nur nach Freimaurermethode weithin zu verschweigen, was er gegen die Orthodoxie auf dem Herzen hatte […], sondern auch zum Entsetzen seiner aufklärerischen Freunde gelegentlich direkt Partei für die angegriffene Orthodoxie bzw. für die alte Dogmatik zu nehmen." Zu dieser Haltung zitiert er Lessing, S. 218: „Je bündiger mir der Eine das Christentum erweisen wollte, desto zweifelhafter ward ich. Je muthwilliger und triumphierender mir es der Andere ganz zu Boden treten wollte, desto geneigter fühlte ich mich, es wenigstens in meinem Herzen aufrecht zu halten." Dabei ist Barth davon überzeugt, dass Lessing in letzter Instanz von einer

zukünftigen Aufhebung der offenbarten Religion durch die Vernunft ausging, wie er sie in der *Erziehung des Menschengeschlechts* vertreten hat, nur dass die Vernunft noch nicht zu dieser Aufhebung faktisch in der Lage ist. Ähnlich argumentiert Toshimasa Yasukata: *Lessing's Philosophy of Religion and the German Enlightenment. Lessing on Christianity and Reason*, Oxford 2002, S. 191 f., versucht aber das Verhältnis von Vernunft und Religion bei Lessing im Sinne eines Parallelismus mit Troeltsch als „Autotheonomie" zu erfassen, als eine durch ihre Grenzen auf den Glauben verwiesene Vernunft, die zu einer Übereinstimmung von autonomer Ethik und theonomem Willen, also mit Kants Idee der Vernunft innerhalb der Grenzen reiner Vernunft vergleichbar ist.

25 Lessing: *Theologiekritische Schriften III*, S. 21.

26 Schmitt: *Politische Theologie*. Zu Schmitt allgemein: Bendersky: *Carl Schmitt: Theorist of the Third Reich*, Gopal Balakrishnan: *The Enemy. An Intellectual Biography of Carl Schmitt,* New York 2002, Reinhard Mehring: *Carl Schmitt.* Ders.: *Carl Schmitt. Zur Einführung*, Junius, Hamburg 2011. Immer noch mit die beste Diskussion von Schmitts politischer Theologie die Beiträge in: Jacob Taubes (Hrsg.): *Der Fürst dieser Welt.*

27 Friedrich Gogarten: *Politische Ethik. Versuch einer Grundlegung*, Diederichs, Jena 1932.

28 Hugo Ball: *Carl Schmitts politische Theologie* (1924), in ders.: *Der Künstler und die Zeitkrankheit*, Frankfurt/Main 1984, S. 303–343. Vgl. hierzu: Christoph Schmidt: *Die Apokalypse des Subjekts. Ästhetische Subjektivität und politische Theologie*, Aisthesis, Bielefeld 2003, S. 134–151: *Genie, Souverän und Asket. Balls Kritik an Carl Schmitts Politischer Theologie.*

29 Martin Buber: *Das Königtum Gottes*, Schocken, Berlin 1932/36. Vgl. hierzu: Christoph Schmidt: *Die theopolitische Stunde. Martin Bubers Begriff der Theopolitik, dessen prophetische Ursprünge, dessen Aktualität und Bedeutung für die Definition der zionistischen Politik*, in ders.: *Die theopolitische Stunde. Zwölf Perspektiven auf das eschatologische Problem der Moderne*, Fink, München 2009, S. 205–226.

30 Erik Peterson: *Monotheismus als Politisches*. Vgl. hierzu: Christoph Schmidt: *Apokalyptischer Strukturwandel der Öffentlichkeit. Von der politischen Theologie zur Theopolitik: Anmerkungen zu Erik Petersons Buch von den Engeln – Stellung und Bedeutung der heiligen Engel im Kultus von 1935*, in ders.: *Die theopolitische Stunde*, S. 113–142.

31 Carl Schmitt: *Staat, Bewegung, Volk. Die Dreigliederung der politischen Einheit*, Hanseatische Verlagsanstalt, Hamburg 1933, S. 42.

32 Engels: *Ludwig Feuerbach und der Ausgang der klassischen deutschen Philosophie*.

33 Carl Schmitt: *Ex Captivitate Salus. Erfahrungen der Zeit 1945/47*, Greven, Köln 1950.

34 Moses Mendelssohn: *Jerusalem oder über religiöse Macht und Judentum*, Berlin 1783, S.164 ff: „Die Stimme, die sich an jenem großen Tage, auf Sinai hören ließ, rief nicht: „Ich bin der Ewige, dein Gott! Das notwendige, selbständige Wesen, das allmächtig ist und allwissend, das den Menschen in einem zukünftigen Leben vergilt, nach ihrem Thun." Dieses ist allgemeine Menschenreligion, nicht Judentum; und allgemeine Menschenreligion, ohne welche die Menschen weder tugendhaft sind, noch glücklich werden können, sollte hier nicht offenbart werden (...) Nein, dieses alles ward vorausgesetzt, ward vielleicht in den Vorbereitungstagen gelehrt, erörtert und durch menschliche Gründe außer Zweifel gesetzt, und nun rief die göttliche Stimme: „Ich bin der Ewige, dein Gott! Der dich aus dem Lande Mizraim geführt, aus der Sklaverei befreit hat u.s.w." Wohl trennt Mendelssohn auf der Grundlage der Leibniz'schen Unterscheidung zwischen notwendigen und geschichtlichen Wahrheiten, zwischen Philosophie und Theologie, aber nur, um beide Formen, Wissen und Glauben, aufeinander als komplementär zu setzen.

35 Vgl. Arnold Ruge: *Unsere letzten zehn Jahre*, S. 64 f: „Aber sie [die Aufklärung] kommt dem Wesen aller Religion nicht bei, und sie entdeckt nicht den Wurm des Christentums und des Mittelalters. Er ist dieser, theoretisch und praktisch, im Denken und im Leben das Wesen des Menschen für unerreichbar, ja, vielmehr jeden wirklichen Menschen für einen Unmenschen, für einen Sünder und für polizeiwidrig zu halten."

36 Engels: *Ludwig Feuerbach und der Ausgang der klassischen deutschen Philosophie*, S. 9.

37 Ebd. S. 10.

38 Ebd. S. 11.

39 Rudolph Otto: *Das Heilige. Das Irrationale in der Idee des Göttlichen und sein Verhältnis zum Rationalen*, (1917), Klotz, Gotha 1926.

40 Karl Barth: *Der Römerbrief*, Kaiser, München 1923.

41 Schmitt: *Politische Theologie*, S. 59: „Den deutschen Romantikern ist eine originelle Vorstellung eigentümlich: das ewige Gespräch; Novalis und Adam Müller bewegen sich darin als der eigentlichen Realisierung ihres Geistes. Die katholischen Staatsphilosophen, die man in Deutschland Romantiker nennt, weil sie konservativ oder reaktionär waren und mittelalterliche Zustände idealisierten, de Maistre, Bonald und Donoso Cortez, hätten ein ewiges Gespräch wohl eher für eine Phantasieprodukt grausiger Komik gehalten."

42 Carl Schmitt: *Politische Romantik* (1925), Duncker & Humblot, Berlin 1991, S. 142: „Es wäre ganz unrichtig, hier von Dualismus oder Monismus zu sprechen, denn Dualismus und Monismus sind hier keine Gegensätze, weil die Gegensätze selbst keine Gegensätze sind, sondern nur Anlässe. Kein Begriff behält seine Form, alles löst sich auf in oratorische Musik."

43 Feruccio Busoni: *Entwurf zu einer neuen Ästhetik der Tonkunst*, Frankfurt/Main, Insel, S. 30 f. Vgl. hierzu: Christoph Schmidt: *Logik der Ausnahme: Zum ästhetischen Subtext der Politischen Theologie von Carl Schmitt*, in: *Zeitschrift für Ästhetik und Allgemeine Kunstwissenschaft XLI/2 1996*, S. 259–280.

44 Schmitt: *Politische Theologie*, S. 68. Die Affinität zwischen Schmitt und Bakunin ergibt sich aus der letzten Schlussfolgerung der politischen Theologie, insofern sich „bei dem größten Anarchisten des 19. Jahrhunderts, Bakunin, [...] das seltsame Paradox (ergibt), daß er theoretisch der Theologe des Anti-Theologischen und in der Praxis der Diktator einer Anti-Diktatur werden mußte." Der einzige Unterschied zwischen beiden besteht im expliziten bzw. provisorischen Verhältnis zur Diktatur.

45 Hugo Ball: *Genie, Souverän oder Asket*, in ders.: *Der Künstler und die Zeitkrankheit*, S. 137.

46 Hugo Ball: *Kritik der deutschen Intelligenz*, Der freie Verlag, Bern 1919.

47 Zitiert nach: Christoph Schmidt: *Die Apokalypse des Subjekts*, S. 77.

48 Ebd. S. 78.

49 Ernst Bloch: *Thomas Münzer als Theologe der Revolution* (1921), Suhrkamp, Frankfurt/Main 1977.

50 Walter Benjamin: *Ursprung des deutschen Trauerspiels* (1828), Suhrkamp, Frankfurt/Main 1982.

51 Schmitt: *Der Begriff des Politischen*, S. 26.

52 Ebd. S. 39.

53 Schmitt: *Staat, Bewegung, Volk*, S. 41 f.

54 Stirner: *Der Einzige und sein Eigentum*, S. 400.

55 Schmitt: *Der Leviathan*, S. 16–18.

56 Ebd. S. 108 f.

57 Ernst H. Kantorowicz: *Laudes Regiae. A Study in Liturgical Acclamations and Medieval Ruler Worship*, University of California Press, 1946.

58 Ebd. IX f.

59 Ebd. S. 184.

60 Ebd. S. 185.

61 Schmitt: *Ex Captivitate Salus*, S. 87.

62 Ebd. S. 9.

63 Ebd. S. 12.

64 Vgl. hierzu Carl Schmitt: *Hamlet oder Hekuba. Der Einbruch der Zeit in das Spiel* (1956), Klett Cotta, Stuttgart 1993, wo Schmitt gegen Walter Benjamins kritische Ausführung zum Problem des Souveräns im barocken Theater und zumal bei Hamlet, der im Ernstfall keiner Entscheidung fähig sei, das Problem von Hamlets Unentschiedenheit aus der Problematik der Religionskriege ableitet, insofern das Vorbild Hamlets, James I., zwischen Protestantismus und Katholizismus aufgezogen worden sei. Erst mit Hobbes' politischer Philosophie sei das Problem zu seiner säkularen Entscheidung gelangt. Von hier aus

würde sich dann aber auch möglicherweise die Frage nach dem Verhältnis von Schmitts und Kantorowicz' Lesung von Shakespeares Königsdramen stellen. Immerhin ist Schmitts Essay ein Jahr vor den *King's Two Bodies* erschienen.

65 Schmitt: *Ex Captivitate Salus*, S. 31.
66 Ebd. S. 77.
67 Ebd. S. 66 f.
68 Ebd. S. 16.
69 Ebd. S. 92 f.
70 Ebd. S. 81.
71 Ebd.
72 Ebd. S. 82
73 Ebd. S. 89.
74 Schmitt: *Der Leviathan*, S. 18.
75 Carl Schmitt: *Theorie des Partisanen. Zwischenbemerkung zum Begriff des Politischen*, (1963) Berlin, Duncker & Humblot, 1995, S. 25.
76 Schmitt: *Ex Captivitate Salus*, S. 90.
77 Vgl. Heinrich Heine: *Sämtliche Schriften VI/2*, Anmerkung, S. 188.
78 Schmitt: *Politische Theologie*. S. 68.
79 Schmitt: *Theorie des Partisanen.* Hier erinnert Schmitt an die metaphorische Verwendung des Begriffs und spezifisch an den Partisanen des Weltgeistes: „Dann kann schließlich jeder Einzelgänger oder Nicht-Konformist ein Partisan genannt werden, ohne Rücksicht darauf, ob er überhaupt noch daran denkt, die Waffe in die Hand zu nehmen. Als Metapher braucht das nicht unzulässig zu sein; ich selbst habe mich ihrer zur Kennzeichnung geistesgeschichtlicher Figuren und Situationen bedient. In einem übertragenen Sinne heißt ja Mensch sein ein Kämpfer sein, und der konsequente Individualist kämpft eben auf eigene Rechnung und, wenn er mutig ist, auch auf eigene Gefahr." In der Fußnote auf derselben Seite 25 erwähnt er, dass er „z.B. Bruno Bauer und Max Stirner als Partisanen des Weltgeistes bezeichnet" hat.
80 Schmitt: *Politische Theologie*, S. 21: „Ein protestantischer Theologe, der bewiesen hat, welcher vitalen Intensität die theologische Reflexion auch im 19. Jahrhundert fähig sein kann, hat es gesagt."
81 Sören Kierkegaard: *Die Wiederholung*, Europäische Verlagsanstalt, Hamburg 2005, S. 93 f.
82 Kierkegaard: *Der Liebe Tun I*, S. 111. Vgl. Christoph Schmidt: *Ironie und Kenosis. Von Kierkegaards zu Schmitts Kritik der romantischen Ironie*, in: Heinz Brüggemann/Günter Oesterle (Hrsg.): *Walter Benjamin und die romantische Moderne*, Würzburg, Königshausen & Neumann, 2009, S. 535–550.
83 Schmitt: *Der Leviathan*, S. 108 f.
84 Ebd. S. 44. Zum Symbol des Jona, vgl.: Uwe Steffens: *Jona und der Fisch. Der Mythos von Tod und Wiedergeburt*, Kreuz, Stuttgart 1988.

S. auch: Erich Fromm: *Märchen, Mythen, Träume. Eine vergessene Sprache*, Rowohlt, Reinbek 1980.

85 Martin Buber: *Gottesfinsternis. Betrachtungen zur Beziehung zwischen Religion und Philosophie*, in ders.: *Werke I*, Kösel Verlag, Heidelberg 1962, S. 520: „Verfinsterung des Himmellichts, Gottesfinsternis ist in der Tat der Charakter der Weltstunde, in der wir leben. Aber das ist kein Vorgang, den man von Veränderungen aus, die sich im Menschengeist vollzogen haben, zugänglich erfassen kann. Dass die Sonne sich verfinstert, ist ein Geschehen zwischen ihr und unserem Auge, nicht in diesem darin. Die Philosophie hält uns auch nicht für gottblind. Sie meint, es ermangle uns nur heute an der Geistesverfassung, die ein Wiedererscheinen von ‚dem Gott und den Göttern', ein neues Vorüberziehen erhabner Bilder zu ermöglichen vermag."

86 Barth: *Der Römerbrief*, S. 22.

87 Schalom Ben Chorin: *Zwiesprache mit Martin Buber*, Gütersloher Verlagshaus 2004. Maurice Friedman: *Martin Buber and the Eternal*, Human Science Press, New York 1986. Rivka Hurvitz: *Bubers Way to I and Thou. An Historical Analysis and the first Publication of Martin Buber's Lectures ‚Religion als Gegenwart'*, Lambert Schneider, Heidelberg 1978. Paul Mendes Flohr: *Von der Mystik zum Dialog. Martin Bubers geistige Entwicklung bis hin zu ‚Ich und Du'*. Jüdischer Verlag, Königstein 1979. Ders.: (Hrsg.): *Martin Buber. A Contemporary Perspective*, The Israel Academy of Sciences and Humanities, Jerusalem 2002.

88 Hans Urs von Balthasar: *Karl Barth. Darstellung und Deutung seiner Theologie*, Johannes, Freiburg 1976. Egon Brinkschmidt: *Martin Buber und Karl Barth. Theologie zwischen Dialogik und Dialektik*, Neukirchner Verlag, Neukirchen–Vluyn 2000. Eberhard Busch: *Karl Barths Lebenslauf*, Theologischer Verlag, Zürich 2004. Ders.: *Mit dem Anfang anfangen. Karl Barths theologischer Weg*, Theologischer Verlag, Zürich 2019. Friedrich Wilhelm Marquardt: *Die Entdeckung des Judentums für die christliche Theologie*, Kaiser, München 1969.

89 Buber: *Gottesfinsternis*, S. 536: „Die Religion gründet [...] in der Zweiheit von Ich und Du, die Philosophie [...] in der Zweiheit von Subjekt und Objekt." Auf der Grundlage dieser Unterscheidung zwischen Religion und Philosophie stellt Hegel den Höhepunkt der philosophischen Abstraktion dar, mit der die Ich – Du Beziehung, aber auch Gott in das Selbstbewusstsein aufgelöst ist: „Die radikale Abstraktion, mit der für Hegel das Philosophieren beginnt, läßt mit aller anderen Daseinswirklichkeit auch die von Ich und Du versinken. Das Absolute, die Weltvernunft, die Idee, als Gott, bedient sich nach Hegel, wie alles Bestehens und Geschehens in Natur und Geschichte, so auch des menschlichen, um zu seiner, Gottes, Selbstverwirklichung und vollkommenen Selbstbewußtsein zu gelangen." Ähnlich erkennt auch Barth (*Römerbrief*, S. 26) in der Auflösung des qualitativen

Unterschieds zwischen Gott und Mensch den Fetischismus, mit dem an die Stelle Gottes der Nichtgott in den Konstellationen von „Familie, Volk, Staat, Kirche, Heimat“ tritt.

90 Für beide, Buber und Barth, ist Nietzsches Erklärung vom Tod Gottes nur die letzte Konsequenz der philosophischen Entfremdung von dem wahren und unbekannten Gott als Du, der „Atheismus direkte Konsequenz des Nichtgottes“ (*Römerbrief*, S. 17). So auch Buber, *Gottesfinsternis*, S. 517: „Nietzsches Spruch, Gott sei tot, wir hätten ihn getötet, fasst die Endsituation des Zeitalters pathetisch zusammen.“ Buber fasst das Ereignis zusammen: „Es sei angenommen, der Mensch habe nunmehr ‚die Beseitigung der an sich seienden übersinnlichen Welt‘ völlig zustande gebracht, und es gebe die Prinzipien und Ideale nicht mehr, die irgendwie, in irgendwelchem Maße, an ihm, dem Menschen, gehangen haben: sein wahres Gegenüber, das nicht, wie sie alle, als Es zu umschreiben, aber als Du anzureden ist, mag sich ihm im Zusammenhang dieser Auseinandersetzung verfinstern.“ (S. 520)

91 Trotz der erstaunlichen Nähe der Motive beim späten Heine und der kritischen Theologie Bubers und Barths gibt es keine Hinweise auf direkte Beziehungen. Wenn es eine Kenntnis Heines bei Kierkegaard gegeben hat, immerhin der Starpoet der Romantik und ihrer Ironien, so gibt es für das Verhältnis Bubers zu Heine keine Belege, nur Hinweise auf Affinitäten. Vgl. Pinhas Lapide: *Heinrich Heine und Martin Buber – streitbare Gottsucher des Judentums*, Picus, Wien 1991. Bernd Witte: *Jüdische Tradition und literarische Moderne: Heine, Buber, Kafka, Benjamin*, Hanser, München 2007, stellt die Verbindung über beider doppelte Inspiration durch die Literatur und die Theologie her. Tatsächlich lässt sich schwer ein inkommensurableres Verhältnis denken als das zwischen Heine und Barth! Und doch sind Heines Geständnisse sozusagen eine ganze Barthsche Theologie in nuce, von der Zentralität des Sündenbegriffs bis zur persönlichen Gnadenbeziehung zwischen Mensch und Gott und der radikalen Kritik an der institutionalisierten Kirche.

92 Heidegger: *Sein und Zeit*, bezieht sich bekanntlich immer wieder auf Kierkegaards Begriffe der Existenz, die Angst und den Augenblick der Entscheidung etc., um sie phänomenologisch als Existenziale zu deuten und ihre theologischen Konnotationen zu entsorgen. Dabei entspricht seine Insistenz auf der Existenz vor jeder Wesensbestimmung im Kapitel über die Angst einem „solus ipse“, das das Dasein vor sein endgültig wesensfreies Sein stellt, das tatsächlich auf die Urszene Stirners zurückgreift. „Dieser existenziale Solipsismus versetzt aber so wenig ein isoliertes Subjektding in die harmlose Leere eines weltlosen Vorkommens, dass er das Dasein gerade in einem extremen Sinne vor seine Welt als Welt und damit es selbst vor sich selbst als In-der-Welt-sein bringt.“ (S. 188) In der Vorlesung über

Logik. Die Frage nach dem Wesen der Sprache von 1934, nimmt Heidegger eine 1:1-Übersetzung dieser phänomenologischen Begriffe in die politische Eschatologie der NS-Revolution vor. Die menschliche Sorge wird als „Freiheit des geschichtlichen Selbstseins" jetzt politisch gegen das Subjekt des Liberalismus, wörtlich zur „Sprengung aller Subjektivität" (S. 163) eingesetzt.

93 Jean-Paul Sartre: *Ist der Existenzialismus ein Humanismus?* Europa Verlag, Zürich 1947, S. 14 ff.

94 Michel Foucault: *Die Ordnung der Dinge* mit dem berühmten Finale von S. 460ff: „Der Mensch wird verschwinden. Mehr als den Tod Gottes, oder vielmehr in der Spur dieses Todes und gemäß einer tiefen Korrelation mit ihm, kündigt das Denken Nietzsches das Ende seines Mörders, das Aufbrechen des Gesichtes des Menschen im Lachen und die Wiederkehr der Masken…"

95 Marquard: *Der Einzelne*, S. 83 f.

96 Martin Buber: *Die Geschichte des dialogischen Prinzips*, in: ders.: *Werke I*, Kösel, München 1962, S. 293 f.: „Er [Feuerbach] findet sich zunächst nur im Vertrauen des Baus zurecht, der sich ihm eröffnet hat: „Das Bewusstsein der Welt ist für das Ich vermittelt durch das Bewußtsein des Du" […] Bald nach jenem Spruch jedoch, sichtlich von einer der Wellen einer genialischen Begeisterung überflutet, […] schreibt Feuerbach über das ‚Geheimnis der Notwendigkeit des Du für das Ich', den Satz, der für ihn offenbar den Charakter der Endgültigkeit hat, und bei dem er denn auch stehen geblieben ist, ohne ein Weitergehen auch nur zu versuchen: ‚Der Mensch für sich ist Mensch (im gewöhnlichen Sinn); der Mensch mit Mensch – die Einheit von Ich und Du ist Gott' […] Auf diese Zueinandersetzung von menschlichem und göttlichem Du [bei Friedrich Heinrich Jacobi] antwortet Feuerbach nicht mit der Forderung eines radikalen Verzichts auf den Gottesbegriff, sondern mit der Substitution eines anthropologischen Gottesersatzes."

97 Martin Buber: *Ich und Du* (1923), in ders.: *Werke I*, S. 122. Vgl. Michael Theunissen: *Der Andere. Studien zur Sozialontologie der Gegenwart*, De Gruyter, Berlin 1965, S. 281: „Der vom Du–Ich oder Es–Ich besetzte Mensch hat insofern die zentrale Stellung inne, als er der Ort ist, an der sich das Schicksal der Welt entscheidet. Die Welt aber legt sich, gleichviel ob Es-Welt oder Du-Welt, in konzentrischen Kreisen um das jeweilige Ich herum. Damit erhält aber das Ich – entgegen allen anderslautenden Versicherungen Bubers – den Vorrang vor dem Du."

98 Buber: *Ich und Du*, S. 85.

99 Karl Barth: *Mensch und Mitmensch. Die Grundform der Menschlichkeit* (Aus: *Die Kirchliche Dogmatik III/2)*, Vandenhoeck & Ruprecht, Göttingen 1954, S. 41.

100 Martin Buber: *Zwiesprache*, in ders.: *Werke I*, S. 189: „Und dabei würde ihm nichts helfen, was er als stets Verwendbares zu besitzen glaubte, keine Kenntnis und keine Technik, kein System und kein Programm, denn nun hätte er es mit dem Uneinreihbaren, eben mit der Konkretion selbst zu tun. Diese Sprache hat kein Alphabet, jeder ihrer Laute ist eine neue Schöpfung und nur als solche erfassbar."

101 Ebd. S. 279: „Alles kann Es sein: nicht nur ein Ding, auch eine Idee, auch ein Mensch […] Alles kann aber auch ein Du sein; nicht nur die andern Menschen, auch die geistigen Wesenheiten und die Dinge in der Natur. Indes läuft es auf dasselbe hinaus, wenn wir sagen: nichts ist von sich her schon eigentlich und aktuell Du oder Es. Es wird dazu erst in dem Augenblick, in dem ich ihm gegenüber entweder die Du- oder die Es-Haltung einnehme."

102 Barth: *Mensch und Mitmensch*, S. 41.

103 Buber: *Zwiesprache*, S. 183.

104 Barth: *Mensch und Mitmensch,* S. 340: „Die Beziehung zum Menschen ist das eigentliche Gleichnis der Beziehung zu Gott. Aber auch hier ist Vorsicht geboten. Denn es besteht bei einer oberflächlichen Deutung die Gefahr, das Auszeichnende der Buberschen ‚Theologie' überhaupt zu verfehlen. Deren Auszeichnung liegt darin, daß sie nicht Gott als Du, sondern das Du als Gott setzt. Insbesondere dies unterscheidet sie von allen aus ihr hervorgegangenen Ansätzen christlicher Theologie."

105 Barth: *Mensch und Mitmensch*, S. 84.

106 Buber: *Ich und Du*, S. 124.

107 Ebd. S. 31.

108 Martin Buber: *Die Frage an den Einzelnen* (1935), in ders.: *Werke I*, S. 215–266.

109 Ebd. S. 218. Vgl. Christoph Schmidt: *Die theopolitische Stunde. Martin Bubers Begriff der Theopolitik,* S. 205–226.

110 Buber hat mit einiger Virtuosität den eigentlich therapeutischen Weg von dem Ästhetiker über den Ethiker zum religiösen Selbst bei Kierkegaard übersehen, und sich vor allem an dem dem Pseudonym Johannes e Silentio zugeschriebenen Werk *Furcht und Zittern* über Abrahams Glauben aufgehalten und dieses in den biographischen Zusammenhang mit Kierkegaards Flucht vor der Heirat mit Regina Olson gestellt und damit als Indiz für die ausbleibende Ich–Du-Beziehung zwischen den Menschen gedeutet (*Die Frage an den Einzelnen*, S. 230). Zugleich wird eben dieser Abraham Kierkegaards bei Buber zu dem von Gott angerufenen Einzelnen schlechthin (ebd. S. 220), also dem Anfang aller dialogischen Existenz, wie dies denn auch für Kierkegaard gelten könnte. Entscheidend aber ist, dass Buber die therapeutische Logik der Pseudonyme als Masken einer Selbsttherapie, die zur Offenbarung des eigenen Namens und damit zu der religiösen und dialogischen Existenz führt, zunächst

zumindest überlesen hat. Das mag auch mit der Chronologie der Übersetzung der dänischen Werke ins Deutsche zu tun haben. Auf jeden Fall ist die These, Kierkegaard habe über die Ich–Du-Beziehung zu Gott die zwischen Mensch und Mitmensch übergangen, im Ganzen einfach falsch, auch wenn sie von der Buber-Rezeption seitdem unkritisch ständig wiederholt wird. Buber selbst hat (in *Zur Geschichte des dialogischen Prinzips*, S. 294) immerhin die frühe Position offenbar nach der Lektüre der *Werke der Liebe* revidiert, wenn auch mit einer merkwürdigen Zurückhaltung: „Zwar fordert Kierkegaard, daß der Mensch auch in seinem Verhalten zu seinem Mitmenschen als Einzelner handle, aber zu einer Wesensbeziehung in jenem strengen Sinn wird das Verhältnis zum Mitmenschen nicht, kann es für Kierkegaard, so großartig er auch von der Nächstenliebe zu predigen weiß, nicht werden." Vgl. auch Michael Wyschogrod: *The Body of Faith*, S. 86 ff. Das gilt übrigens auch für Barth, der einen ähnlichen Schluss aus dem Frühwerk Kierkegaards auf dessen Verhältnis zur Ethik fasst, nämlich aus der Idee der teleologischen Suspension des Ethischen in *Furcht und Zittern* zu der Behauptung kommt, Kierkegaard verleugne die Ethik. Barths Fehlschluss legt die These von der erst später vorliegenden Übersetzung von den Werken der Liebe noch einmal nahe.

111 Martin Buber: *Volk und Führer*, S. 298.

112 Ebd. S. 302.

113 Brinkschmidt: *Martin Buber und Karl Barth*, erkennt den entscheidenden Unterschied zwischen beiden Theologen in dem Verhältnis zum Problem der Sünde gegenüber. „Buber kann und will von keinem Ereignis im Urstand, in einer Situation, welche zeitlich und sachlich vor dem Jetzt der Gegenwart liegt [...] reden." (S. 114) Dagegen gilt für Barth: „Im Anfang war der Fall, war Entfremdung und Sünde. So ernst zu nehmen ist diese Geschichte des Ersten, ihre Verkehrung in das Fatale." (S. 115) Dieser Unterschied hängt in letzter Instanz natürlich mit der Bedeutung von Paulus für Barth, und Bubers kategorischer Ablehnung des Apostels zusammen. Aber immerhin rekonstruiert Barth die eigentliche Sünde an der jeweils konkreten Beziehung, an der sich „der Fall" jeweils von Neuem darstellt. An dieser ereignet sich der Umschlag vom Eros in den Thanatos. Vgl. M. Wyschogrod: *The Body of Faith*, der tatsächlich eine Art Brücke zwischen Karl Barth und Martin Buber als zwei Ansätzen zu einer Theologie herstellt, die sich von den Abstraktionen der Philosophie emanzipiert.

114 Barth: *Der Römerbrief*, S. 421.

115 Ebd. S. 464.

116 Buber: *Das Königtum Gottes*. Ders.: *Der Glaube der Propheten* (1942), Lambert Schneider, Heidelberg 1984. Vgl. Christoph Schmidt: *Die theopolitische Stunde*, vgl. auch Sam Brody: *Martin Buber's Theopolitics*,

Indiana University Press 2018.

117 Buber: *Königtum Gottes*, S. 3.

118 Vgl. Hierzu Martin Buber: *Zwei Glaubensweisen*, in ders.: *Werke I*, S. 661–675.

119 Das Verhältnis Buber – Barth scheint, folgt man Bubers Darstellung in *Zur Geschichte des dialogischen Prinzips*, S. 300 ff. nicht unbelastet zu sein: „So übernimmt er [Barth] einerseits [in der Lehre von der Schöpfung, *Kirchliche Dogmatik III/2*], natürlich in der Weise des echten Selbstdenkens, unsere Erkenntnisse der grundlegenden Scheidung zwischen Ich Es und des wahren Seins des Ichs in der Begegnung; andererseits aber kann er nicht recht zugeben, daß solch eine Fassung der Menschlichkeit auf anderem Boden als dem christologischen (Jesus Christus als der Mensch für den Mitmenschen und als das Bild Gottes) gewachsen sein könnte. Es stellt zwar fest, dass „die theologische Anthropologie hier auf ihrem eigenen Weg und indem sie diesen entschlossen zu Ende geht, zu Sätzen kommt„ die denen ganz ähnlich sind, in denen die Humanität auch schon von ganz anderer Seite (z.B. von Konfuzius, von dem Atheisten L. Feuerbach und von dem Juden M. Buber) beschritten worden ist, und fragt mit vollkommenem Recht: „Sollten wir uns darum von diesen Aussagen abhalten lassen", ja er will sich „in aller Ruhe freuen, dass wir uns in der allgemeinen Richtung unserer Nachforschung und Darstellung mit den Weiseren unter den Weisen dieser Welt in einer gewissen Übereinstimmung befinden"; aber er hegt – ohne freilich „insistieren" zu wollen, ein starkes Bedenken, „ob und inwiefern sie [jene Weiseren] und ihrerseits bis in die letzten und entscheidenden Konsequenzen dieser Konzeption [...] folgen werden." Dass Barth hier offenbar die christologische Grundlegung meint, kann Buber doch nicht übersehen haben und doch schon aus seiner dialogischen Haltung heraus eigentlich nur akzeptieren.

120 Adolph von Harnack: *Marcion. Das Evangelium vom Fremden Gott.*, Hinrichssche Buchhandlung, Leipzig 1923. Vgl. Buber: *Zwei Glaubensweisen*, S. 752 ff. zu der Theologie des Paulus und ihrer gnostischen Konsequenz bei Marcion, die Buber für die Moderne an Kafkas Literatur rekonstruiert, S. 773 ff. Vgl. Christoph Schmidt: *Beyond the Law and Without the Cross: Martin Buber and Saint Paul as an Apostolic Competition between Two Types of Faith,* in: Sam Berrin Shonkoff (Hrsg.): *Martin Buber. His Intellectual and Scholarly Legacy*, Brill, Leiden 2018, S. 66–80.

121 Leo Baeck: *Das Wesen des Judentums*, Nathansen und Lamm, Berlin 1905, war schon eine jüdische Antwort auf Harnacks *Wesen des Christentums* und seiner antijüdischen Tendenz. In ders.: *Das Evangelium als Urkunde der jüdischen Glaubensgeschichte*, Schocken, Berlin 1938 (!), S. 54, erläutert Baeck den Zusammenhang zwischen

der durch Markion entstandenen Krise zwischen dem jüdischen und frühchristlichen Glauben und der kanonischen Restauration beider Testamente. Franz Rosenzweig: *Der Stern der Erlösung*, (1921), Suhrkamp, Frankfurt/Main 1988, S. 460 f, wo der Autor gegen die Gnostiker das berühmte Wort des Leibarztes von König Friedrich II. zitiert, der Beweis für die Existenz Gottes zitiert: Majestät, die Juden." Vgl. Hierzu: *Benjamin Pollock. Franz Rosenzweig's Conversions. World Denial and World Redemption*, Indiana University Press, Bloomington 2014.

122 Vgl. Paul Mendes Flohr: *Martin* Buber. *A Life of Faith and Dissent*, Yale University Press 2019, S. 255 ff. Vgl. Auch Martin Buber: *Ein tragischer Konflikt*, in ders.: *Ein Land und zwei Völker. Zur jüdisch-arabischen Frage*, (hrsg.: Paul Mendes-Flohr), Insel, Frankfurt/Main 1983.

123 Barth: *Der Römerbrief*, S. 451. Diese Szenen erinnern nicht wenig an die Dramaturgien, die Emanuel Levinas: *Totalität und Unendlichkeit. Versuch über die Exteriorität*, Alber, Freiburg 1993, als die ethische Urszene entwirft, so auf S. 278: „Und dennoch, der Andere leugnet nicht schlicht und einfach das Ich; die totale Verneinung, deren Versuchung und Versuch der Mord ist, weist auf eine vorgängige Beziehung. Diese Beziehung zwischen dem Anderen und mir, die in seinem Ausdruck aufleuchtet". Wie Barth entwirft Levinas die ethische Beziehung zwischen Ich und Du aus ihrer radikalen Negation, die das Begehren in Feindschaft, ja einen Mord verwandelt. Aber eben diese Gewalt offenbart den Anderen in seiner uneinholbaren und unendlichen Alterität als Antlitz, das dem Ich gebietet: „Du sollst nicht töten."

124 Ebd. S. 454.

125 Vgl. William Desmond: *Ethics and the Between*, State University of New York 2001, entwickelt diesen Begriff in dem Kapitel 15: *The Community of Erotic Sovereignty: The Intermediation of Immanent Excellence*, S. 443–482, als erotische Grundbestimmung, die sich über das Machtprinzip allerdings immer schon öffnet für eine durch die Agape geleitete Gemeinschaft, die „Community of Agapeic Service". Desmond versucht in seinen verschiedenen Arbeiten zu Metaphysik, Ethik, Ästhetik und Theologie das Projekt Hegels aus einer dialogischen Perspektive neu zu denken, die er als „Metaxologie" bezeichnet, also ganz im Geist Bubers als Ontologie des Zwischen.

126 Barth: *Der Römerbrief*, S. 454.

127 Ebd. S. 456.

128 Ebd. S. 454.

129 Ebd. S. 456.

130 Ebd. S. 452.

131 Ebd. S. 452f.

132 Ebd. S. 452.

133 Buber: *Zwiesprache*, S. 208.
134 Ebd. S. 178.
135 Vgl. Brinkschmidt: *Martin Buber und Karl Barth*, S. 240: „Im Angesicht Gottes kann den Menschen das radikale Böse deshalb zugesprochen werden, weil Gott Gott und der Mensch Mensch, weil der Abgrund zwischen ihnen ein absoluter Abstand ist."
136 Martin Buber: *Urdistanz und Beziehung*, in ders.: *Beiträge zur philosophischen Anthropologie*, in: *Werke I*, S. 411–423.
137 Buber: *Zwiesprache*, S. 194.
138 Brinkschmidt: *Martin Buber und Karl Barth*, S. 163: „Das eint sie beide, das Wissen um das besondere Verhältnis: Gott und Mensch, Mensch und Mensch sind in Beziehung. Und das wissen, daran glauben sie, daß dieses Verhältnis nicht in der Sphäre des Es, der Sachen und Gegenstände seinen Ort hat. Es ist das Ich, das mit dem Du, das Du, das mit dem Ich im Bunde ist. Der Mensch ist kein Ding, und Gott und Mensch, sie stehen zueinander nicht in der Welt der kalten Objektgrößen, fremd im Gegenüber der eine dem anderen. Aber das ist die Frage, auf welchem Grunde, unter welcher Voraussetzung von diesem Verhältnis die Rede sein und wie es in Wirklichkeit sein kann. Es ist das Verständnis des Christologischen, das Martin Buber und Karl Barth trennt, die Christologie zwischen Theologie und Anthropologie." Brinkschmidt übergeht dabei freilich die besondere Rolle, die Jesus in Bubers dialogischem und theopolitischen Denken spielt und mit der die messianische Differenz zwischen beiden zuletzt das Wesen der Christologie selbst betrifft, ihren menschlichen Grund und ihre dogmatische Hypostasierung im Gottmenschen.
139 Buber: *Königtum Gottes*, S. 146. Buber versteht die Offenbarung Gottes als Ereignis einer dialogischen Begegnung in dem Zwischen von Ich und Du. Insofern diese Offenbarung immer ein offenes und unvorhersehbares Geschehen darstellt, ist es ein „Geschenk", eine „Gabe", die das Charisma des Propheten für eben die Zeit seiner Verantwortung begründet. „Das Charisma hängt hier an der Charis und an nichts anderem; es gibt kein ruhendes Charisma, nur ein schwebendes, keinen Geistesbesitz, nur ein Geistern, ein Kommen und Gehen, der Ruach [des Geistes], keine Machtsicherheit, nur die Ströme seiner Vollmacht, die sich schenkt und entzieht. Das Charisma hängt hier an der Charis eines Gottes, der jenes Ehje Ascher Ehje dem Moses offenbart."
140 Vgl. hierzu: Ben Chorin: *Zwiesprache mit Martin Buber*, S. 47: „In schöner Selbstbescheidung bekannte Buber bereits 1930 in seiner Stuttgarter Rede ‚Die Brennpunkte der jüdischen Seele': ‚Es gibt einen wesentlichen Gegenstand innerhalb des Gebietes Judentum, über den zu Ihnen zu reden ich mich nicht befugt fühlen würde; das ist das Gesetz. Meine Anschauung dieses Gegenstands weicht von

der überlieferten ab, sie ist gewiß kein Anomismus, aber auch kein Nomismus ... Die Lehre des Judentums ist keine sinaitische, sie ist eine Moseslehre. Aber die Seele des Judentums ist vorsinaitisch.‘ [...] Er ging hinter den Sinai zurück, versuchte die ‚Brennpunkte der jüdischen Seele‘ zu erfassen, einer Abrahams- oder Jacobsseele, wie er es ausdrückte.“

141 Marquardt: *Die Entdeckung des Judentums für die christliche Theologie*, S. 52.

142 Karl Barth: *Predigten 1921–1935*, hrsg. von Holger Finze-Michaelsen, TVZ, Zürich 1998, S. 298–305.

143 Ebd. S. 299.

144 Ebd. S. 300.

145 Ebd. S. 300.

146 Marquardt: *Die Entdeckung des Judentums für die christliche Theologie*, S. 108.

147 Ebd. S. 110.

148 Buber: *Zwei Glaubensweisen*, S. 670.

149 Buber: *Ich und Du*, S. 123.

150 Buber: *Zwei Glaubensweisen*, S. 657.

151 Barth: *Mensch und Mitmensch*, S. 1.

152 Ebd. S. 3.

153 Ebd. S. 80.

154 Martin Buber: *Die Forderung des Geistes und die geschichtliche Wirklichkeit*, in ders.: *Werke I*, S. 1066.